世界著名智库的
当代中国军事研究

Research on Contemporary Chinese Military Affairs
by World-renowned Think Tanks

周　磊◎著

九州出版社 | 全国百佳图书出版单位
JIUZHOUPRESS

图书在版编目（CIP）数据

世界著名智库的当代中国军事研究 / 周磊著. -- 北
京：九州出版社，2018.5
ISBN 978-7-5108-7261-7

Ⅰ．①世… Ⅱ．①周… Ⅲ．①军事－研究－中国－现
代 Ⅳ．①E2

中国版本图书馆CIP数据核字(2018)第131789号

世界著名智库的当代中国军事研究

作　　者	周　磊　著
出版发行	九州出版社
地　　址	北京市西城区阜外大街甲 35 号（100037）
发行电话	(010)68992190/3/5/6
网　　址	www.jiuzhoupress.com
电子信箱	jiuzhou@jiuzhoupress.com
印　　刷	北京九州迅驰传媒文化有限公司
开　　本	710 毫米×1000 毫米　16 开
印　　张	15.5
字　　数	268 千字
版　　次	2019 年 12 月第 1 版
印　　次	2019 年 12 月第 1 次印刷
书　　号	ISBN 978-7-5108-7261-7
定　　价	48.00 元

目 录

引　言

（一）

改革开放以来，中国经济增长带动综合国力快速持续提升。2009 年中国成为世界上最大制造业国、最大出口国，2010 年超过日本成为世界第二大经济体，2012 年后全面深化改革，一系列标志性事件后，中国战略走向如何、如何应对中国崛起、如何处理与中国的关系成为世界各国政府和军队绕不开的重要议题。"中国学""中国军事问题"也日渐成为世界各大智库研究、献策、评论的重要内容。

目前，全球对当代中国军事问题有所研究的智库机构和专家学者阵容已经比较庞大，2016 年美国宾夕法尼亚大学《全球智库发展报告》排行榜前 50 位智库中有 22 家经常发布中国军事或安全问题研究成果。[①] 世界著名智库有关中国军事的学术著作、研究报告、会议论文、评论文章、媒体报道等遍地开花，各种观点和研究结论百花齐放，对中国军事的主要议题展开了全景扫描、深入研究。

"中国是经济地理的受益者，却是战略地理的受害者"。[②] 中国周边安全环境的复杂程度全世界少见，存在很多冲突点和潜在对手，而世界第一大国美国又以"亚太再平衡"战略深度介入中国周边几乎所有安全问题，二者交杂正在形成对华战略围堵。这种围堵不仅是军事、经济和政治、外交上的，也有国际舆论上的，而其中各国主要智库无论在政策建言，还是在舆论引导上都发挥了重大作用和影响力，以下举两个例子。

[①]　James G. McGann. 2016 Global Go to Think Tank Index Report[R/OL]. http://gotothinktank. com/2016-global-go-to-think-tank-index-report/ (2017-01-26)[2017-3-20].

[②]　Evan A. Feigenbaum. The New Asian Order: And How the United States Fits In[EB/OL]. https:// www.foreignaffairs.com/articles/east-asia/2015-02-02/new-asian-order (2015-02-03)[2015-11-27].

例一：2003 年，美国战略与预算评估中心（CSBA）的安德鲁·克雷宾涅维奇（Andrew F. Krepinevich）等人在《应对反介入和区域拒止挑战》（Meeting the Anti-Access and Area-Denial Challenge）[①] 的报告中正式提出"反介入 / 区域拒止"概念。此后，该概念迅速被美国学界、媒体界和决策层接受。2007 年，美国兰德公司高级政治科学家柯瑞杰（Roger Cliff）等人在《闯入龙潭：中国反介入战略及其对美国的意义》（Entering the Dragon's Lair：Chinese Anti-Access Strategies and Their Implications for the United States）[②] 报告中首次全面、深入研究中国所谓"反介入 / 区域拒止"战略，再次引发世界著名智库和美国等国政府、军方对中国所谓"反介入 / 区域拒止"战略的高度关注。[③] 以这两大成果为先行和代表的一系列智库研究报告产生了巨大的政策和舆论影响力。此后至今，为反制中国等国的所谓"反介入 / 区域拒止"战略，美军相继提出并推行"空海一体战"（Air Sea Battle, ASB）、"全球公域进入与机动联合"（Joint concept for Access and Maneuver in the Global Commons, JAM-GC）、"第三次抵消战略"（Third Offset Strategy, TOS）等作战概念和战略。

例二：英国国际战略研究所（IISS）是世界著名的安全与军事类智库，其出版的《军事力量对比》和《战略研究》是世界军事权威出版物。自 2002 年起，该智库每年在新加坡主办关于亚太安全事务的香格里拉对话（SLD），受到英、美等西方国家和众多亚太国家的高度重视，对话会的规模和影响日益扩大，已经从最初的学术对话演变成为亚太地区最主要的年度多边安全事务峰会之一和开展防务外交及"一轨半外交"的重要平台。由于西方的绝对主导地位，该对话会成为美西方散布"中国威胁论"、拉拢亚太国家、对华施加政治舆论压力的工具。每年对话会期间，西方主要智库及知名专家纷纷配合各自政府，对涉华涉军议题密集发声，对国际涉华涉军舆论产生了重要影响。

面对世界各大智库，尤其是美西方智库在其政府对华军事政策制定和涉华涉军国际舆论中的种种做法，中国军事智库必须有所作为、积极应对。党的十八大以

---

① Andrew F. Krepinevich, Barry Watts. Meeting the Anti-Access and Area-Denial Challenge[EB/OL]. http://www.csbaonline.org/research/publications/a2ad-anti-access-area-denial/ (2003-05-20)[2017-01-09].

② Roger Cliff, Mark Burles, el.. Entering the Dragon's Lair: Chinese Antiaccess Strategies and Their Implications for the United States[EB/OL]. http://www.rand.org/pubs/monographs/MG524.html [2017-01-09].

③ Harry Kazianis. Imagining China's Military in 2020[EB/OL]. http://thediplomat.com/2014/01/imagining-chinas-military-in-2020/ (2014-01-31)[2017-01-09].

来，习主席做出了深化国防和军队改革的重大战略决策，多次强调加强中国特色新型智库建设。军队正结合改革大力推进中国特色新型军队智库建设。军队、地方所有军事智库都应借此"东风"乘势而上，努力成为在军委、军种、战区等各级决策中不可或缺、对全军和社会具有广泛影响、在国际上具有一定知名度和影响力的中国特色新型军事智库。

在以上背景之下，本书对"世界著名智库的当代中国军事研究"加以研究，主要希望达成以下目的。

第一，归纳世界著名智库关于应对中国军事崛起和"安全威胁"的政策建议。世界著名智库及专家学者为其政府、军方出谋划策，在相关成果中提出的应对中国军事崛起和"安全威胁"的对策建议，很可能即将成为或者已经成为现实对华政策或作战方案。对于那些出自著名智库、知名专家、各种成果中反复出现、可信度很高的意见建议，国内和军内研究人员应给予高度重视，并尽快提出应对之策，发挥好"智囊团"作用。本书在最后一章尝试提出了一些粗浅思考。

第二，梳理世界著名智库关于中国军事议题的系统认识。近年来，世界智库有关中国军事安全环境、国家安全战略与军事战略走向、军事布局与力量运用、军力发展与实力评估、对外军事关系与交流合作、涉华军事危机管控与可能战争应对等方面的研究成果日益增多，展示了宽范围、多视角的"中国军事观"。对此加以系统整理分析，有助于我们更好地了解自己的优长、认识自身的不足，看清当前我国军队建设与运用的机遇与挑战，促进军队改革和自我完善。

第三，分析世界著名智库对中国军事问题的偏颇认识及其产生原因。随着中国军事力量"长起来""走出去"，一些智库和学者基于各种原因开始鼓吹"中国威胁论""胁迫战略论"，或者"中国崩溃""解放军不堪一击"等论调。看似相互矛盾的观点凸显出各国智囊专家对中国认识的片面、歪曲和不足，中国和解放军在国际舆论氛围中常常处于被动和劣势地位。总结这些偏颇认识并分析原因，有助于我们找出舆论传播被动的症结，思考扭转舆论被动之策。

第四，借鉴世界著名智库建设、运作的经验教训。习主席提出建设有中国特色新型智库后，军队高度重视并正在大力推进中国特色新型军队智库建设。总结世界上综合实力较强的智库研究当代中国军事的工作流程、研究方法、成果特点、传播推广等做法，分析其中比较好的经验做法和根深蒂固的问题弊端，可作为当前我国军事智库改革、建设、运作的参考和镜戒。同时，将西方智库发展建设理论中有益内容加以创新应用，也可丰富和发展中国特色智库建设理论。

第五，盘点全世界研究当代中国军事的主要智库及专家群体。世界上关注、研究当代中国军事的著名智库及知名专家已经成为一个庞大的群体，受到国内外政界、军界、学术界的广泛关注，一些知名智库和专家还与国内同行进行了较为密切的交往。较为系统全面地梳理这一群体的组成对于相关学术研究和对外交往是一项基础性的工作，具有一定学术和现实意义。

（二）

从世界范围看，美国智库在中国军事研究领域占据主导地位，欧洲、俄罗斯、日本、印度、澳大利亚、越南等地区和国家也有许多智库研究当代中国军事问题。但是公开信息和可查阅资料中，国外关于某一国智库或世界智库的中国军事研究的综述比较少见。笔者在"*The China Quarterly*"（《中国季刊》）等海外中国学研究平台网站、国外各大智库网站、国家图书馆外文文献数据库、亚马孙英文网上书店、类似主题外文书籍的引文注释中仅发现少量与中国军事研究综述直接相关的著作、论文或报告。

对美国的中国军事研究加以综述的代表性成果有：沈大伟（David Shambaugh）收录在毛文杰和杨念祖编著的《信息时代的中国人民解放军》中的论文《今日之解放军研究：一个逐渐成熟的领域》（"PLA Studies Today: A Maturing Field". *The People's Liberation Army in the Information Age*, 1999）；狄忠蒲（Bruce Dickson）编著的《中国观察的走向：在中华人民共和国成立五十周年之际》（*Trends in China Watching: Observing the PRC at Fifty*, 1999）；毛文杰、杨念祖合编的文集《从事实中寻找真相：重新审视后毛泽东时代的中国军事研究》（*Seeking Truth from Facts: A Retrospective on Chinese Military Studies in the Post-Mao Era*, 2001）；沈大伟的文章《新战略三角：美国和欧洲对中国崛起的反应》（"The New Strategic Triangle: U.S. and European Reactions to China's Rise", 2005）；美国战略与国际研究中心、彼得森国际经济研究所合编的《账簿中国：对于正在崛起的中国，世界需要了解什么》（*China：The Balance Sheet：What the World Needs to Know Now about the Emerging Superpower*, 2007）；罗伯特·艾什（Robert Ash）、沈大伟（David Shambaugh）、高

木诚一郎（Seiichiro Takagi）[①]主编的《中国观察：欧洲、日本与美国的视角》（*China Watching: Perspective from Europe, Japan and United States*, 2007）等等。其中沈大伟在《新战略三角：美国和欧洲对中国崛起的反应》一文中指出，美国学术界有数百名教授研究中国问题，智库中几乎每家都有多名中国问题专家，兰德、海军分析中心等政府资助机构的中国问题专家更多。《中国观察：欧洲、日本与美国的视角》出版时间最近，该书部分章节梳理了20年来美国研究中国安全与军事问题的群体，分析了美国关于中国安全和军事问题研究的基本状况和趋势，并提出了一系列意见和建议。值得注意的是，美国陆军战争学院和兰德公司每年都联合其他智库举办中国安全问题或解放军研究学术年会，并出版会议论文集，往年文集中曾有相关综述文章。

对欧洲的中国军事研究加以综述的成果几乎没有。零星的文字出现在，毕仰高（Lucien Bianco）在《中国季刊》发表的论文《法国的当代中国研究》（"French Studies of Contemporary China", 1995）；柏思德（Kjeld Erik Brodsgaard）在《中国季刊》发表的论文《斯堪的纳维亚的当代中国研究》（"Contemporary China Studies in Scandinavia", 1996）；英格兰高等教育基金管理委员会（HEFCE）发布的《中国研究回顾》；克里斯托弗·豪（Christopher Howe）的作品《中国事务：从"大跃进"到世贸组织——学界能跟上变化吗？》（*China Business: From the Great Leap Forward to World Trade Organization—Can the Academics Keep up*, 2003）；沈大伟的《新的战略三角：美国和欧洲对中国崛起的反应》（*The New Strategic Triangle: U.S. and European Reactions to China's Rise*, 2005）；罗伯特·艾什、沈大伟、高木诚一郎主编的《中国观察：欧洲、日本与美国的视角》等等。沈大伟在《新战略三角：美国和欧洲对中国崛起的反应》中指出，欧洲总体上很少有人专门研究中国军事与安全问题，一些中国研究过于学术化，决策影响力有限。在2007年出版的《中国观察：欧洲、日本与美国的视角》一书中，德国国际政治和安全研究所前高级研究员凯·穆勒（Kay Möller）声称欧洲专门研究中国安全及军事问题的专家很少，同时梳理了欧盟及英国、法国、德国、瑞典、丹麦、芬兰等国家涉及中国外交与安全问题的研究机构，归纳了欧洲智库专家关于"中国崛起""超越对中国围堵或接触"等议题的争论。

---

① 　[日]高木诚一郎：日本国际关系研究所高级研究员，专注于中国外交、安全、内政及亚太国际关系研究。

在日本，根据高木诚一郎、小岛朋之①、大桥英夫②的考察，或许因为不愿公开评估同行作品，或者因为文献整理难度过大，日本几乎没有学者对本国的中国研究加以考察和综述③。日本著名中国研究学者毛里和子④有一篇《现代中国研究50年概观》（《現代中國研究50年を俯瞰して》，《學術月報》，2002年4月号，第269页），但其中与军事或安全相关的内容很少。日本专注于中国军事研究的专家群体不大，关于日本的中国军事研究综述更是凤毛麟角。目前仅在罗伯特·艾什、沈大伟、高木诚一郎主编的《中国观察：欧洲、日本与美国的视角》一书中发现部分内容，高木诚一郎明确表示"中国威胁论"在日本学界比较流行，对日本影响比较大。

涉及越南的中国（军事）研究综述的成果主要有，越南学者阮怀秋的《从边缘看大国：越南〈中国研究〉期刊对越中关系的认知》（台湾政治大学出版社2007年版）、越南学者黄松兰的《越南的中国外交研究综述（1993—2013)》（《东南亚研究》，2015年第2期）、越南学者黄世英的《越南当前的中国研究——以越南社会科学院中国研究所为中心》（何培忠主编，《国际视野中的中国研究——历史和现在》，中国社会科学出版社2013年版）等。黄松兰介绍了越南中国研究的主要机构、刊物，这些平台偶尔发表一些涉及中越安全问题的文章，如中越陆地边界线法律解决、中越领海争端、美国因素的影响等，据统计1993—2013年两期刊研究中越关系共97篇文章中，7.2%（7篇）的文章关注中越安全领域关系。据黄世英统计，越南社会科学院中国研究所2005—2011年出版的44本书中没有主题为中国安全或军事问题的书籍。

世界著名智库中国军事研究的流程方法、影响机制、经验做法也是本书关注的重要内容。国外有关智库的工作流程、方法、影响机制的研究成果不在少数，主要有：美国智库研究专家詹姆斯·麦甘（James G. McGann）的《公共政策研究产业中的资金、学者和影响力竞争》（*The Competition for Dollars, Scholars, and Influence*

---

① ［日］小岛朋之：日本庆应义塾大学政治和国际关系学教授、政策管理系主任，专注于中国内政外交及东亚国际关系研究。

② ［日］大桥英夫：日本专修大学发展经济学及东亚研究教授，曾任日本驻香港总领事，专注于大中华区域及亚太经济发展研究。

③ ［英］罗伯特·艾什、［美］沈大伟、［日］高木诚一郎. 中国观察：欧洲、日本与美国的视角[M]. 黄彦杰译. 杭州：浙江人民出版社，2014年。

④ ［日］毛里和子：日本早稻田大学政治与经济学院教授，精通汉语，主要研究领域包括当代中国政治外交、东亚国际关系等。

in the Public Policy Research Industry, 1995）；戴安·斯通（Diane Stone）的著作《俘获政治意象：智库与政策过程》（*Capturing the Political Imagination: Think Tanks and the Policy Process*, 1996）；詹姆斯·麦甘（James G. McGann）的著作《美国智库和政策建议》（*Think Tanks and Policy Advice in the United States, Academics*, Advisors and Advocates, 2007）及其主编的论文集《智库与公民社会：思想与行动的催化剂》（*Think Tanks and Civil Societies: Catalysts for Ideas and Action,* 2000）；加拿大学者唐纳德·埃布尔森（Donald Abelson）的著作《美国智库及其在美国外交政策中的作用》（*American Think Tanks and their Role in U.S. Foreign Policy*, 1996）和《智库重要吗？评估公共政策研究机构的影响力》；安德鲁·里奇（Andrew Rich）的著作《智库、公共政策和专家治策的政治学》（*Think Tank, Public Policy and the Politics of Expertise*, 2006）等。译著主要有美国詹姆斯·麦根等人编著的《智库的力量：公共政策研究机构如何促进社会发展》（王晓毅等译，社会科学文献出版社 2015 年版）、美国詹姆斯·麦甘恩和理查德·萨巴蒂尼的《全球智库：政策网络与治理》（韩雪等译，上海交通大学出版社 2015 年版）、美国雷蒙德·斯特鲁伊克的《经营智库：成熟组织的实务指南》（李刚等译，江苏人民出版社 2015 年版）、美国卡托研究所的《加图决策者手册：美国智库如何影响政府决策？》（上海金融与法律研究院译，格致出版社 2011 年版）、加拿大学者唐纳德·埃布尔森著的《智库能发挥作用吗？公共政策研究机构影响力之评估》（扈喜林译，上海社会科学院出版社 2010 年版）、瑞士学者萨拜因·马森等编著的《专业知识的民主化：探索科学咨询的新模式》（姜江等译，上海交通大学出版社 2010 年版）、美国学者亚历克斯·阿贝拉的《白宫第一智囊：兰德公司与美国的崛起》（梁筱芸等译，新华出版社 2009 年版）等。

国内关于世界智库中国军事研究的专题性、综合性研究也比较薄弱，成果少见。

著作方面，在军事图书总库检索发现，从 1985 年至 2009 年，[①] 著作类成果中书名既出现"智库"或"思想库"或"智囊团"又出现"中国军事"的结果为零。在部分军事院校数字图书馆、军事书店等途径查找 2010 年至 2016 年出版的书籍中仅发现四本书与本书主题相关：郝智慧主编的《世界智库战略观察报告（2014

---

① 该数据库数据只更新至 2009 年。

年版)》(军事科学出版社 2014 年版)、《世界智库战略观察报告（2015 年版)》(军事科学出版社 2015 年版)、《世界智库战略观察报告（2016 年版)》(军事科学出版社 2016 年版)分别梳理了 2013 年、2014 年、2015 年世界著名智库关注的全球重大军事战略议题与主要观点；陈瑜《世界著名智库的军事战略研究：观点 做法 启示》(九州出版社 2016 年版)则总结了 2013 年至 2015 年相关智库军事战略研究的观点与做法。此外，鲁曙明主编《中国学》(中国人民大学出版社 2012 年版)一书中编入逯志安、李明江撰写的《当代西方对中国军事问题研究综述》，总结了西方在中国军事研究领域的主要观点、成就和问题。在国家图书馆"中文文献库"中搜索 2013 年至 2016 年"所有字段"含"智库"或者"思想库"和"军事"的结果为 3 个，与本书主题类似的结果为零。在亚马孙、当当等网上书店没有发现类似书籍。

一些国内著作从一般意义上总结、介绍了世界主要国家一些重要智库的基本情况、主要特点、经验做法，以及对某些议题的基本观点等，有的对中国特色新型智库建设提出了政策建议，如谢寿光主编的《智库评论（第 1 辑)》(社会科学文献出版社 2015 年版)、王灵桂的《国外智库看"一带一路"》(社会科学文献出版社 2015 年版)、王佩亨和李国强的《海外智库——世界主要国家智库考察报告》(中国财政经济出版社 2014 年版)、王辉耀和苗绿的《大国智库》(人民出版社 2014 年版)、何培忠主编的《国际视野中的中国研究——历史和现在》(中国社会科学出版社 2013 年版)、朱达秋等人的《苏联解体之后的俄罗斯中国学研究》(黑龙江大学出版社 2013 年版)、李建军和崔树义主编的《世界各国智库研究》(人民出版社 2010 年版)等。有的著作则聚焦于各国智库如何影响政府政策，包括安全和军事政策，如陶文钊主编的《美国思想库与冷战后美国对华政策》(中国社会科学出版社 2014 年版)、王莉丽的《旋转门：美国思想库研究》(国家行政学院出版社 2010 年版)、林芯竹的《为谁而谋：美国思想库与公共政策制定》(知识产权出版社 2007 年版)、张春的《美国思想库与一个中国政策》(上海人民出版社 2007 年版)、中国现代国际关系研究院俄罗斯研究所的《俄罗斯外交思想库》(时事出版社 2005 年版)、冯仲平和孙春玲主编的《欧洲思想库及其对华研究》(时事出版社 2004 年版)、中国现代国际关系研究所的《美国思想库及其对华倾向》(时事出版社 2003 年版)等。

期刊文章方面，从某军事期刊文章数据库检索情况看，从 1984 年至 2010

年 ①，研究成果标题中既出现"智库"或"思想库"或"智囊团"又出现"军事"一词的文章分别有 4 篇、4 篇、0 篇。通过国防大学数字图书馆搜索 2011 年后的期刊文章发现，郝智慧等《世界著名智库战略研究概说》（《战略研究》，2014 年第 2 期）、郝智慧《世界著名智库战略研究述评》（《中国军事科学》，2014 年第 3 期）、陈瑜等《2015 年外国智库关于中国军事议题的评述》（《中国军事科学》，2016 年第 1 期）对 2013 年、2015 年世界主要智库有关中国军事议题的观点和结论进行了梳理和综述。张振江、陈学惠、方明《第六届香山论坛观点综述》（《中国军事科学》，2015 年第 6 期）一文中提及了一些国外智库学者关于中国安全及军事问题的观点。

中国知网期刊库中搜索 ②2013—2016 年主题含"智库""军事""中国"的结果有 63 篇，其中主题与"国外智库的中国军事和安全问题研究"相近的文章仅 3 篇：肖欢、陈晴《美国智库的中国军情研究——以美国企业研究所为例》（《亚太安全与海洋研究》，2016 年第 3 期）；韦磊、刘颖《美国智库的中国国家安全问题研究》（《国外社会科学》，2015 年第 1 期）；齐欣、杨建林《美国智库对华军事研究的信息源分析——以兰德公司 2000—2013 年报告的引文分析为例》（《图书与情报》，2014 年第 3 期）。其他文章主要涉及中国军事智库、国外智库建设与运作、国外智库对华研究等内容：曹升生《专注台海关系的美国新智库"2049 计划研究所"》（《南通大学学报·社会科学版》，2013 年 5 月）、梁怡《海外中国学研究中的理论和方法》（《北京联合大学学报·人文社会科学版》，2013 年 1 月）等文章论及了世界一些著名智库研究中国安全或军事议题的专家队伍、研究方法、影响作用、主要观点、特点经验等；忻华、杨海峰的《英国智库对英国对华决策的影响机制——以皇家国际事务学会为例》（《外交评论》，2014 年第 4 期）一文分析总结了西方学者提出的智库对决策影响机制的理论范式，并以皇家国际事务学会为例进行了分析。

博硕士论文方面，从军内博硕士学位论文选题看，近年来专门探讨世界智库中国军事研究的成果基本属于空白，仅发现 2016 年一篇硕士学位论文，陈瑜的《世界著名智库的军事战略问题研究》，梳理了世界各主要国家著名智库的军事战略问题研究，其中包括国外智库对中国军事战略的研究情况。中国知网博硕士学位论文中搜索 ③2013—2016 年主题含"智库"和"军事"的结果有 3 条，其中标题中含

---

① 该数据库数据只更新至 2010 年。
② 检索时间：2016 年 6 月 5 日。
③ 检索时间：2016 年 3 月 26 日。

"智库"和"军事"的结果为零。刘心怡的学位论文《美国新智库及其对华战略研究》(2015 年 6 月)论及美国 20 世纪末以来成立的几家重要智库及其对华安全与军事政策研究。张君瑶在其硕士学位论文《地缘政治视角：印度智库与媒体的互动关系》(2015 年 6 月)中以印度防务研究与分析研究所(IDSA)、观察家研究基金会(ORF)等智库和乌克兰危机等议题为例，研究了印度智库利用媒介的传播策略。朱猛的硕士学位论文《日本智库的运作机制》(2015 年 6 月)举例说明了日本智库发挥影响力的渠道及运行机制。费莹莹的硕士论文《欧洲智库参与欧盟政策制定的路径分析》(2013 年 12 月)以布鲁塞尔的智库为例分析欧洲智库在欧盟决策体系中的影响力。

网络文章方面，主要代表性成果包括：李健、马增军的《美国防务智库现状及主要特征》(知远战略与防务研究所网站，2016 年 5 月 18 日)、廖凯的《澳大利亚安全与防务智库及其影响》(知远战略与防务研究所网站，2015 年 4 月 20 日)分别梳理了美国、澳大利亚防务类智库的基本情况，并分析了主要特点和影响力。知远战略与防务研究所的《中国防务智库为何无法入围全球智库榜单》(知远战略与防务研究所网站，2015 年 7 月 20 日)结合美国防务智库特点及经验，对中国非军队系统的防务智库的发展提出了见解和建议。李健、郭惠志撰写的《美军智囊启示录》(知远战略与防务研究所网站，2015 年 4 月 26 日)总结分析了美国军事和防务智库的基本概念、体系构成、代表性机构、主要特点、核心竞争力等，并提出了关于中国防务智库建设的启示思考。郝赫的《俄罗斯智库建设特点及启示》(中国社会科学网，2016 年 2 月 4 日)、李国强的《印度智库发展状况概略》(光明网，2014 年 12 月 24 日)、李铁军的《俄罗斯智库的发展历程和现状》(中国改革论坛网，2013 年 2 月 25 日)、印度学者德鲁瓦·杰尚卡的《印度智库目前的状况》(搜狐网，2012 年 11 月 23 日)等文章述及了俄、印等国智库发展状况。

台湾方面，台湾圣约翰科技大学助理教授林颖佑撰写的《中国人民解放军研究展望与前景》(台湾《全球防卫杂志》2015 年 1 月)论及了台湾的解放军研究现状及未来前景。作者指出台湾的解放军研究在国际上占据重要地位，许多资深学者经常受邀参加国际各大重要智库的学术交流活动，但台湾的解放军研究在"同文同种"方面的优势正在弱化，有依赖西方解放军研究成果的趋势，未来应运用不同逻辑方法深化研究，实现创新突破，超越过去的研究水平。

综上，当前国内外对于"世界著名智库的当代中国军事研究"这一主题的研究并不多，在仅有的研究成果中，关于单一国家或地区中国军事研究的综述多，关于世界范围中国军事研究的整体综述少；对海外中国军事研究的流程方法零散提及多，综合研究少；对中国军事某一议题相关观点综述多，对广泛议题相关观点综述少；综述观点多，分析特点和原因少；关于我国军事智库建设的启示思考少，关于如何应对世界智库提出的反制中国之策更少。本书将尝试补充这些"少"的方面。

（三）

"世界著名智库""中国军事研究""当代"三个关键词确定了本书的研究对象和内容范畴。

关于"世界著名智库"概念的界定。国内外学术界关于智库的概念界定没有统一意见。美国学者普遍认为，智库是依靠专业知识和思想获取支持并影响政策制定、引导公众舆论的独立、无利益诉求的非营利性组织；而中国学者多认为，智库是以影响政府决策和舆论为目的的非营利性政策研究机构。本书的"世界著名智库"是世界上研究中国军事问题的实力较强智库的概略统称，大致范围是美国、中国研究机构发布的全球优秀智库排行榜上的智库机构。主要参考近几年美国宾夕法尼亚大学"智库与公民社会"项目（Think Tanks and Civil Societies Program, TTCSP）发布的年度《全球智库报告》、中国社会科学院中国社会科学评价中心发布的《全球智库评价报告》。

关于"中国军事研究"。"中国军事研究"是指世界著名智库的研究对象和内容范畴，主要考察中国军事研究的主体、流程、方法、影响、议题、观点、趋势等要素。其中，主体是全球智库排行榜上的著名智库及其专家、学者；议题主要考察智库研究成果较多或者对中国军队而言更重要、更具现实意义的一些议题，包括中国军事安全环境、中国国家安全战略与军事战略走向、中国军事布局与力量运用、中国军力发展与实力评估、中国对外军事关系与交流合作、涉华军事危机管控与可能战争应对等，对其他议题的研究成果则略去不议。

关于"当代"。"当代"是研究对象和内容范畴的时间限定。本书主要考察冷战后，尤其是近些年来世界著名智库的中国军事研究。聚焦世界中国军事研究前沿，重点考察习近平当选新一届中国最高领导人以来的世界智库中国军事研究更具现实意义。

　　基本思路是系统梳理冷战后尤其是近些年来，世界著名智库公开发布的有关中国军事的研究报告、政策简报、著作、文章、访谈记录、发言稿等成果，分析其研究中国军事的主要议题、代表性观点及成因等，并总结世界著名智库在政策研究和智库建设方面的经验教训，最后针对我现实军事斗争准备、中国特色新型军队智库建设提出启示思考。

　　本书包括七个部分：

　　引言。阐述研究背景和意义，介绍国内外研究现状，明确研究对象和范畴，说明基本框架、主要内容、研究方法、创新点等。

　　第一章　世界著名智库当代中国军事研究的机制与特点。依据翔实、可靠的案例和数据，梳理世界上研究当代中国军事议题的著名智库、知名专家，分析、总结其交流互动、研究流程、方法和影响力等。

　　第二章　世界著名智库当代中国军事研究的议题与要义。以 2013—2016 年为例，扫描分析世界著名智库及专家关于中国军事问题的研究成果，重点总结有关五大议题的主要观点，包括中国的军事安全环境、国家安全与军事战略走向、军事布局与力量运用、军力发展与实力评估、对外军事关系与交流合作、涉华军事危机管控与可能战争应对等。

　　第三章　世界著名智库当代中国军事研究的问题与趋势。总结世界著名智库中国军事研究存在的主要问题，分析问题产生的原因，并判断可能的发展趋势。

　　第四章　启示思考。在以上研究的基础上，结合世情国情军情及现实需求，提出应对世界著名智库涉华涉军政策主张、开展国际涉华涉军舆论传播、建设中国特色新型军事智库的若干思考。

　　结语。简要总结，说明不足之处与研究前景。

　　附录。盘点主要国家和地区研究当代中国军事议题的知名智库及专家学者。

　　本书研究坚持以马列主义军事观、毛泽东军事思想、党的军事指导理论创新成果为指导，主要采用以下研究思维和方法：

　　以历史唯物主义和辩证唯物主义为根本遵循，着重研究冷战后世界著名智库对中国军事的研究情况，基于历史事实分析，总结世界著名智库的研究流程、方法、影响力，以及观点、特点、原因等，并据此提出借鉴建议和应对思考。坚持以客观、联系、运动、矛盾的思维考察世界著名智库的中国军事研究。基于客观的一手资料，实事求是地厘清世界著名智库的中国军事研究的基本现状和经验做法；广泛联系各国智库专家关注的主要议题和不同观点，总结国际涉华涉军舆论特点和形势；以发展的眼光看待世界智库对中国军事的研究观点，剖析原因，预判趋势；按照对立统一规律思考世界智库对华政策建议的应对之道。

具体方法上，采取社会科学、军事科学研究的基本方法，主要包括归纳与论证、比较与借鉴、调查与研究，以及文献分析法、系统分析法、矛盾分析法、案例分析法、预测分析法、定量与定性分析法等；本书主要依托国内学界近几年编译积累的信息资料、前人在类似主题上的研究成果、自身通过查阅和调研取得的相关资料等，进行归纳、比较、分析，并结合军事战略、军事思想、军队建设与管理等相关学科理论展开研究。

本书创新之处在于：（1）全面梳理海外中国军事研究的著名智库和主要专家（见附录）；（2）2012 年年底习近平当选新一届国家领导人后，世界智库对中国军事问题关注度明显上升，本书紧跟最新情况，归纳了 2013—2016 年世界著名智库中国军事研究的主要议题与观点，并针对其中对华政策主张、国际舆论斗争，提出应对之策；（3）分析了世界著名智库中国军事研究的机制方法与经验教训，紧贴当前军队改革和中国特色新型军事智库建设需求，就中国军事智库建设提出针对性启示思考；（4）所利用的基础研究材料绝大多数是最新的一手外文资料。

第一章　世界著名智库当代中国军事研究的机制与特点

世界著名智库的当代中国军事研究，对全球中国军事研究、各国对华防务安全政策以及国际涉华涉军舆论都具有无可争辩的巨大影响力。它们的研究工作何以产生如此成效？采取了什么机制和办法？这是本书首先尝试解答的问题。本章主要研究世界著名智库当代中国军事研究的主体、流程及项目运作、研究方法与成果传播等问题，试图找出一些总体特征和共性做法。

第一节　研究主体以美西方为主，交流互动形成重要国际平台

冷战结束以来，如同中国的非凡变化，世界的中国军事研究也经历了非同一般的发展。2012 年有数据称，仅美国关注中国军事的智库就有 1600 余家。[①] 延续至今，研究热度依旧只升不降，研究机构和专家学者仍然只增不减。美西方智库和专家无疑是这一趋势中的领头羊。这些研究主体大多与军方、防务部门有着千丝万缕的联系，与中国有或多或少的渊源，同时相互之间也存在紧密的互动关系。

一、研究热度不断上升，新机构新项目层出不穷

世界著名智库中国军事研究的发展与变化，总体上取决于世界和中国的发展与变化。冷战结束以来，世界政治格局的变化、信息传播技术的发展、地区安全局势的变迁，以及智库机构的勃兴，都对海外中国军事研究产生了重大影响。与此同时，随着中国的开放发展，以及中国国力和对外影响力的逐步增长，中国防务安全政策和军事动向普遍受到全球瞩目，海外研究当代中国军事和安全问题的群体不断

---

① 于冬. 时间站在中国这边 中国防务智库开始摆脱"尴尬" [N/OL]. http://www.infzm.com/content/96625 (2013-12-12)[2015-11-10].

扩大，各国政府和军方对中国军事相关信息和研究成果的需求不断攀升。对此，世界著名智库积极招揽、培养人才，相继设立中国军事研究机构、研究项目，推出大量新颖、精细、深入、前瞻的研究成果。

查阅 2016 年美国宾夕法尼亚大学的《全球智库发展报告》综合排行榜 ① 前 30 位智库官方网站，有超过 20 家研究中国政治、经济、军事、社会一个或多个领域问题。其中，约 17 家智库网站上经常发布关于中国军事问题的文章或研究报告，包括：美国布鲁金斯学会、英国查塔姆学会、法国国际关系研究所、美国战略与国际问题研究中心、卡内基国际和平研究院（原称基金会）、兰德公司、伍德罗·威尔逊国际学者中心、外交关系委员会、卡托研究所、传统基金会、英国国际战略研究、美国进步中心、日本国际问题研究所、卡内基莫斯科中心、美国企业研究所、比利时国际危机组织、瑞典斯德哥尔摩国际和平研究所等等。为增强成果可信度、权威性和影响力，部分世界著名智库在中国设立或与中国知名大学、研究机构合办智库，在中国开展研究或与中国学者合作研究，清华—布鲁金斯公共政策研究中心、清华—卡内基全球政策中心等即为其中的突出代表。

在中国军事研究热的影响下，一些世界著名智库或研究中国军事问题的重镇近年来纷纷新设中国军事研究机构或研究项目。例如，瑞典斯德哥尔摩国际和平研究所在中国提出"一带一路"倡议后设立"丝绸之路经济带与欧盟—中国安全合作"（The Silk Road Economic Belt and EU-China Security Cooperation）项目；②2015 年美国战略与国际研究中心成立中国力量（China Power）项目；2015 年 6 月 22 日美国兰德公司与美空军合作成立中国航空航天研究所；2016 年 4 月日本防卫研究所新设唯一国别研究室——中国研究室；2016 年 11 月台湾"国防大学"将其政战学院中共解放军研究组升格为中共军事事务研究所。2005 年后成立的中国军事研究机构或研究项目还有美国海军战争学院中国海事研究所、新加坡南洋理工大学拉惹勒南国际研究院防务与战略研究所中国项目、③ 瑞典斯德哥尔摩国际和平研究所中国与全球安全项目等。

---

①　James G. McGann. 2016 Global Go to Think Tank Index Report[R/OL]. http://gotothinktank. com/2016-global-go-to-think-tank-index-report/ (2017-01-26)[2017-3-20].

②　Stockholm International Peace Research Institute. The Silk Road Economic Belt and EU-China Security Cooperation[EB/OL]. https://sipri.org/research/peace-and-develoment/private-sector-and-peace/eu-china-cooperation-silk-road-economic-belt [2017-01-09].

③　The S. Rajaratnam School of International Studies. China Programme[EB/OL]. http://www.rsis.edu. sg/research/idss/research-programmes/china-programme/#.WBs9Q_IJIzA [2017-01-09].

二、美西方智库世界领先，多数与军方关系密切

在中国社会科学院中国社会科学评价中心 2015 年 11 月发布的《全球智库评价报告》全球智库排行榜[①]中，查阅排名前 50 位智库的官方网站，经常发布关于中国军事或安全问题成果的智库约 18 个。如表 1-1 所示。

表 1-1　中国版全球智库排行榜前 50 位中研究中国军事的智库

序号	国家	智库数量	智库名称
1	美国	8	卡内基国际和平研究院、传统基金会、布鲁金斯学会、伍德罗·威尔逊国际学者中心、外交关系委员会、战略与国际研究中心、东西方研究中心、新美国安全中心
2	英国	3	查塔姆学会（皇家国际事务研究所）、国际战略研究所、欧洲改革中心
3	日本	3	国际问题研究所、防卫研究所、公益财团法人东京财团
4	瑞士	1	日内瓦安全政策中心
5	瑞典	1	斯德哥尔摩国际和平研究所
6	比利时	1	国际危机组织
7	韩国	1	国立外交院外交事务与国家安全研究所

资料来源：作者根据中国社科院 2015 年《全球智库评价报告》整理

浏览 2016 年美国宾夕法尼亚大学的《全球智库发展报告》全球综合类排行榜前 50 位智库官方英文网站，经常发布关于中国军事或安全问题成果的智库约 22 家，其中美国 10 家，英国 3 家，俄罗斯 2 家[②]，日本、法国、德国、瑞典、比利时、加拿大、澳大利亚各 1 家。该报告防务与国家安全类智库全球排行榜前 30 位中，官方网站时常发布关于中国军事或安全问题成果的智库约 23 家，如表 1-2。

---

① 全球智库评价报告课题组. 全球智库评价报告 [R/OL]. http://www.cssn.cn/xspj/201512/t20151217_2786930_1.shtml (2015-12-17)[2016-10-24].

② 俄罗斯两家上榜智库为卡内基莫斯科中心、世界经济与国际关系研究所；中国社科院 2015 年全球智库 100 家排行榜中没有俄罗斯智库。

表 1-2　美国版全球智库排行榜前 30 位中研究中国军事的智库

序号	国家	智库数量	智库名称
1	美国	13	战略与国际研究中心、兰德公司、布鲁金斯学会、新美国安全中心、卡内基国际和平研究院、外交关系委员会、大西洋理事会、战略与预算评估中心、哈佛大学贝尔福科学与国际事务研究中心、企业研究所、美国传统基金会、美国进步中心、伍德罗·威尔逊国际学者中心
2	英国	3	国际战略研究所、查塔姆学会、皇家三军防务研究所
3	法国	2	欧盟安全研究所、国际关系研究所
4	瑞典	1	斯德哥尔摩国际和平研究所
5	澳大利亚	1	战略政策研究所
6	以色列	1	国家安全研究所
7	日本	1	国际问题研究所
8	德国	1	国际与安全事务研究所

资料来源：作者根据美国宾夕法尼亚大学 2016 年《全球智库发展报告》整理

从中美两个全球智库报告来看，美国研究中国军事问题的顶尖智库数量远超其他地区和国家。欧洲研究中国军事问题的智库中有英国、俄罗斯、法国、瑞典、德国、比利时、瑞士等国的少数几个智库比较有影响力；亚太地区仅日本、澳大利亚、韩国的 1～3 个智库榜上有名。中国的近邻印度、东南亚各国，中国重要的利益攸关区中亚、非洲等地区的相关智库没有上榜。台湾过去曾是全球研究中国（大陆）军事的桥头堡，但目前重要性日趋下降，[①] 没有智库出现在相关排行榜前列。

研究中国军事的世界各国和地区著名智库中，大学智库的影响力明显不如独立和官方智库。研究中国军事的独立和官方智库多数是有政府和军方背景，如美国一些涉华涉军研究的智库长期接受国家安全委员会、军队、国防部委托课题，依赖军方资金，直接为国家和军队利益服务。众所周知，现代智库发端于美国军队，美国很多智库均有军方资助渠道。表 1-2 所列美国智库中，绝大多数与美国军方联系密切。例如，兰德公司 65% 的收入来源于军种部、国防部及联邦政府，其空军项目部（Project Air Force）和阿罗约中心是美国空军和陆军分别唯一制度化资助的研发中心，由美国军方监管、指导，审查年度方案、批准研究项目。在军方资助的具体课题中，军方会派出现役军官以国防部研究员（DoD fellows）的身份加入研究团

---

① ［英］罗伯特·艾什、［美］沈大伟、［日］高木诚一郎. 中国观察：欧洲、日本与美国的视角 [M]. 黄彦杰，译. 杭州：浙江人民出版社，2014:293.

队。除表 1–2 所列智库之外，美国 2049 计划研究所、国家亚洲研究局、美国陆军战争学院、海军分析中心、海军战争学院、国防大学战略研究所、普林斯顿大学、美国防务集团等智库也是美国军方青睐的重要智囊团。其他国家的智库，如英国国际战略研究所、日本防卫研究所、印度国防研究与分析研究所等，也都接受来自军方的资金。

三、美国专家群体最庞大，多数有军方或在华经历

美国作为全球智库第一强国，专家数量和影响力在世界领先，研究中国军事问题的专家也不例外。美国中国军事研究界还专门设有一项用于奖励中国安全与军事领域研究的"后起之秀和突出贡献者"的"埃利斯·乔菲奖"（Ellis Joffe Prize），该奖项评审委员会成员都是美国中国军事问题专家、军方智库高级成员。[①] 其他国家专注于中国军事研究的专家群体不大，其中一些智库专家缺乏中文读写能力，不能利用一手中文文献，熟悉中国的前外交官或前武官也十分缺乏。[②] 英国、瑞典、法国、德国、俄罗斯、瑞士等国和欧盟布鲁塞尔有 10 余个智库拥有一些水平较高的中国问题专家，但中国军事问题专家很少。此外，日本、印度、韩国、澳大利亚及东南亚国家专门研究中国安全与军事问题的专家也不多。台湾的大陆军事研究多限于政府、军方人士，民间研究机构和专家学者面临诸多限制。[③]

由于军事问题的特殊性，在全球各大智库中，中国军事研究专家多数是军队、国家安全、情报、驻华使馆等系统的退役或离职人员，少部分是中国移民，其中有军事或安全部门工作经历的人员是绝对主力。以美国智库为例，战略与预算评估中心、新美国安全中心任职经历可查的研究人员中，半数以上是退役军官或曾在国防部担任文职；兰德公司 100 余名研究人员有军队工作经历；美国战略与国际研究中心约 1/3 的专家曾为军队服务；其他知名智库也有类似情况。[④]2012 年美国首届"埃利斯·乔菲奖"的 6 位提名者都是成果丰硕的专家学者，分别是美国海军战争学院中国海事研究所（CMSI）副教授艾立信（Andrew Erickson）、远景战略集团

① The National Bureau of Asian Research. Ellis Joffe Prize for PLA Studies[EB/OL]. http://www.nbr.org/research/activity.aspx?id=244 [2017-01-09].

② David L. Shambaugh. The New Strategic Triangle: U.S. and European Reactions to China's Rise[D]. The Washington Quarterly, Volume 28, Number 3, Summer 2005.pp.7-25.

③ 林颖佑. 中国人民解放军研究展望与前景 [J]. 全球防卫杂志，2015(1).

④ 李健、马增军. 美国防务智库现状及主要特征 [J]. 智库理论与实践，2016,1(2)：50-54、107.

（Long Term Strategy Group）总裁兼首席执行官雅克琳·迪尔（Jacqueline Newmyer Deal）、詹姆斯敦基金会《中国简报》主编彼得·马蒂斯（Peter Mattis）、海军情报办公室高级分析师丹尼尔·科斯特卡（Daniel Kostecka）、国家安全委员会的麦艾文（Evan Medeiros）、海军分析中心中国研究部研究科学家丹尼尔·哈内特（Daniel Hartnett）。[①] 这份提名名单某种程度上表明，美国研究中国军事的专家群体主要来自军队、国家安全、情报等系统和具有军事背景的智库。

世界著名智库的中国军事研究专家中不少人有中国渊源，曾在中国学习生活，中文流利，少数甚至兼具日、俄、韩等其他语言能力。例如，美国海军战争学院"战略与战役研究系"战略学教授安德鲁·埃里克森（Andrew S. Erickson），中文名艾立信，精通汉语、日语，曾在北京师范大学学习中国语言文学，还曾在美国驻华大使馆、驻香港领事馆工作。瑞典斯德哥尔摩国际和平研究所"中国与全球安全"项目主任司乐如 (Lora Saalman，又译为罗拉·萨尔曼)1990 年开始学习中文，在中国生活了 10 年，并以中文论文获得清华大学博士学位。印度尼赫鲁大学东亚研究中心教授谢刚（Srikanth Condapalli）曾在中国学习并拥有中国研究博士学位。新加坡南洋理工大学拉惹勒南国际研究院（RSIS）院长廖振扬（Joseph Chinyong Liow），精通汉语普通话、粤语、闽南语，还掌握英语、印尼语、马来语等多种语言。华裔专家群体的地位作用也不容小觑，如美国布鲁金斯学会约翰·桑顿中国中心主任李成（Li Cheng）、美国海军战争学院中国海事研究所副研究员李楠（Li Nan）、美国海军分析中心研究员成斌（Dean Cheng）、美国斯坦福大学国际安全与合作中心研究员薛理泰（Xue Litai）、美国海军学院教授余茂春（Miles Maochun Yu）等。

四、各国智库积极交流互动，形成重要国际平台

研究中国军事的世界著名智库及专家学者注重相互交流，常常举办各种形式和规模的学术互访、国际学术会议、二轨或一轨半对话等活动。时间上，有每年定期举办的活动，也有不定期的临时性活动；议题上，有专门以中国军事问题为主题的活动，也有议题中包含中国军事问题的活动。不定期的活动或者议题中包含中

---

① U.S. Naval War College. Erickson Awarded Inaugural Ellis Joffe Prize for PLA Studies[EB/OL]. https://www.usnwc.edu/About/News/October-2012/Erickson-Awarded-Inaugural-Ellis-Joffe-Prize-for-P. aspx?viewmode=web [2016-10-20].

国军事问题的活动数不胜数，如英国皇家国际事务研究所（查塔姆学会）2016 年 2 月邀请美国海军战争学院中国海事研究所相关专家举行了以"南海与东亚海事的未来"为主题的讨论会，议题中包括中国南海政策的军事动向和战略意图；① 始于 2002 年的香格里拉对话会、始于 2012 年的首尔防务对话等一轨半论坛对中国军事相关问题都有所涉及，有时还成为论坛研讨会的主题。

少数研究中国军事的世界主要智库联合建立了定期举办的、有影响力的合作机制或交流平台，每年定期集合中国军事专家交流互动，探讨合作事项，对世界中国军事研究产生了重要影响。公开途径可查的交流研讨平台主要有 5 个：一是美国陆军战争学院联合美国国家亚洲研究局（NBR）、美军太平洋司令部（PACOM）等机构举办的"中国人民解放军研究会议"（People's Liberation Army Conference）学术年会。该研讨会 1998 年由美国前驻华大使李洁明（James R. Lilley）发起举办，地点是陆军战争学院宾夕法尼亚州卡莱尔兵营，基本上每年编辑出版会议论文集，2009 年论文集译有中文版，②2014 年会议主题为"2025 年的中国人民解放军"（The Chinese People's Liberation Army in 2025），已出版同名论文集。二是兰德公司与台湾"中华高等政策研究协会"、美国国防大学国家战略研究所每年在美国或者中国台湾联合举办中国军事和解放军研究学术年会。三是詹姆斯顿基金会主办的中国防务与安全年度研讨会（Annual China Defense and Security Conference），邀请其他防务智库机构及专家与会讨论交流。③ 另外两个研讨会分别是美国陆军战争学院与企业研究所、传统基金会等机构，美国兰德公司与海军分析中心（CNA）分别联合举办的中国安全和军事研究学术年会。④

此外，期刊、杂志、网站、报纸等成果发布平台也是智库及专家开展国际交流的重要渠道。目前，世界上以中国军事为主题的刊物（或电子期刊）主要有美国海军战争学院中国海事研究所出版的《中国海事研究》（*China Maritime Study*）、美国詹姆斯顿基金会的《中国简报》（*China Brief*）、美国国防大学战略研究所《中国战

① Chatham House. The South China Sea and the Future of Maritime East Asia[EB/OL]. https://www.chathamhouse.org/event/south-china-sea-and-future-maritime-east-asia [2017-01-10].

② 郭拓荒等，译 . 美军眼里的中国军队——美国陆军战争学院研究报告 [M]. 北京：世界知识出版社，2015.

③ Updated – Sixth Annual China Defense and Security Conference[EB/OL]. https://jamestown.org/event/updated-sixth-annual-china-defense-and-security-conference/ (2016-05-12)[2017-04-10].

④ [英] 罗伯特·艾什、[美] 沈大伟、[日] 高木诚一郎 . 中国观察：欧洲、日本与美国的视角 [M]. 黄彦杰，译 . 杭州：浙江人民出版社，2014:266。

略透视》（*China Strategic Perspectives*）、美国《中国军事情报》、^①英国皇家三军防务研究所（RUSI）刊物《中国军事更新》（*Chinese Military Update*）、^②台湾"国防大学""中共军事事务研究所"《解放军新闻分析》（*PLA News Analysis*）等。^③随机刊发中国安全和军事研究成果的期刊、网站、报纸、新媒体、自媒体等平台则不胜枚举。

第二节　研究流程严格规范，项目运作自主灵活

世界著名智库课题研究过程一般包括签约（确定选题）、咨询准备、研究分析、报告完成、成果评审、成果提交六大阶段。^④高质量的研究成果是智库的根本和灵魂，为多出"全面、综合、新颖、经久不衰"的精品力作，^⑤世界著名智库中国军事研究注重在课题来源、课题组组成、辅助措施、资料来源、研究方法及成果评审等方面做出优化安排。

一、追求选题的独立性和权威性

智库的课题来源包括委托课题和自主课题。委托课题主要是国家军政领导人幕僚部门、国会、国防部、军方等官方部门和机构委托给智库的课题。赋予的方式有直接赋予、招投标等。委托课题一般需要正式签约。例如，美军太平洋司令部可能直接赋予某智库研究中国海军水下战斗力的研究课题。另外，也有一些独立委托人自己寻求资金，赋予智库课题。例如，美国前驻华大使李洁明（James R. Lilley）从 20 世纪 90 年代开始，积极推动中国军队研究，尽全力寻求资金，委托顶级专家撰写论文，定期召集解放军研究研讨会，并编辑出版论文集，供政策制定者、分析

————————

　　①　[美] 埃里克森、戈尔茨坦、李楠. 中国、美国与 21 世纪海权 [M]. 徐胜等，译. 北京：海洋出版社，2014:111。

　　②　Larry M. Wortzel. China and the Battlefield in Space[EB/OL]. http://www.heritage.org/research/reports/2003/10/china-and-the-battlefield-in-space (2003-10-15)[2016-6-20]。

　　③　http://www.books.com.tw/products/0010459323 [2017-05-22]。

　　④　王佩亨、李国强等. 海外智库——世界主要国家智库考察报告 [M]. 北京：中国财政经济出版社，2013 年，第 17—18、102—103 页。

　　⑤　美国兰德公司提出的优秀研究成果的标准：全面综合（comprehensive and integrative）、新颖（innovative）、经久不衰（enduring）。参见：The RAND Corporation. Standards for High-Quality Research and Analysis[EB/OL]. http://www.rand.org/standards/standards_high.html [2017-01-10]。

师、学者和学生参考。① 自主课题中，一部分是智库管理层和专家委员会② 设定的课题，赋予下属研究人员；另一部分是研究人员自主申请某个课题立项。例如，智库或研究者基于对相关领域形势发展的认识，预判某个议题可能在未来某个时期成为决策者急需或社会高度关注的中心议题，于是提前研究形成成果，随后找准时机适时抛出；有时智库或研究者甚至会根据总统候选人的竞选承诺，研究相应议题，完成成果后供候选人参考。③

世界著名智库大多将选题独立性原则奉为圭臬。由于委托课题难免受委托方制约，研究成果独立性常常受到损害，扩大自主课题比例和研究人员自主权成为保证成果独立性的重要方法之一。日本智库还有一种"半自由式"选题法，即智库根据官方或委托方的需求设定研究的总体课题范围，在范围之内鼓励研究人员自主申请课题。④ 有些智库将研究人员自主申请课题比例常年稳定在 25% 左右。

世界著名智库高度重视中国军事研究选题的权威性，一些智库通过国际议员小组、咨询委员会等组织形式，或者通过定期召集中国军事问题内部研讨会，将国内外顶级战略学者、中国军事研究专家、政要、军队指挥官、跨国企业高管等集中起来，讨论当前和未来中国军事重点问题，形成对选题方向的权威性认知和结论。美国战略与国际研究中心设有国际议员小组，小组成员主要由来自世界各地的现任或前任政要、军方高层，商界领袖，以及有全球专业知识和经验的市政领导人等组成，每年召开一次非正式会议，共同讨论全球关注的和最紧迫的问题，由此产生部分研究课题。⑤ 课题提出后，智库还必须进行课题必要性和可行性论证，经与委托方协商、智库管理高层同意后才能正式立项。课题立项后，智库会赋予项目专门的名称，列入某一财年研究项目。如，兰德公司空军项目部受官方委托将一项关于网络战争的课题命名为"网络命令与网络战争的定义及执行"，并列入 2008 财年研究项目。⑥

---

① 郭拓荒等，译. 美军眼里的中国军队——美国陆军战争学院研究报告 [M]. 北京：世界知识出版社，2015：（前言）7。

② 智库内由各领域学识渊博、经验丰富的知名专家组成的指导、评议所有研究工作的组织，各国或地区的智库绝大多数都有此类设置，但组织名称有一定差异，如专家咨询委员会、科学家委员会、顾问团等。

③ [美] 安德鲁·里奇. 智库、公共政策和专家治策的政治学 [M]. 潘羽辉等，译. 上海：上海社会科学院出版社，2010：147、176。

④ 王辉耀、苗绿. 大国智库 [M]. 北京：人民出版社，2014：185。

⑤ 王辉耀、苗绿. 大国智库 [M]. 北京：人民出版社，2014：90。

⑥ [美] 马丁·利比基. 美国如何打赢网络战争 [M]. 薄建禄，译. 北京：东方出版社，2013:1.

二、强调课题组成员多样性

课题正式立项后将启动一系列准备工作。成立课题（项目）组是第一项工作。世界著名智库在选配课题组成员时，一般根据课题性质和需要，从不同学科专业和工作经历的研究人员中调配组成课题研究小组，主要体现在三个方面：来自同一智库的不同部门，或不同智库，或者不同国家的机构；学科专业不同；工作经历及背景不同。美国兰德公司就是这种做法。[①] 德国智库大多也是从不同研究部门抽选研究人员组成课题组，以便运用不同学科的理论、方法和经验进行创新性、协作性、综合性研究。[②] 对于一些重大课题，智库也会专门成立大型项目组，甚至成立新的研究机构，或者与其他智库联合成立跨国、跨智库课题组，进行集中攻关或长期性研究。

三、注重发挥课题顾问团队作用

美国智库非常注重课题顾问委员会的作用，对于重大课题往往邀请顶尖中国军事和安全问题专家组成豪华阵容。顾问的来源并不仅限于国内或本智库内的研究人员，一些其他国家和机构、大学、政府部门、军方的专家，部分跨国公司、信息咨询公司的专家，或者本国和外国的现任或前任军政要员也常常出现在顾问委员会名单中。这些顾问全程积极参与、支持和指导课题开题、研究、审稿，为课题贡献专业知识和观点，提出关键性的意见和建议。为了更好地征求、收集顾问的意见，美国智库还设计了独特的德尔菲法。德尔菲法是"以匿名方式，函询专家意见，然后将意见进行统计学处理，及时反馈给专家，进一步征求其意见，通过轮询反馈信息，调整专家意见，引导专家意见趋于一致和稳定"；反馈调整的轮次往往达到四五轮。[③] 用于激发专家思想观点的头脑风暴法也常被用于课题研究之中。一些深具创新性、开拓性、质量上乘的研究成果常常在顾问委员会一次次会议后逐渐成形。美国战略与国际研究中心与彼得森国际经济研究所 21 世纪初合作的"账簿中国"项目（The Balance Sheet：China）在开始研究之前，召集顾问委员会的所有成员召

---

① 王佩亨、李国强等 . 海外智库——世界主要国家智库考察报告 [M]. 北京：中国财政经济出版社，2013:15.

② 王佩亨、李国强等 . 海外智库——世界主要国家智库考察报告 [M]. 北京：中国财政经济出版社，2013:99.

③ 军事科学院战略研究部 . 战略学 [M]. 北京：军事科学出版社，2001:167—168.

开了关于课题开题的头脑风暴式讨论会，部分顾问还与课题组成员就一些具体问题进行了单独深入讨论。[①]

四、多途径获取资料信息

除了智库内资料信息、中国公开信息、媒体信息等普通来源，还有多种重要信息渠道，包括从本国政府或军方获准取得的保密信息、从中国大陆获取的非公开信息、从港澳台获取的信息、从身在海外的中国人获取的信息、从世界其他中国研究专家获取的信息等。手段包括申请本国授权、到官方部门短期任职、购买、中国实地参访、调查访谈，组织或参与小范围座谈、大型研讨会、国际会议；等等。

世界智库从中国搜集的中文资料主要来自海峡两岸及香港、澳门的文献、著作、期刊、媒体、论文集、网络信息等。目前，大陆公开和半公开资料是专家研究素材的主体，尤其是军队的报纸、期刊、著作等，虽然绝大多数仍属内部发行，但一些专家通过各种途径获得，成为他们研究至关重要的参考资料。《解放军报》《中国军事科学》《中国国防报》及一些解放军现役科研人员的著作常常出现在外国智库成果的注释中。一些海外中国军事专家将香港中文大学中国研究服务中心等机构作为搜集中国军事问题资料的重要地点。他们常常对港澳台的信息与大陆信息进行交叉比对甄别，以确保引用信息的准确性和一致性。[②] 为获取量化数据，智库专家会采取实地访问、面访、邮件问卷、电话访问等方式开展调查研究，采集数据。量化数据常由专设的数据中心进行统计分析。[③] 调查访谈除了采访与中国打交道的外国政要、中国军事专家等之外，身处海外的中国学者或官员也是重要调研访谈对象。[④] 为避免闭门造车，全世界中国观察家展开信息互动也是通用做法。信息互动方式包括研究成果的交流、通过调研或国际平台的面对面交流、随时的通联交流等。中国军事研究的海外交流平台很多，如多为美国学者参加的美国亚洲研究学会年会，以及多为欧洲学者参加的荷兰国际亚洲研究联盟、中国研究欧洲学会、中欧

[①] 战略与国际研究中心，彼得森国际经济研究所.账簿中国：美国智库透视中国崛起 [M].隆国强等，译.北京：中国发展出版社，2008：前言 3、220.

[②] [英] 罗伯特·艾什、[美] 沈大伟、[日] 高木诚一郎.中国观察：欧洲、日本与美国的视角 [M].黄彦杰，译.杭州：浙江人民出版社，2014：293.

[③] 王佩亨、李国强等.海外智库——世界主要国家智库考察报告 [M].北京：中国财政经济出版社，2013：21—22.

[④] [英] 罗伯特·艾什、[美] 沈大伟、[日] 高木诚一郎.中国观察：欧洲、日本与美国的视角 [M].黄彦杰，译.杭州：浙江人民出版社，2014：293.

学术联盟的学术活动等。还有一些智库之间的交流互动平台，如美国兰德公司与台湾"中华高等政策研究协会"每年联合举办的中国人民解放军研究学术年会等。有的智库会鼓励研究员到政府或军方适当部门短期任职或服务，记录服务期间的经历和思考，然后再返回研究机构继续研究。[①]

五、严格落实成果评审制度

为保证成果的高质量，部分智库专门制定了标准。美国兰德公司的"高质量研究与分析的标准"（Standards for High-Quality Research and Analysis）对研究相关人员提出十大要求：（1）合理界定问题，明确研究目的；（2）精心设计和执行研究方法；（3）了解其他相关的研究项目；（4）使用最优的可得数据和信息；（5）假设应做到明确且合理；（6）研究结果应推动知识进步，针对重要的政策问题有的放矢；（7）研究的意义和建议应合乎逻辑，有研究结果为证，解释透彻，并相应做出适当的警告说明；（8）研究文献应当表达准确、通俗易读、结构清晰、语调平和；（9）研究要引人注目，有使用价值，关乎利益相关者和决策者；（10）研究应该客观、独立和公平。[②]

在课题研究过程中，课题和研究成果会受到严格的审查。期末评审与期中审查是课题评审的两种主要方式。在课题中期和课题组完成研究成果后，智库会组织智库内部专家或独立于智库和课题委托方之外的第三方人员，对课题进展情况或成果进行评审，以确保成果质量过关。兰德公司对成果审查做了制度化安排——"同行评审制"，[③]对每个课题都选择数名未参加课题的该领域资深研究者担任评审成员，有的来自公司内部，有的来自公司外部或国外，由他们负责期中审查和期末评审，撰写评审报告。课题组根据意见修改研究成果后，评审成员共同组织评审会议，审议并投票是否通过。法国智库的科研成果由第三方独立人士评审，评审员是领域内专家，但与课题组无直接利害关系。[④]德国智库对研究成果有内部审核与外部第三

---

①　[美]安德鲁·里奇. 智库、公共政策和专家治策的政治学 [M]. 潘羽辉等，译. 上海：上海社会科学院出版社，2010: 55.

②　The RAND Corporation. Standards for High-Quality Research and Analysis[EB/OL]. http://www.rand.org/standards/standards_high.html [2017-01-10].

③　王佩亨、李国强等. 海外智库——世界主要国家智库考察报告 [M]. 北京：中国财政经济出版社，2013: 18.

④　王佩亨、李国强等. 海外智库——世界主要国家智库考察报告 [M]. 北京：中国财政经济出版社，2013:35.

方审核的双重审核机制。① 日本有智库专门成立评审委员会，由评审委员会选取国内相关行业专家组成评审小组评审不具名的研究成果，再由评审委员会宣布评审结果。② 韩国官方智库成果由从评审专家库中随机选取的三人小组进行评审，其中一人来自机构内部，两人从外部聘请。③

智库组织评审阶段，课题委托方可能派代表积极参与并介入成果评审。通过评审后，成果将被提交给智库高层审定。未通过评审的成果，如果有较大问题，将改换课题组成员重新研究。智库完成评审后，才会将成果提交委托方进行最终审查、验收。委托方验收时提出的意见，课题组必须更加重视，有些意见可能是指令式的，否则成果可能不会被委托方验收。④ 课题组根据验收意见修改成果后将提交最终成果，成果通过验收后课题才最终完结。

第三节　研究方法创新多样，突出量化分析与实证研究

"智库发展的着力点在于思想和方法创新"，⑤ 世界著名智库几乎都遵循着这一普遍规律。在研究中国安全和军事问题时，世界著名智库专家学者除了综合运用归纳与演绎、分析与综合、具体与抽象、系统、历史、预测、比较、统计分析法等各种通用分析方法之外，还善于运用甚至创造一些新的思想理论和研究方法。

一、擅长运用各类思想理论框架

理论是高明的学者研究复杂局势时理清思路的重要工具。美欧智库学者在研究中国军事与安全问题时常常引入一些政治学、国际关系学的经典理论框架，他们信奉或推崇现实主义、自由主义、建构主义及新现实主义、新自由主义、新保守主义等理论范式，这些理论概念、架构、观点或多或少被运用在中国军事与安全问题研

---

① 王佩亨、李国强等.海外智库——世界主要国家智库考察报告 [M].北京：中国财政经济出版社，2013:108,135.

② 王佩亨、李国强等.海外智库——世界主要国家智库考察报告 [M].北京：中国财政经济出版社，2013:179.

③ 王佩亨、李国强等.海外智库——世界主要国家智库考察报告 [M].北京：中国财政经济出版社，2013:199.

④ 余东晖.中评重磅专访：美知名战略学者史文 .[EB/OL]. http://bj.crntt.com/doc/1041/6/6/6/104166659_4.html?coluid=93&kindid=7950&docid=104166659&mdate=0323001502 [2016-12-20].

⑤ 张小溪.智库发展的着力点在于思想和方法创新 [EB/OL]. http://www.cssn.cn/zk/zk_rdgz/201504/t20150420_1592773.shtml [2016-12-08].

究。江忆恩在其著作《文化现实主义：中国历史上的战略与战略文化》中，运用建构主义观点提出影响国家对战略环境反应的关键因素是战略文化传统，通过分析研究《武经七书》和明代军事文献，认为中国战略文化传统有强烈的现实主义政治（realpolitik）特色，应对外来威胁具有先发制人和进攻倾向。① 陆伯彬（Robert Ross）、柯庆生（Thomas Christensen）、金骏远（Avery Goldstein）等人多以现实主义理论、博弈论、威慑论、地缘政治理论等研究中美关系、中国防务安全政策、亚太安全形势等。柯庆生在《窗口与战争：趋势分析及北京动武》一文中以现实主义理论和威慑论为基础，分析 1949 年以后中国对外动武的案例，提出中国倾向于以武力扭转不利战略形势，且外界威慑可能产生强力反弹。美国普林斯顿大学伍德罗·威尔逊公共和国际事务学院著名国际政治学教授、美国对外战略理论大家约翰·依肯伯里（G. John Ikenberry）则基于自由主义思想主张美国通过"规范说服""外部引诱""内部重建"三种途径改造甚至同化其他国家，认为国际秩序会在中国崛起时发生一些变化，但美国仍将维持主导地位，中国将接受次要地位。② 基辛格（Henry Kissinger）、查尔斯·库普乾（Charles Kupchan）等人则不认同依肯伯里的观点，认为国际秩序将是多元化的。

一些知名中国军事研究专家同时是著名政治学者、权威国际关系学者，他们甚至创造出新的理论工具研究分析中国军事问题，如美国"中国威胁论"理论代言人约翰·米尔斯海默（John J. Mearsheimer）创立了"进攻性现实主义"，认为中国在经济和军事走向强大时不可避免地让邻国和美国感到恐慌，美国在亚太有深切利益，将竭尽所能阻止中国主导亚洲，中国无法和平崛起。③ 理查德·哈斯（Richard N. Haass）提出"规制主义"，认为美国应以武力推进各国遵守"普世价值"，维持世界秩序。④ 此外，经济学、社会学、历史学、心理学、符号学等常见学科理论的借鉴和运用也十分普遍。

---

① Alastair Iain Johnston. *Cultural Realism: Strategic Culture and Grand Strategy in Chinese History* [M]. Princeton, N.J.: Princeton university, 1996.

② 中国能和平崛起吗？看看两位美国权威人士的 PK[EB/OL]. http://mt.sohu.com/20160628/n456610732.shtml [2016-12-20].

③ 中国能和平崛起吗？看看两位美国权威人士的 PK[EB/OL]. http://mt.sohu.com/20160628/n456610732.shtml [2016-12-20].

④ [美] 理查德·哈斯."规制主义"：冷战后的美国全球新战略 [M]. 北京：新华出版社，1999.

二、积极创新分析工具和方法

1949 年至 20 世纪 80 年代以前，国外智库所能获得的有关中国的信息资料严重不足，研究者到中国实地调研的机会凤毛麟角，研究中国军事这一"敏感话题"的智库专家们面临严重的信息"饥荒"。随着中国的开放和信息社会的发展，信息资料不再不足，而是过多。好的研究方法不仅能帮助智库专家在分析信息时节省大量精力，而且有助于他们得出更真实、更有说服力的结论。世界著名智库专家在分析研究中，除了综合运用各种通用分析方法外，也创造出线性规划和动态规划技术、成本分析法、网络理论法、A 因子法等富有特色的新方法，[①] 并积极拓展系统论、博弈论、决策理论和技术等在方法上的应用。

被视为"现代智囊开创者"的美国兰德公司对分析方法和工具的创新与开发十分重视。兰德曾创立跨学科体系的系统分析法，并成为其自身研究分析军事问题的主要方法，著名的"规划—项目—预算"系统（PPBS）及后来的"规划—项目—预算—执行"系统（PPBES）就是在该方法基础上发展出的预算分析与管理制度。[②] 美国国防部净评估办公室前主任安德鲁·马歇尔（Andrew W. Marshall）在 20 世纪五六十年代一直是兰德公司分析师，为研究军事均势、改进分析方法，他综合运用场景规划、博弈论、分析系统等，创造了"净评估"分析框架，[③] 并于 70 年代正式提出。兰德公司也逐步形成了在净评估分析框架下的定性与定量相结合的综合分析方法。

兰德公司在军事分析工具的创造和运用方面也久负盛名。兰德战略评估系统(RSAS) 及其衍生品——联合一体化应急模型 (JICM) 被美国海军战争学院、国防大学及澳大利亚、韩国等国智库广泛使用。兰德公司 2000 年发布的报告《恐怖的海峡？台海两岸军事对抗和美国的政策方案》（*Dire Strait？ Military Aspects of the China-Taiwan Confrontation and Options for U.S. Policy*），以及 2011 年报告《与中国的冲突：前景、后果和威慑战略》(*Conflict with China: Prospects, Consequences,*

---

① 王佩亨、李国强等 . 海外智库——世界主要国家智库考察报告 [M]. 北京：中国财政经济出版社，2013:21.

② 王辉耀、苗绿 . 大国智库 [M]. 北京：人民出版社，2014:52.

③ 净评估是具有比较分析、诊断性和前瞻性特征的评估国家安全的多学科方法，是一个评估国家长期政治和军事战略竞争的框架；其目的是诊断竞争对手之间的战略不对称性，寻求机遇，以支持高层决策者的战略决策。参见："净评估"：美国国防部衡量军事均势的方法 [EB/OL]. http://mil.sohu.com/20120711/n347907425.shtml [2016-12-21]。

and Strategies for Deterrence）都是应用联合一体化应急模型的重要成果。[①] 此外，美国战略与预算评估中心（CSBA）2013 年曾开发出一款广受欢迎的"防务战略选择"软件工具，[②] 可根据海、陆、空、特战、核力量及太空与网络、导弹防御、武器弹药、后勤与基地、人事、研发、战备等军力结构的变化自动计算出所需的国防资源。

三、重视量化分析与计算机模拟

将模糊因素用具体数据来表示，通过建模、模拟、推演等分析研究，是量化分析的基本特点。世界著名智库尤其是美欧智库，特别注重运用量化分析研究复杂问题。在一些著名智库官网上发布的研究报告常常引用大量数据，并进行了详尽的量化分析，一些知名专家论述相关问题时也往往喜欢用数据说话。美国兰德公司下设一流的调查和统计部门，可从事调查和实验方案设计、数据采集、数据统计、数据分析等一系列工作，方法手段常具有较高的创造性。[③] 有些智库甚至设置有专职的数据分析助理。[④]

计算机模拟（仿真）是世界著名智库重视和常用的研究方法。有的智库为此建立自己的计算机技术中心，招揽高级技术人员和编程专家、分析专家等，结合大量先进设备，开展计算机模拟（仿真）等工作。兰德公司计算机中心编有 130 多名专家和计算机领域的高手。[⑤] 还有的智库委托其他机构或公司进行计算机模拟（仿真）。美国传统基金会在确定推荐方案时，常常会委托相关独立性公司通过计算机模拟手段检测不同方案带来的不同结果，评估确定最佳方案。[⑥] 不过，有时这种方法常常要花费数年时间和大量人力财力，成本较高，而且如果获得的结果不支持智库背后的利益集团意向的方案，研究者将面临棘手的选择，要么公布真实结果，要

---

① 廖凯. 从兰德战略评估系统到联合一体化应急模型 [EB/OL]. http://www.knowfar.org.cn/article/201210/21/329.htm [2016-12-21].

② 参见：胡冬冬、庞娟、杨依然. 美国五大智库联合推演未来 10 年美国国防战略及军力结构调整走向 [EB/OL]. http://mt.sohu.com/20161222/n476581242.shtml [2016-12-28].

③ 王佩亨、李国强等. 海外智库——世界主要国家智库考察报告 [M]. 北京：中国财政经济出版社，2013:22.

④ 王辉耀、苗绿. 大国智库 [M]. 北京：人民出版社，2014:89.

⑤ 王佩亨、李国强等. 海外智库——世界主要国家智库考察报告 [M]. 北京：中国财政经济出版社，2013:22.

⑥ [美] 安德鲁·里奇. 智库、公共政策和专家治策的政治学 [M]. 潘羽辉等，译. 上海：上海社会科学院出版社，2010:155.

么改变计算机模型、操纵检测过程，重新分析得出令委托方满意的虚假结果。①

　　世界著名智库运用量化分析与计算机模拟最典型的例子是兵棋推演。研究人员将作战目的、手段、环境、规律、经验等量化后，将数据输入战争模型、决策模型等，以计算机模拟推演战争。美国兰德公司、海军战争学院、海军分析中心、战略与预算评估中心等智库早已建立兵棋推演机构。海军战争学院兵棋系（War Gaming Department）是美军历史最悠久的兵棋推演机构，每年接受大量来自国防部、海军部、各司令部、参联会等决策机构的任务，海上作战、太空战、未来战争等都是其推演内容，为军事决策层提供了重要参考信息。②美海军 2015 年提出的海上"分布式杀伤"新概念即形成于 2014 年年底美国海军战争学院的一次兵棋推演中，未来可能与"分布式空中作战"概念等共同构成"分布式体系作战"概念，成为指导美军装备发展和联合作战的重要思想。③美国战略与预算评估中心自称，其特色之一是"使用战争推演方法，预测未来战争场景，研究即将出现的战争系统，并提供可供选择的行动概念"，专责战争推演的研究人员已经开发出 50 多种情景规划模式的战争推演项目；④广为人知的《空海一体战：初始作战概念》《东亚 2025》等报告就是该中心兵棋推演后的佳作。⑤

第四节　研究成果传播广泛，决策与舆论影响力深远

　　世界智库鳞次栉比，安全与军事类智库也数不胜数，智库领域早已出现较高

---

　　①　［美］安德鲁·里奇. 智库、公共政策和专家治策的政治学 [M]. 潘羽辉等，译. 上海：上海社会科学院出版社，2010:194.

　　②　智擂、李健. 美军兵棋推演的发展与应用 [J]. 外国军事学术，2014(4).

　　③　美国海军的"分布式杀伤"是指，"使更多的水面舰船，具备更强的中远程火力打击能力，并让它们以分散部署的形式、更为独立地作战，以增强敌方的应对难度，并提高己方的战场生存性"。其核心思想包括两个方面：一是将海上反舰、防空能力分散到更多的水面舰艇上；二是提高单舰作战能力，在"宙斯盾"舰上加装反舰导弹等进攻性武器，在两栖舰上加装"宙斯盾"系统。"分布式空中作战"概念主张将作战能力分散部署到多种空中平台，由多个平台联合形成作战体系共同完成任务；这一作战体系将包括少量有人平台和大量无人平台。其中，有人平台的驾驶员作为战斗管理员和决策者，负责任务的分配和实施；无人平台则用于执行相对危险或相对简单的单项任务（如投送武器、电子战或侦察等）。参见：吴勤. 美军分布式作战概念发展分析 [EB/OL]. http://tech.gmw.cn/mil/2016-08/05/content_21333251.htm [2016-12-28].

　　④　曹升生、高科冕. 专注于军事研究的美国新智库——战略与预算评估中心 [J]. 战略决策研究，2013 (3).

　　⑤　李健、郭慧志. 美军智囊启示录②：塑造核心竞争力三部曲 [EB/OL]. 澎湃新闻网，http://www.thepaper.cn/newsDetail_forward_1323079 (2015-04-21)[2016-11-28].

"市场化"程度。在"智力的市场经济"中，智库机构像工厂一样面临着激烈竞争。如果将智库机构视为工厂，研究成果即智库的产品。工厂须销售产品，智库也须"推销"成果。无论是自负盈亏的高度独立智库，还是资金上依附于政府、政党、财团的半独立智库，推销成果关乎它们的生死存亡、发展壮大。正如美国传统基金会副总裁菲利普·特鲁拉克所说："我们在推销思想上花的钱，绝对和在研究上花的一样多。"① 即使是"衣食无忧"的官方智库，也会面临其他官方智库的竞争，也有扩大影响力、增强地位作用的需求，成果推销必不可少。在"八仙过海，各显神通"的推销之下，智库对决策层及国际国内舆论的影响力才能得以维持和增强。

一、成果推销成为智库与专家扩大影响力的主要手段

世界著名智库在中国军事研究中高度重视对研究成果的推销，主要途径有媒体、智库及专家出版物、精准公关、成果发布会及研讨座谈会、议会听证会等。

媒体。与媒体保持良好关系被视为成功智库的特征之一。各大智库积极在公共媒体、官方网站、期刊上发布成果及观点，注重在媒体上的曝光率，主动推介各种成果。《华盛顿邮报》《华尔街日报》《纽约时报》等美国报刊倾向于引用智库研究成果做相关报道或政策分析。媒体对智库及其成果的引述主要有三种情况，一是提及专家撰写的专著、报告、文章等；二是提及所做研究的发现；三是专家的评论及观点。② 世界著名智库大多设有专责沟通媒体的部门。英国查塔姆学会媒体公关部门通过其所谓"媒体每日报送"（dairy everyday）制度，每天将研究动态传递给媒体。官方网站是智库发布成果及研究动态的核心平台之一，日本知名智库大多开设日、英、中三语网站，刊登研究成果和政策讨论会记录、资料、数据等。一些智库对于重大研究项目建有专门的网站，公布信息、图表和事实等。少数专家还会运用自媒体形式，自己开设个人网页或博客推销自身成果及主张。例如，美国海军分析中心战略研究部高级研究科学家德米特里·格伦堡（Dmitry Gorenburg）开设有个人博客网站，持续更新发布个人研究成果。③ 美国海军战争学院战略学教授艾立信（Andrew S. Erickson）与美国莱斯大学能源研究中心研究员加布里埃尔·柯林斯

---

① 转引自：宋鲁郑．中国智库能为中国崛起做些什么 [EB/OL]. http://www.guancha.cn/SongLuZheng/2017_02_10_393503.shtml [2017-03-08].

② ［美］安德鲁·里奇．智库、公共政策和专家治策的政治学 [M]．潘羽辉等，译．上海：上海社会科学院出版社，2010:88.

③ 德米特里·格伦堡（Dmitry Gorenburg）个人网站：https://russiamil.wordpress.com/ [2016-12-10].

（Gabriel B. Collins）联合创办"洞察中国"网站，发布两人关于中国问题的研究成果。[①]

出版物。智库及专家出版物是智库扩大影响力的重要方式，世界著名智库的出版物类别主要有政策简报、专题研究报告、会议报告或会议记录、期刊、书籍、观点展现和搜集、快报等，既有纸质出版物，也有电子出版物。很多研究中国军事的世界智库每年发布涉及中国军事的出版物，如日本防卫省防卫研究所每年发布的《中国安全战略报告》（2011年开始发行）、英国国际战略研究所（IISS）每年的《军力平衡报告》、瑞典斯德哥尔摩国际和平研究所（SIPRI）每年出版的《斯德哥尔摩国际和平研究所军备、裁军与国际安全年鉴》等。英国《中国季刊》（The China Quarterly）、台湾《"国防"杂志》等刊物时常刊载关于中国（大陆）军事的学术文章。智库专家纷纷通过著书立说扩大成果影响力。《超越海空一体战：美国亚洲军事战略之辨》[②]《海上烽火：中国、美国及太平洋的未来》[③]《红星照耀太平洋：中国崛起与美国海上战略》[④]《盛世危言：远观中国大战略》[⑤]等都是知名智库学者近几年出版的著作。

精准公关。智库成果推销最常见客户是国会、政府、军队决策者，决策助理，媒体记者等。决策者需要专家观点与建议，媒体则需要专家向公众解释相关政策主张。智力市场更多是买方市场，"美国智库专家坦言，决策部门和政府官员缺少时间、也没有义务去主动了解智库研究成果"，[⑥]因扩大影响力的需要，智库或专家向上述客户主动推销成果或主张具有更大的内在驱动力。智库公关人员或专家平时注重与政策制定者及其助手、随员、顾问等广泛结交，培养私人关系，便于随时知道某问题决策准备的进展状况，确保将成果以最快的速度、最恰当的时机推销进入决

---

① http://www.chinasignpost.com/ [2016-11-28].

② Aaron L. Friedberg. Beyond Air-Sea Battle：The Debate Over US Military Strategy In Asia. Routledge, 2014.

③ Robert Haddick. *Fire on the Water: China, America, and the Future of the Pacific* [M]. Naval Institute Press, 2014.

④ ［美］吉原恒淑、詹姆斯·霍姆斯. 红星照耀太平洋：中国崛起与美国海上战略 [M]. 钟飞腾等，译. 北京：社会科学文献出版社，2014.

⑤ 薛理泰. 盛世危言：远观中国大战略 [M]. 北京：东方出版社，2014.

⑥ 张树华. 坚持文化自信发挥中国智库的比较优势——中国社会科学院赴美智库考察报告 [EB/OL]. http://www.cssn.cn/sf/201610/t20161020_3242686_1.shtml [2016-11-28].

策过程。① 世界著名智库大多成立专门与国会、媒体联络的部门，一些智库还在本国及世界政治中心设置办事处，任用专门的公关人员或联络员与媒体记者、国会议员及其助理沟通、推销。美国传统基金会对于重要的研究成果会制作一个用于推销的背景资料，篇幅要求通过所谓的"公文包测试"，确保国会议员从里根国家机场到国会的 15 分钟路程中，能把资料从公文包中取出并通读。② 经"旋转门"进入政界、军界的前智库学者也会适时帮助智库推销成果。

成果发布会及研讨座谈会。通过举办成果发布会、国际或国内研讨会、报告会、讲座会传播成果影响力也是公开推销的重要途径。成果完成后，举办国际、国内研讨会已经成为美、日等国知名智库推广研究成果的惯例。这些会议会尽可能邀请政策制定者及其助理、媒体记者等。德国智库常常举办研讨会、纪念会、报告会、讲座、答谢宴等形式的活动，加强与政界、军界、学术界等各界人士的联系，讨论国际国内问题与形势，了解政策走向，影响政府决策。③ 美国宾夕法尼亚大学智库研究项目为扩大其编写的《全球智库报告 2016》的影响力，集中于 2017 年 1 月 25 日至 26 日两天在华盛顿、纽约、伦敦、巴黎等全球 60 多个国家的 86 个城市举行了报告发布会。④

议会听证会。一些国家的国会或行政区议会在制定政策的过程中，通常会举行听证会，并邀请相关专业的智库专家在听证会上作证，专家意见对政策制定者有直接影响，因此智库会尽力争取国会作证机会。如果听证会事关某一特定议题，则相关专长的专家机会更多。2014 年 3 月美国企业研究所日本问题研究中心主任、知名中国问题专家迈克尔·奥斯林（Michael Auslin）受邀出席美国参议院东亚和太平洋外交事务小组委员会的听证会，发表"加强美国在东北亚的同盟关系"（Strengthening U.S. Alliances in Northeast Asia）证词。

---

① ［美］安德鲁·里奇. 智库、公共政策和专家治策的政治学 [M]. 潘羽辉等，译. 上海：上海社会科学院出版社，2010:172.

② ［美］安德鲁·里奇. 智库、公共政策和专家治策的政治学 [M]. 潘羽辉等，译. 上海：上海社会科学院出版社，2010:190.

③ 王佩亨、李国强等. 海外智库——世界主要国家智库考察报告 [M]. 北京：中国财政经济出版社，2013:103.

④ 《全球智库报告 2016》发布 [EB/OL]. http://world.people.com.cn/n1/2017/0125/c1002-29049436.html [2017-03-02].

二、决策影响力是世界智库及专家谋求的核心竞争力

影响决策是智库的主要目标，决策影响力是智库的核心功能，这是智库界的共识。美国著名的智库研究学者麦甘认为智库应具有六种基本功能，[①] 这些功能与政策、决策均直接或间接相关。德国智库专家迪尔克·梅斯纳认为，一个可信度高、作用发挥好的智库应与决策者保持联系，获取符合实际的信息，帮助政策制定者应对更多的问题、竞争和冲突。[②] 英国有智库学者指出，成功的智库要"能取得决策者的极高信任度，研究成果丰硕且能对政策制定产生重要影响"。[③] 美国智库研究学者安德鲁·里奇将（决策）影响力界定为："专家们成功地向一系列的政策制定者传递其想法或者引起他们对政策相关信息的思考或是操作。"[④] 智库或专家主要通过信息咨询、评论评估、决策建议等成果类型在政策制定中发挥影响力。智库或专家研究成果影响决策存在几种情况：所拟方案或建议性报告全部被采纳；所拟方案或建议性报告部分被采纳；提供的信息被用于支持政策制定者的方案；意见或建议促使政策制定者调整已有方案。

美国智库长期研究"反介入／区域拒止"战略，认为相关颠覆性技术严重削弱了美军传统军事优势，随后智库界和战略学者们逐步达成共识，必须发展新的军事技术和作战概念，重新占领新的军事制高点。这一思想终于触发美国国防部长查克·哈格尔在 2014 年宣布将制定一个以军事技术创新为主要特征的国防部倡议，并明确表示最终将发展为改变格局的第三次抵消战略。随后，新美国安全中心第一时间宣布其重大项目——"超越抵消：美国如何保持其军事优势"（Beyond Offset Project），研究确保美国继续保持军事优势的办法；美国战略与预算评估中心也积极研究新抵消战略，完成《迈向新抵消战略：利用美国长期优势恢复全球力量投送能力》（*Toward a New Offset Strategy: Exploiting U.S. Long-Term Advantages*

---

① 六种功能为：进行政策问题研究与分析；对于决策者面临的政策难题及时提供咨询意见；评估政府计划；通过解读增进公众对政策的了解和支持；协助不同政策执行部门的讨论与协商；充当政府重要决策者的人才库。参见：王佩亨、李国强等 . 海外智库——世界主要国家智库考察报告 [M]. 北京：中国财政经济出版社，2013:111.

② 王佩亨、李国强等 . 海外智库——世界主要国家智库考察报告 [M]. 北京：中国财政经济出版社，2013:98.

③ 王佩亨、李国强等 . 海外智库——世界主要国家智库考察报告 [M]. 北京：中国财政经济出版社，2013:45.

④ [美] 安德鲁·里奇 . 智库、公共政策和专家治策的政治学 [M]. 潘羽辉等，译 . 上海：上海社会科学院出版社，2010:141.

to Restore U.S. Global Power Projection Capability）研究报告。① 由此可见，智库在政府相关政策，包括对华政策制定过程中发挥着重大作用。

经过长期理论研究与实践验证，世界主要智库认为，研究成果影响力的大小与以下因素密切相关：成果质量；专家的可信度；接触政策制定者的机会；成果或思想进入决策过程的时机；成果推销的力度等。②

1. 成果质量有赖专家自身实力及智库确保成果质量的相关机制运作。

2. 专家的可信度在于其是否具有高声望和广泛影响力。为提高知名度、扩大影响力，智库鼓励研究员撰写及时、简短、主题突出、观点鲜明的成果，不支持研究员把所有精力放在长篇大论、出版专著上。

3. 让成果接触政策制定者主要有三种方式，一是直接将成果交给政策制定者或其周围人员，一般以简短的摘要，把报告的观点简化为 1～2 页备忘录交给他们；二是寻求其他专家或官员帮助推销成果；三是寻求著名媒体支持，扩大成果知名度和影响力，吸引政策制定者关注。

4. 智库专家发挥影响力最佳时机是政策制定者讨论某一政策的初期，随着讨论深入，政策方案逐渐成形或者讨论进入拉锯战，智库影响力会减弱。成果或思想进入决策过程的时机应避免过早或过晚，尽可能地准确掌握政策制定者开始考虑某一议题的时间。③

5. 智库和专家们有意识的推销对于其成果或思想的影响力至关重要。有影响力的专家往往在推销方面非常积极活跃，跟政客、军方、媒体等关系也更加密切。布鲁金斯学会一名专家曾表示，花费时间和财力推销政策方案类的成果是枯燥乏味的，多数的专家学者并不愿意做这类工作，学会里也没有任何人促使专家这样做。这样的情况可能导致成果错失发挥重大影响力的机会。④

此外，政策制定者及智库的意识形态倾向也会对成果的决策影响力产生重要作用。例如，如果共和党总统赢得美国大选，或者共和党在国会中占多数席位，保守

① 季新源、陈希林. 老瓶新酒：美国第三次抵消战略的几点思考 [EB/OL]. http://mt.sohu.com/20161018/n470518944.shtml [2016-11-28].

② [美] 安德鲁·里奇. 智库、公共政策和专家治策的政治学 [M]. 潘羽辉等，译. 上海：上海社会科学院出版社，2010:141—142.

③ [美] 安德鲁·里奇. 智库、公共政策和专家治策的政治学 [M]. 潘羽辉等，译. 上海：上海社会科学院出版社，2010:117、159.

④ [美] 安德鲁·里奇. 智库、公共政策和专家治策的政治学 [M]. 潘羽辉等，译. 上海：上海社会科学院出版社，2010:142、160.

派智库会受到特别照顾，成果对政策制定更有影响力。1999 年当民主党克林顿政府公开批评李登辉"两国论"后，传统基金会等保守派智库马上联合发表声明抨击克林顿政府，表达长期以来对其"战略模糊"政策①的不满，要求毫不含糊宣布"保卫台湾"；2000 年共和党小布什赢得大选后不久，小布什即明确表态，如果台湾遭到攻击，将"尽其所能协防台湾"。②

世界著名智库在实践中采取多种措施扩大研究成果影响力。一些研究中国军事问题的智库在一届政府任期届满时争相延揽重要的安全、军事事务官员及中国事务官员到智库任职。一些中国军事研究专家大量撰写评论、接受采访以提高知名度。例如，菲律宾南海仲裁案前后，美国的南海安全政策正在酝酿期间，美国各大智库的各知名中国军事专家、法律问题、海洋事务专家纷纷提出大量对华政策建议，对美国政府形成对华强力施压的政策有一定影响。

智库决策影响力不仅限于本国，少数国际著名智库还为国外政府提供决策咨询服务。美国国际问题与战略研究中心为世界各国领袖提供战略观察、适应各国及全球问题的政策方案。③其他一些世界顶级智库纷纷在多国建设分支机构或合作项目，接受当地委托课题，为他国出谋划策。

三、世界著名智库对国际国内舆论拥有巨大影响力

近年来，随着中国国家实力和军力的增长，中国军事问题受到各国著名智库高度关注。尤其是中国与美、日及周边部分国家军事危机频现，导致世界智库界出现亚太安全与解放军研究热。世界主要智库纷纷发挥国际和国内舆论影响力，在本国对华安全政策及亚太安全等议题上密集发声，谋求有所作为。

智库的国际舆论影响力涉及国际舆论宣传、二轨及一轨半外交、影响国外政府决策等方面。国际舆论宣传和参与二轨及一轨半外交是智库学者扩大国际知名度的主要途径，也是从舆论、外交上宣传、策应、辅助本国政府的重要手段。海外很多研究中国军事的知名专家会中文，频繁到中国参加各类学术会议，经常接受中国记者采访，有时还受本国政府委托或陪同本国政府官员参加与中国同行的研讨交流会。每当国际上发生重大事件或者涉华涉军问题成为国际舆论焦点时，这些智库学

---

① "战略模糊"政策指美国遵照《与台湾关系法》，刻意在台湾问题上保持"战略模糊"，对于是否"以武力保卫台湾"的问题不明确表态。

② 陶文钊. 美国思想库与冷战后美国对华政策 [M]. 北京：中国社会科学出版社，2014:114.

③ 王辉耀、苗绿. 大国智库 [M]. 北京：人民出版社，2014:91.

者马上发表文章及言论，通过国内外媒体积极发声。

世界著名智库的一些研究报告公开后对国外政府决策也有一定影响。例如美国一些智库在研究台海、南海军事问题的报告中，向美军提出与亚太盟友配合制华的相关建议，报告公开后，这些盟友在对华政策制定中往往加以吸收、采纳。美国兰德公司的一些涉华涉军报告或观点颇受中国军队智库重视，难免对中国军队智囊的研究和结论有一定影响，进而在中国安全和军事政策制定中有所反映。

通过媒体解释政策，增进公众对政策的了解与支持，也是智库的基本功能之一。由于政策制定者需要公众认同其制定的政策，在即将做出决策、出台政策之前，需要智库以评论的形式说服公众。对即将出台的政策加以评论是智库成果种类之一，用以证明政策制定者即将制定出台政策的正确性，为政策"背书"。日本在解禁集体自卫权之前，智库学者配合政府大肆鼓吹"中国威胁论""朝鲜威胁论"，激发日本民众恐惧和民族主义心理，促使日本公众增强对解禁集体自卫权的认同与支持。

除了帮助社会公众全面理解、理性评价政策，通过影响社会舆论进而迂回地影响政府决策，也是智库积极增强公共影响力的重要原因。西方国家政府在公共政策制定的过程中都会经历一个公开讨论的过程，社会舆论可以参加，由此导致了国内舆论对决策有着直接影响。由于英国官方智库很少，缺乏建言献策直达中枢的渠道，一些英国智库专家甚至认为，直接影响决策不是智库主要目标，影响国内公众舆论进而提高影响力才是智库应追求的。[①] 有的智库专家对于自己专注的议题，常常会连续地长期做一些研究，吸引社会公众对这一议题的兴趣，引发社会思考和辩论，并尽可能影响社会舆论。对于公众关注的议题，智库和专家往往非常重视，因为公众关注的事政策制定者和媒体往往十分关注，对智库和专家的成果需求量大且比较急迫，智库此时尽快推出成果，一是会迅速取得成果的影响力，二是能大大增加智库和专家的知名度。[②] 以上特点导致，不同于供决策参考的成果大都是研究报告，面向广大社会公众的智库成果多是书籍和媒体文章。

---

① 王佩亨、李国强等.海外智库——世界主要国家智库考察报告 [M].北京：中国财政经济出版社，2013:50.

② ［美］安德鲁·里奇.智库、公共政策和专家治策的政治学 [M].潘羽辉等，译.上海：上海社会科学院出版社，2010:121.

第二章　世界著名智库当代中国军事研究的议题与要义

——以 2013—2016 年为例

随着中国国力军力显著增强，中国一举一动逐渐成为全世界关注的焦点。1991年海湾战争及 1996 年台海危机之后，中国持续推进军事变革与军队建设，尤其是 2012 年年底习近平当选新一届中国最高领导人后，中国在核心利益问题上逐步采取更加积极的安全政策与军事举措，使中国军事与安全问题一时间成为世界著名智库及专家的研究重点。选取 2013—2016 年这一时间段考察世界著名智库的当代中国军事研究，更具现实意义和代表性。2013—2016 年，世界著名智库对当代中国军事问题的研究主要集中于中国的军事安全环境、国家安全战略与军事战略走向、军事布局与力量运用、军力发展与实力评估、对外军事关系与交流合作和涉华军事危机管控与可能战争应对等重要议题。

第一节　中国的军事安全环境

由于中国综合国力快速提升和国际影响日益增大，当代中国与世界的关系正在发生历史性变化，面临各种现实的、潜在的安全风险与军事威胁。长期以来，世界著名智库有关全球秩序、国际格局、地区和平、中国安全形势等议题的研究成果中，间接或直接论述了中国所面临的全球安全挑战、周边军事安全形势和国内安全环境。

一、全球安全环境：动荡失序，竞争加剧

专家普遍认为，当今世界的战略力量再平衡正在加速演进，西方主导权趋于相对弱化，大国维护世界和平能力相对下降，大国冲突风险上升，国际体系已经进入

动荡和失序状态。作为正在崛起的大国，中国国际地位上升的同时国际阻力也在增大，中国与世界的依存加深的同时矛盾摩擦也在增多，尤其是中美军事关系发展存在变数，中国塑造国际安全秩序是采取融入方式还是另起炉灶方式存在不确定性。

　　近年来，恐怖主义、核扩散危机、地区武装冲突等威胁严重影响全球安全稳定。恐怖主义向全球蔓延速度前所未有，2016 年造成的死亡人数创历年新高；① 俄罗斯与北约的对抗、欧盟分裂、欧洲恐怖袭击、难民潮等预示着欧洲的动荡和危机；西方在中东北非强行推行民主化导致政权系统性崩溃，中东伊斯兰世界呈现出暴力性政治觉醒；② 非洲南北苏丹、索马里、马里、布隆迪、中非等国呈现持续动荡；海洋、太空、网络等领域出现新的军备竞赛。中国国家利益和国家安全内涵、范畴正在不断拓展，各类全球和地区安全挑战已经使中国面临越来越多的军事安全风险。这对解放军职能任务和能力需求产生重大影响，但解放军拥有足够实力还有很长一段路要走，而且面临既要避免激怒相关国家又要显示维护利益决心的困境。

　　代表性成果有卡内基莫斯科中心主任德米特里·特列宁（Дмитрий Тренин）的文章《欧亚大陆的变迁》、③ 印度前国家安全顾问希夫香卡尔·梅农（Shivshankar Menon）的报告《大国竞争如何变化》、④ 美国布鲁金斯学会副主席理查德·哈斯（Richard Haass）的文章《失序时代》、⑤ 美国著名战略家兹比格涅夫·布热津斯基（Zbigniew Brzezinski）的文章《走向全球重组》、⑥ 荷兰国际关系学院高级研究员简·路德（Jan Rood）和弗兰斯 - 保罗·普滕（Frans-Paul van der Putten）等的报告《失序的世界？国际关系观察 2015》、⑦ 美国布鲁金斯学会客座研究员里卡多·阿尔

---

① Manoj Joshi. The European Nightmare Has Begun[EB/OL]. http://www.orfonline.org/research/the-european-nightmare-has-begun/ (2016-03-29)[2017-02-19].

② Thomas E. Donilon. Examining America's Role in the World[EB/OL]. http://www.cfr.org/united-states/examining-americas-role-world/p37857 (2016-05-12)[2017-02-19].

③ Дмитрий Тренин. Метаморфозы большой Евразии[EB/OL]. http://carnegie.ru/2013/01/23/ru-pub-50810 (2013-01-23)[2017-03-12].

④ Shivshankar Menon. How Great Power Competition has Changed[EB/OL]. https://www.brookings.edu/blog/order-from-chaos/2015/05/04/how-great-power-competition-has-changed/ (2015-05-04)[2016-04-27].

⑤ Richard Haass. The Era of Disorder[EB/OL]. https://www.project-syndicate.org/commentary/new-era-of-global-instability-by-richard-n-haass-2014-10?barrier=accessreg (2014-10-27)[2017-03-12].

⑥ Zbigniew Brzezinski. Toward a Global Realignment[EB/OL]. http://www.the-american-interest.com/2016/04/17/toward-a-global-realignment/ (2016-04-17)[2017-02-19].

⑦ Jan Rood, Frans-Paul van der Putten, Minke Meijnders. A World Without Order? Clingendael Monitor 2015[R/OL]. http://www.clingendael.nl/sites/default/files/A_world_without_order.pdf (2015-02-16)[2017-02-19].

卡罗（Riccardo Alcaro）的文章《西方、多极化和自由秩序》、^①美国布鲁金斯学会高级研究员罗伯特·卡根（Robert Kagan）的文章《世界秩序危机》、^②美国海军分析中心高级研究科学家谭睦瑞（Murray Scot Tanner）、研究分析师彼得·麦肯齐（Peter W. Mackenzie）的文章《中国新兴国家利益及其对解放军的影响》、^③瑞典斯德哥尔摩国际和平研究所中国和全球安全项目研究员奥利弗·布劳纳（Oliver Bräuner）等的文章《不干涉政策限制了中国打击 IS 的作用》、^④比利时国际危机研究组织全球总裁兼首席执行官让 - 玛丽·盖埃诺（Jean-Marie Guéhenno）的研究报告《苏丹和南苏丹的冲突陷入胶着状态》，^⑤等等。

二、周边安全环境：大国博弈，危机四伏

一些智库研究成果认为，中国广阔的幅员、漫长的陆海疆界和数量众多的邻国与竞争对手决定其周边安全环境的复杂性，中国面临令人生畏的不断变化的多种安全威胁。与此同时，中国崛起及其维护领土主权和海洋权益的强势行为引发美国、日本、印度、越南、菲律宾等国的忧虑和强烈反应，中国周边各种不确定性、危险性因素显著上升，"东亚战场将成为 21 世纪强国力量角逐中心"。^⑥

美国卡内基国际和平研究院高级研究员史文（Michael D. Swaine）等人的《亚太地区的冲突与合作：战略净评估》、日本防卫研究所的《东亚战略概观 2015》、美国布鲁金斯学会高级研究员杰弗里·贝德（Jeffrey Bader）的《改变对中政策：我们是在寻找敌人吗？》等研究报告指出，美国持续推行亚太"再平衡"战略，加强在东亚前沿部署，增强与盟友安全关系，拓展潜在安全伙伴，并阻挠中亚、东南

---

① Riccardo Alcaro. The West, Multipolarity, and the Liberal Order[EB/OL].https://www.brookings. edu/blog/order-from-chaos/2015/04/10/the-west-multipolarity-and-the-liberal-order/ (2015-04-10)[2016-12-28].

② Robert Kagan. The Crisis of World Order[EB/OL]. http://www.foreignpolicyi.org/content/crisis-world-order#sthash.4K1fleQJ.dpuf (2015-11-20)[2016-10-11].

③ Murray Scot Tanner, Peter W. Mackenzie. China's Emerging National Security Interests and Their Impact on the People's Liberation Army[R/OL]. http://www.dtic.mil/get-tr-doc/pdf?AD=ADA615940&Location=U2&doc=GetTRDoc.pdf (2015-01)[2017-03-02].

④ Oliver Bräuner, Daha Park. Non-interference limits China's role in the fight against Islamic State[EB/OL]. https://www.sipri.org/commentary/essay/2015/non-interference-limits-chinas-role-fight-against-islamic-state (2015-02-27)[2016-12-03].

⑤ Jean-Marie Guéhenno. Sudan and South Sudan's Merging Conflicts[R/OL]. https://d2071andvip0wj. cloudfront.net/223-sudan-and-south-sudan-s-merging-conflicts.pdf (2015-07-27)[2017-03-02].

⑥ 陆伯彬、赵雪丹 . 中国海军的崛起：从区域性海军力量到全球性海军力量？ [J]. 国际安全研究，2016(1):13—32.

亚国家向俄、中靠拢；日本大幅调整安保政策，有意挣脱美国束缚，加快推进军事崛起；印度加快军事现代化同时持续巩固与印度洋国家关系，通过"东向"战略与美国、日本、越南等国展开安全合作，意图平衡中国在印度洋的影响力；[①] 朝鲜坚持发展核武器及洲际弹道导弹，导致美日受益而中国战略利益严重受损，[②] 韩国进一步融入美国东北亚安全机制，中韩战略困境出现恶化；越南、菲律宾、马来西亚等与中国存在领土主权争端的国家都在加速提升军力；缅甸民主化改革、亲西方反对派上台及缅北少数民族问题等，使中缅关系面临不确定性挑战；[③] 伊斯兰激进、恐怖势力在中亚、东南亚影响力上升；俄罗斯对东亚重视程度越来越高，不断推进欧亚军事合作，加强与东亚防务关系。[④] 未来 20 ～ 30 年，亚太安全环境将主要取决于中美关系发展，如果中美关系维持平衡，中国继续拥护美国主导亚太，亚太将保持"均势现状"或态势可控的"冷战格局"；如果美国实行战略收缩，中国大幅向外扩张，亚太将动荡不安，"亚洲热战"可能爆发。[⑤]

三、国内安全环境：边疆台港，形势严峻

分裂势力对中国国内安全的影响是世界智库关注的焦点。美国布鲁金斯学会东亚政策研究中心主任卜睿哲（Richard C. Bush III）等的文章《中国边缘地带的新挑战》、英国国际战略研究所的报告《2016 亚太地区安全评估》、印度和平与冲突研究所研究员巴哈维娜·辛格（Bhavna Singh）的文章《玩弄中国的恶魔：该做的和不该做的》、美国詹姆斯敦基金会研究员雅各布·泽恩（Jacob Zenn）的文章《中国的反恐考量》、英国皇家三军防务研究所国际安全研究部主任潘睿凡（Raffaello Pantucci）的文章《中国如何帮助建立一个和平的阿富汗》等认为，本土化力量已

---

① Vindu Mai Chotani. India and Japan: Reconnecting in the Bay of Bengal[R/OL]. http://www.orfonline.org/wp-content/uploads/2016/01/OP_83.pdf (2016-01-11)[2017-02-19].

② Владимир Фёдорович Терехов. О ситуации на Корейском полуострове[EB/OL]. https://riss.ru/analitycs/3125/ (2013-03-13)[2017-02-19].

③ Sudha Ramachandran. Chinese Influence Faces Uncertain Future in Myanmar[EB/OL]. https://jamestown.org/program/chinese-influence-faces-uncertain-future-in-myanmar/(2016-02-23)[2017-02-19].

④ 防衛研究所. 東アジア戦略概観 2015[R/OL]. http://www.nids.mod.go.jp/publication/east-asian/j2015.html (2015-04-10)[2017-02-19].

⑤ 参见：Michael Swaine, Clifford Whitcomb, Devin Ellis. Cooperation and Conflict in the Asia-Pacific[R/OL] (2015-04-02)[2017-02-19]. http://carnegieendowment.org/2015/04/02/cooperation-and-conflict-in-asia-pacific-event-4785；
日本外务省研究：中国或 20 年后占据亚太支配地位 [N/OL]. http://news.ifeng.com/a/20150428/43648494_0.shtml 凤凰网，(2015-04-28)[2017-02-19].

在新疆、西藏、香港、台湾等出现不同程度的发展；[1]2008 年后两岸关系缓和未能解决两岸政治分歧，当前两岸军事对比优势明显向大陆倾斜，迫使美国重新评估其保护台湾的角色；[2]"藏独"势力追求以非暴力手段对抗中国政府并试图获得国际认可，而"疆独"则以暴力手段进行反抗，[3]"港独"分子活动也愈加频繁；尤其是部分分裂势力开始出现联合迹象。随着中国不断扩大对外开放，"东突"等激进势力与境外近似种族、宗教的恐怖组织联系更为密切，间接影响中国力量投射、反恐考量和外交政策；[4]如，一些激进组织利用阿富汗动乱干扰中国丝绸之路经济带的拓展，并将不稳定因素辐射到中国西部地区。[5]此外，中国政府高度重视互联网，担心互联网被反对者用于颜色革命，成为美国及其盟友对付中国的战略武器。[6]重大自然灾害也具有较大破坏力，对军队提出多样化军事任务的要求。

第二节　国家安全战略与军事战略走向

一段时期以来，中国不断调整和完善安全战略与军事政策，陆续制定和颁布《反分裂国家法》《国家安全战略纲要》《中华人民共和国国家安全法》，发布《中国的军事战略》国防白皮书等，[7]并采取了一系列安全与军事上的实际行动。中国的战略动向引发世界著名智库对中国国家安全战略、军事战略等的持续、高度关注和深入研究，产生一大批研究成果。

---

[1]　Injoo Sohn, Richard C. Bush III. New Challenges in the Periphery of China[EB/OL]. https://www.brookings.edu/opinions/new-challenges-in-the-periphery-of-china/(2014-11-07)[2017-02-19].

[2]　International Institute for Strategic Studies. Asia-Pacific Regional Security Assessment 2016: Key developments and trends[R/OL]. https://www.iiss.org/en/publications/strategic%20dossiers/issues/asia-pacific-regional-security-assessment-2016-2288 (2016-05-27)[2017-02-19].

[3]　Bhavna Singh. Toying with China's Demons: The Dos and the Don'ts[EB/OL]. http://www.ipcs.org/article/india/toying-with-chinas-demons-the-dos-and-the-donts-5020.html (2016-04-27)[2017-02-19].

[4]　Jacob Zenn. China's Counter-Terrorism Calculus[EB/OL]. https://jamestown.org/program/chinas-counter-terrorism-calculus/ (2016-01-25)[2016-12-28].

[5]　Raffaello Pantucci. How China's Power Runs Through a Peaceful Afghanistan[EB/OL]. https://rusi.org/commentary/china-power-runs-through-peaceful-afghanistan (2016-02-02)[2016-12-28].

[6]　Enrique Oti. Why do the Chinese Hack？Fear[EB/OL]. https://warontherocks.com/2015/04/why-do-the-chinese-hack-fear/ (2015-04-16)[2016-12-28].

[7]　陈瑜、周磊、袁帅 . 2015 外国智库关于中国军事议题的评述 [J]. 中国军事科学，2016(1):144.

一、国家安全战略：内保稳固，外求突破

专家普遍认为，中国在综合国力不断增强的背景下，对应对国内外安全挑战充满信心，安全问题上正奉行"积极行动主义"（Activism），寻求重塑国际和亚太安全秩序，主要观点有：中国的国家安全战略重点是确保政权稳固，确保国家核心利益不受侵犯，捍卫国家主权和维护海洋权益，营造和平稳定的周边安全环境。[①] 中国正抛弃"韬光养晦"，表现出"自信的'威权主义'"，[②] 其"总体国家安全观"绝非防御性概念，而是强调维护"战略机遇期"的"积极主动构建"，"新亚洲安全观"、"一带一路"倡议、南海岛礁填海造陆都是这一理念的具体化，未来中国将在贸易、金融、文化、网络、海洋、太空等非传统安全领域采取更加积极的政策。[③] 在国际安全问题上，中国开始奉行"积极行动主义"，深化与各国安全合作关系。[④] 关于中国"积极行动主义"方式。一部分专家认为，中国正寻求修改现行国际安全体系和国际秩序，扩大中国影响力，但是并不想推翻美国地位，只是希望"敷衍"或"冻结"美国；[⑤] 如果解放军发展成为区域军事力量，在国际体系中扮演"温和的修正主义势力"，中美关系将可以得到管控。[⑥] 另一部分专家认为，中国正效仿勾践"卧薪尝胆"，"密谋取代"美国；[⑦] 主要路径是"先通过强势行为扩大实际控制权，转而修复外交关系以巩固获取的既得利益，并不断交替使用这两种手法"。[⑧]

---

① 　Richard C. Bush III. American and Japanese Scholars View China's Security and Foreign Policies[EB/OL]. https://www.brookings.edu/articles/american-and-japanese-scholars-view-chinas-security-and-foreign-policies/ (2015-03-30)[2016-12-28].

② 　Elizabeth C. Economy. What Happened to the Asia Pivot in 2013?[EB/OL]. http://www.cfr.org/china/happened-asia-pivot-2013/p32108 (2013-12-20)[2016-12-28].

③ 　角崎信也. 総体国家安全観の位相 [EB/OL]. http://www2.jiia.or.jp/RESR/column_page.php?id=253 (2015-11-27)[2016-12-28].

④ 　Alexander Sullivan, Andrew Erickson, Ely Ratner, et al. More Willing and Able: Charting China's International Security Activism[R/OL]. https://www.cnas.org/publications/reports/more-willing-and-able-charting-chinas-international-security-activism (2015-05-19)[2016-12-20].

⑤ 　David Shambaugh. China's Security and Foreign Policies: Comparing American and Japanese Perspectives[R/OL]. https://www.brookings.edu/wp-content/uploads/2015/02/20150227_china_japan_transcript.pdf (2015-02-27)[2016-12-28].

⑥ 　Roy Kamphausen, David Lai. The Chinese People's Liberation Army in 2025[R/OL]. https://fas.org/nuke/guide/china/pla-2025.pdf (2015-07-29)[2016-12-20].

⑦ 　Elizabeth C. Economy. China's Secret Plan to Supplant the United States[EB/OL]. http://thediplomat.com/2015/05/chinas-secret-plan-to-supplant-the-united-states/ (2015-05-03)[2016-12-28].

⑧ 　Nadja Leoni Nolting. Stirring up the South China Sea (III): A Fleeting Opportunity for Calm[R/OL]. https://www.crisisgroup.org/asia/north-east-asia/china/stirring-south-china-sea-iii-fleeting-opportunity-calm (2015-05-07)[2016-12-28].

专家们并不看好中国重塑国际安全秩序的前景，认为当前中国实力不足，且缺乏盟友，既不能也不愿代替美国成为世界安全的最终保证者；[1] 如果中国"试图独霸世界"，将遭到其他国家抱团抵制。[2] 一些成果从中国传统战略文化中寻找当前中国行为的根源。[3] 中国的战略利益基本集中于邻近地区和国家，当前正不断增强在东亚和中亚的政治、经济和军事地位。

二、军事战略：防御扩张，积极拓展

相关研究认为，中国积极防御战略的重心已从"防御"转向"积极"，实质上已调整为"防御性扩张"；[4] 解放军摒弃"重陆轻海"思想，大力发展海上、太空、网络空间力量，在维护"范围扩大的核心利益"上日趋强硬；[5] 探索以远距离作战和远征行动作为未来作战发展方向，[6] 注重保护海外利益，不断拓展国际维和、护航、反恐、非战斗人员撤离和军事外交等职能任务；高度重视信息化条件下"人民战争"运用；[7] 中国军队的发展方向和规模表明，中国期望在短期内确立在东亚地区的领导地位，力争在 2049 年前成为全球大国。[8] 关于中国海上军事战略，主要观点包括：中国正试图向南、向东拓展海上安全边界，实质性地实施"海上扩

① Riccardo Alcaro. The West, Multipolarity, and the Liberal Order[EB/OL]. (2015-04-10)[2016-12-28]. https://www.brookings.edu/blog/order-from-chaos/2015/04/10/the-west-multipolarity-and-the-liberal-order/ (2015-05-07)[2016-12-28].

② Sanjaya Baru. India and China in a Multipolar World[EB/OL]. http:// www.iiss.org/en/expert% 20 commentary/blogsections/ 2015 -23ef /may-df02/india-and-china-in-a-multipolar-world-4f50 (2015-05-11)[2016-12-28].

③ Miles Maochun Yu. South China Sea: Beijing's Strategic Culture is Shaped by History[EB/OL]. http://nationalinterest.org/blog/the-buzz/south-china-sea-beijings-strategic-culture-shaped-by-history-16145 (2015-05-11)[2016-12-28].

④ David Arase. Modernizing US Defense Cooperation in East Asia to Peacefully Manage Strategic Competition[R/OL]. http://www.nids.mod.go.jp/english/publication/visiting/pdf/02.pdf (2015-04-16) [2016-12-28].

⑤ Timothy Heath. China's Turn Toward Regional Restructuring, Counter-Intervention: A Review of Authoritative Sources[EB/OL]. https://jamestown.org/program/chinas-turn-toward-regional-restructuring-counter-intervention-a-review-of-authoritative-sources/ (2015-11-16)[2016-12-28].

⑥ Larry M. Wortzel. Taking the Fight to the Enemy: Chinese Thinking about Long-Distance and Expeditionary Operations[EB/OL]. http://www.strategicstudiesinstitute.army.mil/pubs/display.cfm?pubID=1322 (2016-07-14)[2016-12-28].

⑦ James Kraska, Michael Monti. The Law of Naval Warfare and China's Maritime Militia[R/OL]. http://stockton.usnwc.edu/ils/vol91/iss1/13/(2015-07-29)[2016-12-28].

⑧ Manoj Joshi. China's Military Came out on Parade but the Real Action will be in the Sea[EB/OL]. http://thewire.in/9911/chinas-military-came-out-on-parade-but-the-real-action-will-be-in-the-sea/(2015-09-03) [2016-11-03].

张""远洋防御""蓝水海军"战略；① 推行重视国际贸易、远洋船队和海军的"新马汉主义"，以"定制胁迫"（Tailored Coercion）战略应对太平洋和印度洋地区安全问题，以"切香肠"方式持续试探美国底线；② 以强势行动推行南海岛礁军事化和管控"九段线"海域，利用海上军事摩擦实施某种"灰色地带战争"，确保冲突等级达不到北约使用武力介入或联合国形成干预决议的标准；以"反介入/区域拒止"战略阻止美国介入涉华海上争端和未来台海冲突。但中国在海上面临实力不足、盟友缺乏、政策模糊和涉事国家趋于联合等困境。③ 关于核战略。认为中国虽拥有约 260 枚核弹头，但已部署核弹头的数量很少，目前正快速推动核力量现代化，在战区、战术核武器和高超音速机动滑翔器上进展迅速；④ 中国在防止核扩散方面更加积极，但自身核武器发展仍具有"不透明性""不确定性"；中国仍维持最小核报复水平，⑤ 但《中国的军事战略》国防白皮书不再重申不首先使用核武器的原则，⑥ 正考虑采用美国的"预警即发射"机制，⑦ 未来利用核武器手段和策略将更加灵活。关于网络安全战略。中国对外积极推广"互联网主权"等主张，拓展全

---

① Christopher H. Sharman. China Moves Out: Stepping Stones Toward a New Maritime Strategy[R/OL]. http://ndupress.ndu.edu/Portals/68/Documents/stratperspective/china/ChinaPerspectives-9.pdf (2015-11-06)[2016-12-28].

② Sukjoon Yoon. Implications of Xi Jinping's "True Maritime Power"[J]. Naval War College Review, Summer 2015, Vol. 68, No. 3. https://usnwc.edu/getattachment/ba167f94-2a54-47e9-9d9c-62829f36b611/Implications-of-Xi-Jinping-s--True-Maritime-Power-.aspx [2016-12-28].

Elbridge Colby, Ely Ratner. Tailored Coercion-Competition and Risk in Maritime Asia[EB/OL]. https://www.cnas.org/publications/reports/tailored-coercion-competition-and-risk-in-maritime-asia (2014-03-21)[2016-12-28].

Michael McDevitt. The South China Sea: Navigating the Most Dangerous Place in the World[EB/OL]. https://warontherocks.com/2014/11/the-south-china-sea-u-s-policy-and-options-for-the-future/(2014-11-25)[2016-12-28].

③ William Choong. US Tests the Waters around Disputed South China Sea Reef[EB/OL]. http://www.iiss.org/en/manama%20voices/blogsections/2015-f60f/us-tests-the-waters-around-disputed-south-china-sea-reef-3f02 (2015-10-28)[2016-12-28].

④ Stockholm International Peace Research Institute. Global Nuclear Weapons: Downsizing But Modernizing[EB/OL]. https://www.sipri.org/media/press-release/2016/global-nuclear-weapons-downsizing-modernizing (2016-06-13)[2016-11-07].

⑤ Hans M. Kristensen, New Nuclear Notebook: Chinese Nuclear Force Modernization[R/OL]. https://fas.org/blogs/security/2013/11/chinanukes2013/ (2013-11-13)[2016-12-28].

⑥ Arka Biswas. China's WU-14 Nuclear Device: Impact on Deterrence Equation[EB/OL]. http://www.orfonline.org/research/chinas-wu-14-nuclear-device-impact-on-deterrence-equation/ (2015-07-01)[2016-12-28].

⑦ U.S.-China Economic and Security Review Commission. 2015 Annual Report to Congress[R/OL]. http://www.uscc.gov/Annual_Reports/2015-annual-report-congress#sthash.1X8YYJqW.dpuf (2015-11-17)[2016-12-28].

球网络空间治理话语权，对抗美国网络空间主导权；[1] 经济上窃取商业情报服务特权企业，并在信息网络产业推行贸易保护主义；[2] 军事上与美国展开网络军备竞赛，平时实施大量窃密和间谍活动，战时可能先发制人。[3]

三、对华战略反制：联合遏制，力量平衡

一些大国智库专家提出了对华战略反制策略建议。美国智库专家认为，面对中国的战略转变和扩张，一味接触适应或无休止对抗竞争都将严重危及美国重要国家利益。美国应进一步完善对华"接触＋遏制"战略，采取"全球合作、区域应对"的平衡策略，在全球议题上开展对华合作，在亚太地区则强硬对抗中国，重申对盟友承诺、捍卫国际规则。[4] 在亚太，应进一步强化地区联盟关系，帮助盟友提高军事实力，确保对华军事优势；利用军事干预和前沿存在两种战略工具有效慑止、灵活回应中国胁迫战略和扩张性行为。[5] 核威慑上，应控制核裁军幅度，加大投入研制核力量天基指挥与控制系统和能突防最先进防空系统的远程轰炸机，保持美国对华核威慑长期有效性。同时应注重管控危机，对军事摩擦或冲突进行动态监控，采取必要措施避免出现大规模冲突，尤其是核武大国之间灾难性冲突。[6] 为反制中国所谓的"反介入／区域拒止"战略，美国一些智库和专家相继提出一系列战略选择或作战构想，[7] 包括：空海一体战（后改称全球公域进入与机动联合）、新抵消战略（即第三次抵消战略），以及离岸控制（Offshore Control）、拒止威慑战略（Pursue Deterrence by Denial）、主动拒止战略（Active Denial Strategy）、分布式体系作战、

---

① Amy Chang. Warring State: China's Cyber Security Strategy[R/OL]. https://www.cnas.org/publications/reports/warring-state-chinas-cybersecurity-strategy (2014-12-03)[2016-12-28].

② Adam Segal. Stabilizing Cybersecurity in the US-China Relationship[EB/OL]. http://nbr.org/research/activity.aspx?id=605 (2015-09-14)[2016-12-28].

③ 美网络战专家：一旦中美爆发冲突 中国或先发制人 [EB/OL]. http://news.sina.com.cn/w/2015-03-18/002131618719.shtml (2015-03-08)[2016-10-28].

④ Jeffrey A. Bader. A Framework for U.S. Policy Toward China[R/OL].https://www.brookings.edu/research/a-framework-for-u-s-policy-toward-china/ (2016-03-21)[2016-12-28].

⑤ Peter Navarro. *Crouching Tiger: What China's Militarism Means for the World*[M]. New York: Prometheus Books, 2015.

⑥ Dennis Blair. Assertive Engagement: An Updated U.S.-Japan Strategy for China[EB/OL]. http://spfusa.org/research/assertive-engagement-updated-u-s-japan-strategy-china/ (2016-03-25)[2017-2-26].

⑦ 胡波 . 美国人眼中的中国"反介入"[EB/OL]. http://www.bwchinese.com/article/1060934_4.html (2014-09-01)[2016-11-28].

吴勤 . 美军分布式作战概念发展分析 [EB/OL]. http://tech.gmw.cn/mil/2016-08/05/content_21333251.htm [2016-11-28].

陆军"多域作战"(MDB)[①] 等。此外,从中国西部对华施加影响,迫使其将注意力从东南岛链转向西部陆上安全,也是策略选项之一。[②]

代表性成果有:美国布鲁金斯学会高级研究员杰弗里·贝德(Jeffrey A. Bader)的报告《美国对华政策框架》、美国陆军战争学院战略研究所高级研究员约翰·邓尼(John R. Deni)的文章《军事介入和前沿存在:仍旧是塑造和胜利的有效工具》[③]、美国加州大学欧文分校教授彼得·纳瓦罗(Peter Navarro)的专著《卧虎:中国的军国主义对世界意味着什么》、新美国安全中心亚太安全项目主任帕特里克·克罗宁(Patrick M. Cronin)的文章《对美国处理南海挑战的十项建议》[④]、前美国海军作战部长加里·拉夫黑德(Gary Roughead)的文章《亚洲军事演习不断演变的角色》[⑤]、美国海军分析中心高级研究员麦德伟(Michael McDevitt)的文章《海上演习对美国南海政策的贡献》[⑥]、美国前助理国防部长帮办大卫·奥克梅内克(David Ochmanek)的报告《维持美国在亚太地区的领导地位》[⑦]、美国兰德公司高级研究员詹姆斯·多宾斯(James Dobbins)等人的报告《动荡世界中美国的选择》[⑧]、美国战略与预算评估中心主席小安德鲁·克雷宾涅维奇(Andrew F. Krepinevich Jr.)的

---

① 陆军"多域作战"(MDB)是指,将陆军的作用投射到空域和海域,在敌防御系统中打开能让空军和海军利用的缺口,如,以 ISR 地面设施有效感知态势、部署地面部队打击敌岸基防空及反舰力量、以网络入侵干扰敌防空系统等,最终在亚太利用盟友陆地,尤其是"第一岛链"建立自身"A2/AD 保护伞"。参见:Steven Stashwick. The US Army's Answer for an A2/AD Shield in Asia[EB/OL]. http://thediplomat.com/2016/10/the-us-armys-answer-for-an-a2ad-shield-in-asia/ (2016-10-15)[2016-11-28].

② 参见:[美] 罗伯特·卡普兰. 即将到来的地缘战争 [M]. 涵朴, 译. 广州:广东人民出版社, 2013.

③ John R. Deni. Military Engagement and Forward Presence: Down but Not Out as Tools to Shape and Win[EB/OL]. http://www.strategicstudiesinstitute.army.mil/pubs/display.cfm?pubID=1312 (2016-01-24) [2017-03-05].

④ Patrick M. Cronin. 10 Ways for America to Deal with the South China Sea Challenge[EB/OL]. http://nationalinterest.org/feature/10-ways-america-deal-the-south-china-sea-challenge-13444?page=1(2015-07-29)[2017-03-05].

⑤ Gary Roughead. The Evolving Role of Military Exercises in Asia[EB/OL]. https://amti.csis.org/the-evolving-role-of-military-exercises-in-asia/ (2015-03-04)[2017-03-05].

⑥ Michael McDevitt. The Contribution of Maritime Exercises to U.S. South China Sea Policy[EB/OL]. https://amti.csis.org/the-contribution-of-maritime-exercises-to-u-s-south-china-sea-policy/(2015-03-04) [2017-03-05].

⑦ David Ochmanek. Sustaining U.S. Leadership in the Asia-Pacific Region[R/OL]. http://www.rand.org/content/dam/rand/pubs/perspectives/PE100/PE142/RAND_PE142.pdf (2015-02-23)[2017-03-05].

⑧ James Dobbins, et al. Choices for America in a Turbulent World[R/OL].http://www.rand.org/pubs/research_reports/RR1114.html (2015-07-23)[2017-03-05].

文章《如何威慑中国——以岛链防卫为例》^①、美国兰德公司高级政治科学家何理凯（Eric Heginbotham）等人的文章《为什么美国需要在亚洲推行主动拒止战略》^②、美国卡内基国际和平研究院高级研究员阿什利·特利斯（Ashley J. Tellis）的文章《中国、印度和巴基斯坦："无休止地"发展核能力》^③，等等。

英国伦敦国际战略研究所高级研究员拉胡尔·罗依-乔杜里（Rahul Roy-Chaudhury）等人的文章《目标指向中国、恐怖主义和远海，印度的新海军学说已成型》认为，印度未来需要增强海军力量，确保对印度洋海域的感知能力，成为印度洋各岛国"安全提供者"；发展与美、日、英、澳、越等国海上安全及海军合作，限制与中国海洋合作。^④ 日本防卫研究所的报告《中国安全战略报告 2014》和该所高级研究员庄司智隆（Tomotaka Shoji）的文章《从日本视角看南海问题》提出，日本应以美日联盟及与东盟合作的方式介入南海问题，并在南海问题与钓鱼岛问题之间保持平衡。^⑤ 英国伦敦国际战略研究所亚洲问题研究中心执行主任蒂姆·赫胥黎（Tim Huxley）的文章《即使付出较大代价，也要站出来反对中国》建议，澳大利亚应采取区域联合巡逻、支持菲律宾南海仲裁案、鼓励东盟采取一致立场、进一步发展与日本战略关系等措施反对中国南海霸权。^⑥

---

① Andrew F. Krepinevich. How to Deter China: The Case for Archipelagic Defense[EB/OL]. http://csbaonline.org/about/news/how-to-deter-china-the-case-for-archipelagic-defense/ (2015-02-18)[2017-03-05].

② Eric Heginbotham, Jacob Heim. Why the United States Needs an Active Denial Strategy for Asia[EB/OL]. http://www.rand.org/blog/2015/06/why-the-united-states-needs-an-active-denial-strategy.html (2015-06-08)[2017-03-05].

③ Ashley J. Tellis. China, India, And Pakistan—Growing Nuclear Capabilities with No End in Sight[EB/OL]. http://carnegieendowment.org/2015/02/25/china-india-and-pakistan-growing-nuclear-capabilities-with-no-end-in-sight-pub-59184 (2015-02-25) [2017-2-26].

④ Rahul Roy-Chaudhury, Arushi Kumar. Between China, Terror and the Deep Blue Sea, India's New Naval Doctrine Takes Shape[EB/OL]. https://thewire.in/16665/between-china-terror-and-the-deep-blue-sea-indias-new-naval-doctrine-takes-shape/ (2016-05-12)[2017-2-26].

⑤ Tomotaka Shoji. The South China Sea: A View from Japan[J]. NIDS Journal of Defense and Security, No.15, December 2014. http://www.nids.mod.go.jp/english/publication/kiyo/pdf/2014/bulletin_e2014_7.pdf [2017-2-26].

⑥ Tim Huxley. Standing up to China is Essential, Even if Costly[EB/OL].https://www.iiss.org/en/expert%20commentary/blogsections/2015-23ef/december-f84a/standing-up-to-china-is-essential-b6cf (2015-12-21)[2017-2-26].

第三节　军事布局与力量运用

随着中国逐步向全球推行"一带一路"倡议，世界智库中国军事专家们不约而同地将眼光再次投向解放军的布局与运用。他们普遍认为，虽然中国仍坚持"积极防御"战略，但为适应中国国际地位变化和全球利益拓展，解放军已明显定位于向全球各大地区投送军力，主要包括太平洋、印度洋、非洲、中东、南亚、中亚、极地等海外地区。除了地理空间，太空、网络空间也是解放军拓展的重点。

一、太平洋地区：超越岛链，与美角力

美国前驻中国海军武官助理克里斯托弗·夏尔曼（Christopher H. Sharman）的报告《中国走出去：新海洋战略的跳板》、北极政策与经济论坛创始人达米安·德乔治（Damien Degeorges）的文章《中美博弈：南海当先、北极在后》、美国国防大学高级研究员克里斯多夫·杨（Christopher D. Yung）等的文章《南中国海索取策略实证分析》、香格里拉对话会亚太安全问题高级研究员亚历山大·尼尔（Alexander Neill）撰写的文章《中国在南海填海，只是单纯为了防御吗？》、美国海军研究中心研究员艾立信（Andrew S. Erickson）等的文章《中国的海上民兵》认为，随着实力跃升，中国海空力量从不同通道频繁进出第一岛链、远至第二岛链，海军超越第一岛链的远海训练演习已进入常态化，模式也从按部就班变为无规则演练巡航，在西太平洋的兵力部署已发展到潜艇、水面船舰、无人机及固定翼飞机等多种力量。[1]1995年至今中国南海维权的斗争方式中，军事、准军事行动超过了所有维权行动半数。[2]解放军在南沙群岛推进"小岛堡垒化、大岛阵地化"的建设，构建"海上前进基地"和"军事前哨网络"，严重影响地区力量平衡，未来还将部署最新防空雷达系统、地面卫星通信地面基站、情报信号拦截站、反舰弹道导弹，发展先进 C^4ISR 系统并设立南海防空识别区，阻止美国监视航行、飞行活

---

①　Christopher H. Sharman. China Moves Out: Stepping Stones Toward a New Maritime Strategy[R/OL]. http://ndupress.ndu.edu/Portals/68/Documents/stratperspective/china/ChinaPerspectives-9.pdf (2015-11-06)[2016-12-28].

②　Christopher D. Yung. An Empirical Analysis of Claimant Tactics in the South China Sea[EB/OL]. http://ndupress.ndu.edu/Media/News/News-Article-View/Article/718101/an-empirical-analysis-of-claimant-tactics-in-the-south-china-sea/ (2015-08-01)[2017-2-26].

动，甚至进入东南亚沿海，挑战美国及其盟友的优势。[①] 中国在冰岛和格陵兰岛有重要经济投资和战略意义，而北约为冰岛提供国防保护，美国在格陵兰岛设有军事基地，中国军舰出现在白令海峡表明，北太平洋及北极成为中美角力的第二战场。[②] 中国还跨过太平洋与西半球、拉美地区积极开展军事交流与防务合作。[③] 在经历了四个海洋政策调整阶段后，[④] 未来 5～7 年中国海空军巡逻或将覆盖太平洋和印度洋各主要交通线和咽喉位置，"威胁"美军行动。此外，在整个西太平洋，海上民兵已成为解放军海军的第一道防线和重要支援力量，平时执行侦察、监视，参与低强度海上维权，未来可能直接参加中等强度海上军事冲突，甚至高强度大国海上战争。[⑤]

二、印度洋地区：扩大存在，护航练兵

印度观察家研究基金会高级研究员维度·秋塔尼（Vindu Mai Chotani）的文章《印度与日本：正在孟加拉湾重新连接》、美国东西方研究所高级研究员弗朗茨 - 斯蒂芬·加迪（Franz-Stefan Gady）的文章《中国海军向印度洋派遣更多军舰》、印度观察家研究基金会研究员普山·达斯（Pushan Das）的文章《激烈的海上控制竞赛》、美国海军分析中心战略研究分析师尼兰蒂·萨马拉那亚柯（Nilanthi Samaranayake）的文章《印度在斯里兰卡的关键：海洋基础设施发展》、美国海军研究中心研究员艾立信（Andrew S. Erickson）等人的文章《中国参与维护海上航道安全：亚丁湾

---

① Alexander Neill. China's Reclamation in the South China Sea - Purely Defence?[EB/OL]. https://www.iiss.org/en/iiss%20voices/blogsections/iiss-voices-2015-dda3/april-1413/chinas-reclamation-in-the-south-china-sea-a906 (2015-04-20)[2017-2-26].

② Damien Degeorges. China vs. USA: After South China Sea, the Arctic as a Second Act[EB/OL]. https://www.ifri.org/en/publications/editoriaux/actuelles-de-lifri/china-vs-usa-after-south-china-sea-arctic-second-act (2015-12-11)[2017-2-26].

③ Jose de Arimateia da Cruz. The Dragon in the Tropics: China's Military Expansion into the Western Hemisphere[EB/OL]. http://www.strategicstudiesinstitute.army.mil/index.cfm/articles/The-Dragon-In-The-Tropics/2014/09/30 (2014-09-30)[2017-2-26].

④ 过去十年中国海洋政策的调整分为以下四个阶段：2004—2006 年加强基础训练，以在离海岸更远处行动；2007—2009 年开始步入西太平洋、亚丁湾等远海；2010—2012 年西太平洋部署常态化，训练更为多维化，任务更为复杂；2013—2014 年在西太平洋、亚丁湾、印度洋演习，积极发展远洋防御能力，"远海防御"行动更加娴熟。参见：Christopher H. Sharman. China Moves Out: Stepping Stones Toward a New Maritime Strategy[R/OL]. http://ndupress.ndu.edu/Portals/68/Documents/stratperspective/china/ChinaPerspectives-9.pdf (2015-11-06)[2016-12-28].

⑤ Andrew Erickson, Conor Kennedy. China's Maritime Militia[EB/OL]. https://www.cna.org/cna_files/pdf/Chinas-Maritime-Militia.pdf (2016-03-11)[2017-2-26].

反海盗行动》等认为，2008 年以来中国积极拓展与印度洋地区的连通性和安全关系，[①] 海军舰艇实现常态化进出印度洋，亚丁湾护航和"珍珠链"战略扩大了中国在印度洋的军事存在；[②] "一带一路"倡议成为中国军队进入印度洋、印度次大陆的借口，将由外交—商贸影响力逐步扩展为地缘战略和军事影响力；[③] 中国可能已开始在海南岛创建主要活动于印度洋的第四舰队，中国参与印度洋周边国家港口（如巴基斯坦瓜达尔港）民用设施建设，最终会将其转变为军民两用，增强中国海军印度洋存在，最终主导印度洋；[④] 通过在印度洋遂行打击海盗、远洋训练、多国演习、撤侨等任务，可增强海军远海指挥控制、导航定位、多兵种合同行动及远海支援保障等能力，并可借机展示实力、评估他国海军实力、借鉴他国海军经验、进行水文测量研究等；[⑤] 未来解放军将打破美军在印度洋及沿海港口的航行垄断，深刻影响整个印度洋的战略环境。[⑥] 对此，印度智库成果认为，中国进军印度洋是对印度地区主导地位的重大战略挑战，印度应扩大海军规模，提升海军战略投送能力，对各类安全威胁形成有效威慑，[⑦] 同时破除长久以来的不结盟政策，在印度洋—太平洋地区积极参与国际与区域海上合作，更好地塑造印—太海上安全体系结构与秩序。[⑧]

---

① Vindu Mai Chotani. India and Japan: Reconnecting in the Bay of Bengal[R/OL]. http://www.orfonline.org/wp-content/uploads/2016/01/OP_83.pdf (2016-01-11)[2017-02-19].

② Nilanthi Samaranayake. India's Key to Sri Lanka: Maritime Infrastructure Development[EB/OL]. http://thediplomat.com/2015/03/indias-key-to-sri-lanka-maritime-infrastructure-development/ (2015-03-31) [2017-2-26].

③ Frans-Paul van der Putten. China, Europe and the Maritime Silk Road[EB/OL]. https://www.clingendael.nl/publication/china-europe-and-maritime-silk-road (2016-12-01)[2017-2-26].

④ Franz-Stefan Gady. China's Navy to Send More Ships to the Indian Ocean[EB/OL]. http://thediplomat.com/2015/01/chinas-navy-to-send-more-ships-to-the-indian-ocean/ (2015-01-31)[2017-2-26].

⑤ P.K. Ghosh. Chinese N-subs in the Indian Ocean and Indian Naval Concerns[EB/OL]. http://thediplomat.com/2015/04/chinese-nuclear-subs-in-the-indian-ocean/ (2015-04-12)[2016-09-26].
　　Andrew Erickson. Learning by Doing: PLAN Operational Innovations in the Gulf of Aden[EB/OL]. https://jamestown.org/program/learning-by-doing-plan-operational-innovations-in-the-gulf-of-aden/ (2013-10-29)[2017-2-26].

⑥ Michael McDevitt. China's Far Sea's Navy: The Implications of the"Open Seas Protection"Mission[EB/OL]. https://www.cna.org/cna_files/pdf/China-Far-Seas-Navy.pdf (2015-04)[2016-09-26].

⑦ Ramesh Balakrishnan. India Should Rejuvenate Centuries-Old Seafaring Tradition[EB/OL]. http://www.orfonline.org/research/india-should-rejuvenate-centuries-old-seafaring-tradition/ (2016-03-16) [2016-09-26].

⑧ Darshana M. Barauh. India's New Maritime Outlook in Conflict with its Non-Alignment Policy?[EB/OL]. http://www.orfonline.org/research/indias-new-maritime-outlook-in-conflict-with-its-non-alignment-policy/ (2016-04-25)[2017-2-26].

三、非洲与中东地区：远征开拓，维和护利

俄罗斯科学院远东研究所主任研究员瓦西里·卡申（Василий Кашин）的文章《我们不能排除中国参与局部冲突的可能》、日本防卫研究所的报告《中国安全战略报告 2014》、美国华盛顿史汀生中心高级研究员孙云（Yun Sun）的文章《中国在叙利亚：谋定而后动》、瑞典斯德哥尔摩国际和平研究所的《2015 年年鉴》、意大利都灵世界事务研究所学者安蒂亚·基塞里（Andrea Ghiselli）的文章《中国在吉布提建设其第一个海外基地，促成其中东政策》等成果认为，中国目前没有公开表述的非洲或中东战略，但在这临近的两个地区越来越活跃。虽然中国对维和行使武力持谨慎态度，但仍向非洲派出维和战斗部队，未来中国可能逐渐偏离对维和行动的原有基本立场。[1] 中俄海上联合演习曾达阿拉伯海、地中海，演习情况想定包括保护卷入附近国家冲突的中国公民和财产；解放军已经在非洲、中东地区参与撤离本国公民，不排除未来某阶段会采取以稳定局势为目的的军事行动。[2] 中国还积极与相关地区国家展开军售、培训、反恐等方面的安全合作。此外，解放军在非洲吉布提建立海外后勤基地集中反映了中国在非洲及中东地区的军事意图：一是中国将军队参与国际维和作为保护其海外利益的重要手段，[3] 中国派出的 3000 多人维和部队绝大多数在非洲及中东地区，这对节约成本、执行任务大有好处；二是有利于打击海盗，保护中国公民和企业生命财产安全，也有利于树立维护国际公共安全的负责任形象；[4] 三是有利于拓展中国军队行动范围和耐力，提高军队远征能力；四是便于与他国开展军事合作。[5] 不过，由于中国自身政策、"一带一路"沿线动荡局面、大国势力阻碍等因素，中国在该地区的军事影响进程可能缓慢而有限，短期内

————————

① 防衛研究所. 中国安全保障レポート 2014[R/OL]. http://www.nids.mod.go.jp/publication/chinareport/pdf/china_report_JP_web_2014_A01.pdf (2015-03-13)[2016-11-24].

② Василий Кашин. Мы не можем исключать участия Китая в локальном конфликте[EB/OL]. http://svop.ru/%D0%BF%D1%80%D0%BE%D0%B5%D0%BA%D1%82%D1%8B/lectorium/21766/(2016-11-07)[2016-11-24].

③ Stockholm International Peace Research Institute. SIPRI Yearbook 2015[R/OL]. https://sipri.org/yearbook/2015 (2015-06-15)[2016-11-24].

④ Atlantic Council. Pham on China's First Military Base in Africa[EB/OL].http://www.atlanticcouncil.org/news/in-the-news/pham-on-china-s-first-military-base-in-africa (2015-11-28)[2016-11-24].

⑤ Andrea Ghiselli. China's First Overseas Base in Djibouti, An Enabler of its Middle East Policy[EB/OL]. https://jamestown.org/program/chinas-first-overseas-base-in-djibouti-an-enabler-of-its-middle-east-policy/ (2016-01-25)[2016-11-24].

不会发挥中心作用。

四、中亚与南亚地区：直接介入，反恐稳局

随着"一带一路"倡议在欧亚大陆的推进，部分智库专家注意到中国在中亚、南亚的军事影响力和未来可能的军事布局。俄罗斯科学院远东研究所主任研究员瓦西里·卡申（Василий Кашин）的文章《我们不能排除中国参与局部冲突的可能》、美国詹姆斯敦基金会研究员雅各布·泽恩（Jacob Zenn）的文章《中国的反恐考量》、英国皇家三军防务研究所国际安全研究部主任潘睿凡（Raffaello Pantucci）在其文章《中国如何帮助建立一个和平的阿富汗》《中国—巴基斯坦：挑战与伟大的投资相伴》等成果认为，随着投资和人员顺着"新丝绸之路经济带"的广泛展开，为确保中巴经济走廊安全，并打击西部恐怖活动，中国必将直接介入中亚、南亚安全事务。[1]中国将要应对更多问题，恐怖组织安全威胁可能引发中国增加境外行动频率与规模，甚至使用特种部队赴境外行动；与盟友安全关系将进一步深化，可能与巴基斯坦联手打击恐怖势力，[2]与俄罗斯共同介入中亚安全，中俄"和平使命"联合军演的情况想定中已经包括"应对中亚发生的武装起义、骚乱或激进分子行动"的内容。[3]中国在促进阿富汗和平上发挥着重要作用，如推动巴基斯坦与阿富汗对话、阿富汗政府和塔利班的对话与和解等，未来仍将在阿富汗和平进程与未来建设中发挥其地区大国作用。[4]这一方向面临战略困境：阿富汗和巴基斯坦不稳定性加剧；借助巴基斯坦与塔利班谈判的努力受挫；巴基斯坦不愿或无力消除盘踞其边境的武装组织。[5]

---

① H. K. Dua. Pakistan, China's New Frontline State[EB/OL]. http://www.orfonline.org/research/pakistan-chinas-new-frontline-state/ (2015-06-22)[2016-11-24].

② Jacob Zenn. China's Counter-Terrorism Calculus[EB/OL]. https://jamestown.org/program/chinas-counter-terrorism-calculus/ (2016-01-25)[2016-11-24].

③ Василий Кашин. Мы не можем исключать участия Китая в локальном конфликте[EB/OL]. http://svop.ru/%D0%BF%D1%80%D0%BE%D0%B5%D0%BA%D1%82%D1%8B/lectorium/21766/ (2016-11-07)[2016-11-24].

④ Raffaello Pantucci. How China's Power Runs Through a Peaceful Afghanistan[EB/OL]. https://rusi.org/commentary/china-power-runs-through-peaceful-afghanistan (2016-02-02)[2016-11-24].

⑤ Michael Clarke. China's Emerging "Af-Pak" Dilemma[EB/OL]. https://jamestown.org/program/chinas-emerging-af-pak-dilemma/ (2015-12-07)[2016-11-24].

五、太空与网络空间：战略手段、威慑渗透

解放军整合太空、网络力量成立战略支援部队，是中国在太空与网络空间的最新动向，近年来中国早已逐步推进太空和网络领域战略布局。美国海军分析中心研究科学家包克文（Kevin Pollpeter）等人的报告《中国梦，航天梦：中国在空间技术上的进步及其对美国的影响》等指出，中国计划在 2016 年发射"天宫二号"后，2020 年发射火星探测器，到 2023 年实现 60 吨轨道空间站"三步走"战略；积极发展天基 C⁴ISR 能力、导航定位、反卫星能力，广泛应用于军事实践与民用领域，并实施太空威慑。中国决心拥有太空武器并多次进行武器试验，2006 年之前曾用激光照射美国卫星，[①] 高空火箭也可能用于攻击卫星。对此美国智库专家向其政府提出建议，美国应针对中国和俄罗斯彻底反思太空计划，发展更小型、更分散、抗干扰能力更强的卫星，更强的卫星通信能力和非天基情报、侦察、预警、监视装备（如无人飞行器）；自行研发火箭发动机（目前美国 2/3 的卫星发射引擎是俄罗斯的 RD-180）；加强自身太空进攻能力。[②] 同时提出，美国应致力于推动建立限制太空战争的相关协议；通过"相互牵连"（Entanglement）策略让中美成为太空利益攸关方，逐步解禁与中国太空合作等。[③] 中国还利用太空合作和技术服务，吸引亚非拉第三世界国家构建太空合作关系网，打造全球战略据点。[④]

美国企业研究所战争安全研究中心主任助理盖瑞·施密特（Gary Schmitt）的文章《如何应对中国军队网络游击队的威胁》[⑤]、美国法律与安全中心执行主任扎卡里·古德曼（Zachary Goldman）等人的文章《不同的见解妨碍中美加强网络安全

---

① Kevin Pollpeter, Motives and Implications Behind China's ASAT Test[EB/OL]. https://jamestown.org/program/motives-and-implications-behind-chinas-asat-test/#sthash.nJc9zRu9.dpufhttps://jamestown.org/program/motives-and-implications-behind-chinas-asat-test/ (2007-05-09)[2016-03-16].

② Arthur Herman. Rethinking America's Place in Space[EB/OL]. https://www.hudson.org/research/11411-rethinking-america-s-place-in-space (2015-07-07)[2016-11-24].

③ Joan Johnson-Freese, Theresa Hitchens. Toward a New National Security Space Strategy: Benefiting from Entanglement with China[EB/OL]. http://www.chinausfocus.com/peace-security/toward-a-new-national-security-space-strategy-benefiting-from-entanglement-with-china/ (2016-06-28)[2016-11-24].

④ Ajey Lele. China's "String of Pearls" in Space[EB/OL]. http://idsa.in/idsastrategiccomments/ChinasString%20of%20pearlsinSpace_AjeyLele_210312 (2013-03-21)[2016-05-24].

⑤ Gary Schmitt. How to Meet the Threat from China's Army of Cyber Guerrillas[EB/OL]. http://www.foxnews.com/opinion/2013/06/06/how-to-meet-threat-from-china-army-cyber-guerrillas.html (2013-06-06) [2016-05-24].

合作》^①、美国詹姆斯敦基金会研究员彼得·马蒂斯（Peter Mattis）的文章《对中国军队改变网络行为的三种猜想》[②]认为，由于网络渗透活动既可避免引发强烈反击，又能得到对手情报信息，中国军队一直运用网络"游击队"对美国政府、军方和私人部门"实施网络攻击"和"窃密行为"，已经"窃取"了最新导弹防御系统、F-35 战斗机等数十个关键军事项目的秘密信息；中国还利用军事及其他人员从网络上"窃取"美国商业性情报；在 2014 年中国军官遭美国起诉事件发生后，解放军有可能逐渐脱离经济网络间谍业务，但仍可能将利用网络攻击获取军民两用的技术情报。

第四节　军力发展与实力评估

解放军始于 20 世纪 90 年代的"中国特色军事变革"和军队现代化进程，一直受到世界著名智库专家学者的密切关注。新世纪后中国经济实力大幅提升极大地推动了解放军军事力量的发展和作战能力的提升，更加激发了智库学者的研究热情。十八大以来中国军队改革逐步引向深入之际，解放军的改革进程、作战能力发展、军费开支、弱点与隐患等成为世界智库研究成果的重要议题。

一、解放军现代化建设与改革：力度空前，进步明显

俄罗斯前国防部第一副部长科科申（Andrei A. Kokoshin）的文章《2015 年的中国军改》、印度观察家研究基金会杰出研究员马诺吉·乔希（Manoj Joshi）的文章《中国军队接受检阅但真正行动将会在海上》、美国国家亚洲研究局高级研究员甘浩森（Roy Kamphausen）等的报告《2025 年的中国人民解放军》等认为，近 20 年来中国军队现代化建设投入巨大，专业化水平和作战能力显著增强，已能在地区和全球范围遂行多种任务，改变了过去以步兵为主、奉行"诱敌深入"战略的游击

　　① Zachary Goldman, Jerome Cohen. Differing Outlooks Impede Sino-U.S. Cooperation to Enhance Cyber Security[N/OL]. http://www.scmp.com/comment/insight-opinion/article/1846174/differing-outlooks-impede-sino-us-cooperation-enhance (2015-08-03)[2016-05-24].
　　② Peter Mattis. Three Scenarios for Understanding Changing PLA Activity in Cyberspace[EB/OL]. https://jamestown.org/program/three-scenarios-for-understanding-changing-pla-activity-in-cyberspace/ (2015-12-07)[2016-05-24].

军队形象；① 解放军现代化进程可能会受到国内、国外和科技三大因素影响而发生改变，国内因素有经济形势、社会稳定、西部少数民族等，国外因素有大国关系、周边武装冲突、朝鲜半岛危机、两岸关系等，科技因素有后发优势使解放军实现跨越发展，或对手的重大技术突破迫使其做出调整等；② 2015 年宣布裁军 30 万并不是因为热爱和平，而是为了建设一支现代化军队，增强在海空领域及高科技条件下的联合作战能力；③ 解放军未来军力发展存在四种可能结果：集中于周边、区域化并具有一定投射能力、全球扩张、军力衰弱。④

专家们认为，解放军正推动自 1949 年以来最为重要的改革，重点是机构重组和裁军，改革进程可能延续至 2020 年。改革主要目标包括：理顺军队指挥与控制的权与责，加强中共对解放军的控制；⑤ 促进军队职业化建设，克服组织和制度障碍；扭转地面作战力量占主导优势、军种之间恶性竞争的现状；增强解放军在多个领域和空间的威慑与联合作战能力；⑥ 在人才培育和国防科技领域推进军民融合；⑦ 建立更严格的纪检和审计监督制度，减少贪腐和裙带主义；等等。改革有利于解放军长远发展，但也将导致一系列问题，如新组织架构下短期的组织混乱、军委对十余个部门的"制约和平衡"难度加大 ⑧ 等，能否按计划完成改革并达成预期效果，

---

① Michael Chase, Jeffrey Engstrom, et al. China's Incomplete Military Transformation：Assessing the Weaknesses of the People's Liberation Army[R/OL]. http://www.rand.org/pubs/research_reports/RR893.html (2015-02-13)[2017-01-06].

② Roy Kamphausen, David Lai. The Chinese People's Liberation Army in 2025[R/OL]. http://www. strategicstudiesinstitute.army.mil/pubs/display.cfm?pubID=1276 (2015-07-29)[2017-01-06].

③ Manoj Joshi. China's Military Came out on Parade but the Real Action will be in the Sea[EB/OL]. http://thewire.in/9911/chinas-military-came-out-on-parade-but-the-real-action-will-be-in-the-sea/ (2015-09-03) [2016-11-03].

④ Roy Kamphausen, David Lai. The Chinese People's Liberation Army in 2025[R/OL].http://www. strategicstudiesinstitute.army.mil/pubs/display.cfm?pubID=1276 (2015-07-29)[2017-01-06].

⑤ David M. Finkelstein. Initial Thoughts on the Reorganization and Reform of the PLA[R/OL]. https:// www.cna.org/CNA_files/PDF/DOP-2016-U-012560-Final.pdf (2016-01-15)[2017-01-06].

⑥ Phillip C. Saunders, Joel Wuthnow. China's Goldwater-Nichols? Assessing PLA Organizational Reforms[EB/OL]. http://www.andrewerickson.com/2016/04/chinas-goldwater-nichols-assessing-pla-organizational-reforms/ (2016-04-05)[2017-01-06].

⑦ Kriti M. Shah. Xi Strengthens His Hold Over China's Military[EB/OL]. http://www.orfonline.org/ research/xi-strengthens-his-hold-over-chinas-military/ (2016-04-20)[2017-01-06].

⑧ Andrei A. Kokoshin. 2015 Military Reform in the People's Republic of China[EB/OL]. http://www. belfercenter.org/publication/2015-military-reform-peoples-republic-china (2016-10-30)[2017-01-06].

仍需时间和实战检验。^① 改革同时，解放军正致力于提升战略投送、远征能力及网络、太空等领域非对称制衡能力，加强海、空军力量建设，并不断扩大军事力量活动范围。海军未来将重点提升信息化水平、远海前沿防御作战能力、海洋勘测能力等。^② 新成立的战略支援部队是解放军全球首创军种，标志着信息战将成为解放军战略手段，^③ 但太空、技术侦察、无线电对抗、网络战、心理战等多种力量的整合和一体化全世界没有国家能实现，将是后续难点。^④

二、军费开支与作战能力：投入猛增，能力渐长

据瑞典斯德哥尔摩国际和平研究所年度年鉴、该所武器和军费开支项目年度报告《全球军费开支趋势》、英国国际战略研究所年度报告《军力平衡》等统计，2014 中国军费开支约 2160 亿美元，居全球第二，同比 2013 年增长 9.7%；^⑤ 增速超过其他邻国，在亚洲总量中的占比由 2010 年的 28% 增至 2014 年的 38%；^⑥ 中国军费的增长几乎完全"引发"了东亚军费的上涨。2015 年中国军费总开支同比增长 7.4%，全球占比约 13%，在亚洲及大洋洲中占比约 49%，是日本的 5 倍。^⑦ 预计中国军费将在 2030 年前与美国持平。^⑧2016 年中国国防预算增幅下降，可能原因在于：经济振荡期需抑制国防开支；正进行大规模裁军和军队改组；军事现代化已达

---

① Kenneth W. Allen, et al. The PLA's New Organizational Structure: What is Known, Unknown and Speculation[EB/OL]. https://jamestown.org/program/the-plas-new-organizational-structure-what-is-known-unknown-and-speculation-part-1/ (2016-02-04)[2017-01-06].

② Thomas J. Bickford. Haiyang Qiangguo: China as a Maritime Power[R/OL]. https://www.cna.org/cna_files/pdf/Haiyang-Qiangguo.pdf (2016-03-29)[2017-01-06].

③ John Costello. The Strategic Support Force: China's Information Warfare Service[EB/OL]. https://jamestown.org/program/the-strategic-support-force-chinas-information-warfare-service/ (2016-02-08) [2017-01-06].

④ Василий Кашин. Шпионы будущего? Что даст реформа армии Китая[EB/OL]. https://ru.sputnik. kg/opinion/20160119/1021666447.html (2016-01-19)[2017-01-06].

⑤ The International Institute for Strategic Studies. The Military Balance 2015[R/OL]. https://www.iiss. org/en/publications/military%20balance/issues/the-military-balance-2015-5ea6 (2015-02-11)[2017-01-06].

⑥ Sam Perlo-Freeman, et al.. Trends in World Military Expenditure, 2014[R/OL]. http://books.sipri. org/files/FS/SIPRIFS1504.pdf (2015-04-12)[2017-01-06].

⑦ Sam Perlo-Freeman, et al. Trends in World Military Expenditure, 2015[R/OL]. http://books.sipri.org/files/FS/SIPRIFS1604.pdf (2016-04-04)[2017-01-06].

⑧ John Chipman, et al. The Military Balance 2014[R/OL]. https://www.iiss.org/en/militarybalanceblog/blogsections/2014-3bea/january-1138/milbal-advertorial-dfa6 (2014-02-03)[2017-01-06].

成阶段性目标（有能力抗衡美国对核心利益的干预）；① 试图缓解周边国家恐慌；武器进口总额大幅下降；内部安全威胁增大。②

新加坡南洋理工大学高级研究员理查德·比青格（Richard Beqingle）的文章《中国武器没那么好》、日本防卫研究所地区研究部东北亚研究室主任研究员饭田将史（Masafumi Iida）等的《中国安全报告 2016》等成果认为，虽然中国军队和指挥体系缺少作战经验，且军力辐射仍局限于东亚，③ 但过去 15～20 年，解放军在海上、空中、太空、网络领域能力建设成效显著，战略威慑能力、反介入 / 区域拒止能力、远征能力、信息作战能力有所增强。(1) 关于战略导弹与核打击能力。美国科学家联合会核信息项目主任汉斯·克里斯滕森（Hans M. Kristensen）的文章《五角大楼报告：中国部署多弹头分导再入飞行核武器》、印度观察家研究基金会高级研究员阿尔卡·比斯瓦斯（Arka Biswas）的文章《中国"武 -14"核装备：对威慑平衡的影响》④、印度国家服务研究所高级研究员罗莎·卡尼吉（Roshan Khanijo）的文章《中国第二炮兵的角色和现代化趋势》、日本防卫研究所东北亚研究室主任研究员饭田将史（Masafumi Iida）等的《中国安全报告 2016》等认为，近年来火箭军加速推进战略导弹与核力量现代化，提高战略威慑、二次打击及中远程精确打击能力，并探索削弱他国精确打击能力的措施。⑤2013 年"巨浪 -2"潜射弹道导弹形成初始作战能力后，中国逐步具备核潜艇威慑巡逻和潜基核打击能力。⑥ 中国正研发核常两用的"东风 -26"导弹、可装载核弹头的空射巡航导弹"长剑 -20"等多种新型核导弹，以及"WU-14"高超音速飞行器等先进运载工具及核装备，并

---

① Harry J. Kazianis. China's Great Military Spending Slowdown: Big Deal or Big Nothing?[EB/OL]. http://nationalinterest.org/blog/the-buzz/chinas-great-military-spending-slowdown-big-deal-or-big-15431 (2016-03-07)[2017-01-06].

② Manoj Joshi. Behind the Emerging Idea of "National Security with Chinese Characteristics"[EB/OL]. http://www.orfonline.org/research/behind-the-emerging-idea-of-national-security-with-chinese-characteristics/ (2016-04-04)[2017-01-06].

③ Bonnie S. Glaser, Matthew P. Funaiole. 5 Common Myths about China's Power[EB/OL]. http://nationalinterest.org/feature/5-common-myths-about-chinas-power-16623 (2016-06-16)[2017-01-06].

④ Arka Biswas. China's WU-14 nuclear device: Impact on deterrence equation[EB/OL]. http://www.orfonline.org/research/chinas-wu-14-nuclear-device-impact-on-deterrence-equation/ (2015-07-01)[2016-12-28].

⑤ 防衛研究所. 中国安全保障レポート 2016 [R/OL]. http://www.nids.mod.go.jp/publication/chinareport/pdf/china_report_JP_web_2016_A01.pdf (2016-03-04)[2017-01-06].

⑥ Hans M. Kristensen. New Nuclear Notebook: Chinese Nuclear Force Modernization[R/OL]. https://fas.org/blogs/security/2013/11/chinanukes2013/ (2013-11-13)[2017-01-06].

部署可多弹头分导再入飞行的"东风-5"导弹等；① 通过常规、核弹头的灵活组合，使战略导弹部队从单纯执行核反击的威慑力量转变为具有先发打击能力的进攻性战略力量。② (2) 关于海、空作战能力。美国外交政策倡议论坛高级政策分析师埃文·摩尔（Evan Moore）的文章《亚太地区需要美国更新承诺》、印度观察家研究基金会杰出研究员马诺吉·乔希（Manoj Joshi）的文章《中国军队接受检阅但真正行动将会在海上》、美国兰德公司研究员克里斯汀·冈尼斯（Kristen Gunness）的文章《中国的"远征"能力及对美国亚洲政策的影响》等认为，海军持续更新航母、舰载机、舰艇、核潜艇等武器装备，创建海外军事后勤基地，不断提升战略威慑、海上作战、远海护卫、反潜、两栖等能力。到 2025 年将拥有 096 等多种先进导弹核潜艇③、055 等多型驱逐舰、Z-18 和 Z-20 直升机、"高新 6 号"反潜机、仿制美军 T-MLP 的机动登陆平台和新式航母、两栖舰艇等。④ 空军积极发展新型隐形战机、无人机、远程轰炸机、预警机、大型运输机、加油机等，补强空降、防空力量，提高空中作战、战略投送与应急作战、防空反导等能力，并发展对太空的攻击能力。(3) 关于天基力量与太空作战能力。美国美中经济与安全评估委员会《2015 年度报告》等认为，中国天基情报监视侦察、导航定位、通信和气象预报能力得到逐步增强；⑤ 中国积极发展 SC-19 和 DN-2 两种用于打击低轨和高轨（导航、情报、监视和侦察卫星）目标的反卫星导弹、共轨式反卫星设备（配备炸药、破碎装置、动能武器、激光、干扰器或机械臂等各种设备的攻击卫星）、地基卫星干扰设备、定向能武器、计算机网络攻击软硬件等，甚至不排除用低轨道核爆炸毁伤卫星，不断提

---

① Hans M. Kristensen. Pentagon Report: China Deploys MIRV Missile[EB/OL]. https://fas.org/blogs/security/2015/05/china-mirv/ (2015-05-11)[2017-01-06].

② Roshan Khanijo. Role and Modernization Trends of China's Second Artillery[EB/OL]. http://www.icsin.org/uploads/2015/10/24/da59abf1eba31110357962d1b52201a5.pdf (2015-10-24)[2017-01-06].

③ Nagender S. P. Bisht. PLA Modernization: An Appreciated Force Structure By 2025[EB/OL]. http://www.icsin.org/activity/show/pla-modernization-an-appreciated-force-structure-by-2025 (2014-09-17)[2017-01-06].

④ Manoj Joshi. China's Military Came out on Parade but the Real Action will be in the Sea[EB/OL]. http://thewire.in/9911/chinas-military-came-out-on-parade-but-the-real-action-will-be-in-the-sea/ (2015-09-03)[2016-11-03].

⑤ Michael Chase, Jeffrey Engstrom, et al. China's Incomplete Military Transformation：Assessing the Weaknesses of the People's Liberation Army[R/OL]. http://www.rand.org/pubs/research_reports/RR893.html (2015-02-13)[2017-01-06].

升太空攻击能力。① (4) 关于网络空间作战能力。日本防卫研究所《中国安全战略报告 2014》② 年度报告等指出，解放军已成立旨在加强网络空间防卫能力的训练用假想敌部队和对外进行网络攻击的行动部队，还有相当数量的网络民兵。

三、解放军"弱点"与"隐患"：问题繁多，困难重重

尽管有美国权威报告③ 对比中美作战能力后认为，中美军事能力差距正在迅速缩小，未来 5～15 年美国亚洲优势将不断下降，美军必须认真应对；但是解放军的确存在诸多"缺陷"。美国兰德公司的研究报告《中国未完全的军事转型：中国人民解放军弱点分析》、俄罗斯国际事务委员会军事专家亚历山大·叶尔马科夫（Александр Ермаков）的文章《中国空军：由盾到剑》、美国海军分析中心高级分析师卜思高（Dennis J. Blasko）的文章《中国军队在现代战争中将困难重重的十大理由》、台湾两岸政策协会副理事长陈建仲的文章《跨越——2015 朱日和对抗演习剑指台湾？》④ 等认为，解放军主要"弱点"：一是体制机制上，如指挥体制"落后"、军兵种结构不合理、非作战机关臃肿、营级单位人员不足、士官制度简单等；二是官兵素质上，如联合作战指挥能力不足、专业化水平低下、技术和身体素质不高、腐败盛行、士气低落等；⑤ 三是武器装备上，如缺乏实战检验、战略导弹易受干扰反制、空中加油机数量太少、航空母舰战斗力严重不足、新旧设备混装及国防工业体系管理不善、尖端武器及关键部件生产能力弱等；⑥ 四是作战能力上，如缺乏作战经验、联合作战能力低、后勤保障不到位、战略运输与远征能力弱、核威慑力不足、舰队防空反潜能力薄弱、太空和网络等新兴作战力量能力弱、空对地作战

① U.S.-China Economic and Security Review Commission. 2015 Annual Report to Congress[R/OL]. http://www.uscc.gov/Annual_Reports/2015-annual-report-congress#sthash.1X8YYJqW.dpuf (2015-11-17) [2016-12-28].

② 防衛研究所. 中国安全保障レポート 2014[R/OL]. http://www.nids.mod.go.jp/publication/chinareport/pdf/china_report_JP_web_2014_A01.pdf (2015-03-13)[2016-11-24].

③ Eric Heginbotham, et al. U.S.-China Military Scorecard[R/OL]. http://www.rand.org/pubs/research_reports/RR392.html (2015-09-14)[2017-01-06].

④ 陈建仲."跨越——2015"朱日和对抗演习剑指台湾？ [EB/OL]. http://140.119.184.164/view/246.php (2015-10-07)[2017-02-25].

⑤ Michael Chase, Jeffrey Engstrom, et al. China's Incomplete Military Transformation：Assessing the Weaknesses of the People's Liberation Army[R/OL]. http://www.rand.org/pubs/research_reports/RR893.html (2015-02-13)[2017-01-06].

⑥ Александр Ермаков. ВВС Китая. От щита к мечу[EB/OL]. http://russiancouncil.ru/inner/?id_4=7104#top-content (2016-01-14)[2017-01-06].

支援不强等。从智库专家们梳理的上述弱点可见，他们对解放军"要求"较高，很多弱点都是基于与美国等主要大国军队的对比，出发点都是将中国视为地区乃至全球军事强国。

第五节　对外军事关系与交流合作

世界智库专家普遍认为，中国期望在全球安全治理、地区安全事务中发挥更大作用，主动寻求对外安全合作和军队交流，拓展军事外交领域，扩大军事合作项目。军事外交在中国总体外交中的重要性正在增强，解放军积极参加国际多边安全对话、国际维和、救援救灾、反海盗活动，与外国军队进行机制化联演联训，对外广泛开展军火贸易，这有助于提升中国的国际地位，增强中国军队自身能力。总体上，中国与美国、俄罗斯、日本、印度及欧洲各国等世界主要大国的军事关系具有不同程度的复杂性，竞争与合作、对抗与缓和相互交织成为中外军事关系的主要特点。

一、中美军事关系：互不让步，风险增加

中美关系是当今世界最重要的双边关系，其中军事关系又是中美关系的晴雨表。美国陆军战争学院战略研究所的《2015—2016 年美国陆军关键战略问题清单》[1] 指出，每当中美关系出现波折时，中国第一反应就是取消中美军事交往活动，这增大了美军对解放军的感知成本，而中国也没有获取感知利益，反而影响中美军事关系可持续性。新美国安全中心亚太安全项目主任帕特里克·克罗宁（Patrick M. Cronin）的文章《预测美中竞争的未来》[2] 指出，大多数华盛顿人士认为，中美关系是可控的成长型竞争关系，双方会激烈竞争，但武装冲突或高度合作的可能

---

① Strategic Studies Institute. U.S. Army War College Key Strategic Issues List, Academic Year 2015-2016[R/OL]. http://www.strategicstudiesinstitute.army.mil/pubs/display.cfm?pubID=1296 (2015-08-08) [2017-01-15].

② Patrick M. Cronin. Forecasting the Future of US-China Competition[EB/OL]. https://www.cnas.org/publications/commentary/forecasting-the-future-of-us-china-competition (2015-07-15)[2017-01-15].

性都是有限的。不过，一些美、日、欧智库研究成果认为，[①]中美不可能实现战略互信，双方存在几大主要安全困境：中国通过"一带一路"、亚投行、全球互联网大会等挑战美国主导的国际秩序和在亚洲的领导地位，中国坚持要求美国尊重其核心利益和重大关切，中美核军备竞赛、中美太空分歧与对抗、中美网络分歧与对抗、中国南海主权诉求削弱美国自由行动能力。中美都不愿让步，双方战争风险正在增加，未来中美最有可能在海上、太空和网络空间出现直接冲突。[②]未来中美军事关系将十分复杂、敏感、艰难，对于应该走向何方，美国智库学者的主张基本分为三派：积极遏制、维持平衡、务实合作。（1）一派主张积极遏制的成果，如美国著名地缘政治学家兹比格涅夫·布热津斯基（Zbigniew Brzezinski）的文章《走向全球重组》[③]、美国外交关系委员会高级研究员罗伯特·布莱克威尔（Robert D. Blackwill）等的报告《修改美国对华大战略》[④]、美国企业研究所日本研究项目主任迈克尔·奥斯林（Michael Auslin）的文章《中美网络协议表明美国对华政策失败》[⑤]、新美国安全中心亚太安全项目研究员及副主管伊利·拉特纳（Ely Ratner）等

① 梅本哲也. 米中の対外戦略と「安全保障のジレンマ」[EB/OL]. http://www2.jiia.or.jp/RESR/column_page_pr.php?id=242 (2015-08-05)[2017-01-15].

Denny Roy. U.S.-China Relations: Stop Striving For "Trust"[EB/OL]. http://thediplomat.com/2013/06/u-s-china-relations-stop-striving-for-trust/ (2013-06-07)[2017-01-15].

Hugh White. America's China Consensus Slowly Unravels[EB/OL]. http://www.huffingtonpost.com/hugh-white/america-china-consensus_b_7096986.html (2015-04-20)[2017-01-15].

Albridge Colby. Promoting Strategic Stability in the Midst of Sino-US Competition[EB/OL]. http://www.nbr.org/research/activity.aspx?id=601 (2015-09-09)[2017-01-15].

Brian Weeden. An Opportunity to Use the Space Domain to Strengthen the US-China Relationship[EB/OL]. http://www.nbr.org/research/activity.aspx?id=602 (2015-09-09)[2017-01-15].

Christopher D. Yung. Assessing the Sino-U.S. Strategic Interaction in the Maritime Security Domain[EB/OL]. http://www.nbr.org/research/activity.aspx?id=606 (2015-09-18)[2017-01-15].

② Christopher Coker. *The Improbable War: China, The United States and Logic of Great Power Conflict*[M]. Oxford University Press, 1 edition, 2015.01.

Micah Zenko. The A Word：An Accommodationist Strategy for U.S.-China Relations[EB/OL]. http://www.cfr.org/united-states/word-accomodationist-strategy-us-china-relations/p36068 (2015-02-02)[2017-01-15].

③ Zbigniew Brzezinski. Toward a Global Realignment[EB/OL]. http://www.the-american-interest.com/2016/04/17/toward-a-global-realignment/ (2016-04-17)[2017-02-19].

④ Robert D. Blackwill, Ashley J. Tellis. Revising U.S. Grand Strategy Toward China[EB/OL]. http://www.cfr.org/china/revising-us-grand-strategy-toward-china/p36371 (2015-04-10)[2017-01-15].

⑤ Michael Auslin. Sino-U.S. Cyber Pact Reveals Failure of U.S.-China Policy[EB/OL]. http://www.aei.org/publication/sino-us-cyber-pact-reveals-failure-of-us-china-policy/ (2015-09-22)[2017-01-15].

的文章《更多意愿、更强能力：记录中国国际安全积极行动主义》①认为，面对中俄两个"潜在威胁"，美国应确保至少有一个成为其稳定伙伴，并遏制另一个；中国已经而且将会是美国最重要的"竞争者"，中国正以"切香肠"方式持续"试探"、"挑战"美国底线，美国"温和政策"使中国"得寸进尺"；美国应放弃中美战略与经济对话等"形象工程"，由"防"走向"抗"，对中国"扩张行为"予以强硬回击；在解放军最有可能采取激进行动的地区，强化军事存在和自由通行权；采取针锋相对的网络反击行动；阻止中国获得先进武器和关键军事技术；等等。（2）一派主张维持平衡的成果，如美国著名中国问题专家普理赫（Joseph W. Prueher）、芮效俭（J. Stapleton Roy）、兰普顿（David M. Lampton）、傅高义（Ezra Vogel）的文章《美国如何才能领导亚洲》认为，中美进行军备竞赛或冷战式战略竞争或爆发冲突对双方都不利，美国不应徒劳地维持传统的地区军事绝对主导权，而应使美中维持军力平衡，确保双方既有充分实力吓阻对方，又不至于构成侵略威胁，也不会挑起军备竞赛；②同时采取具体措施防止紧张关系升级，在半岛、台海、东海、南海等热点问题上协商共识。③（3）一派主张务实合作的成果，如美国前国务卿亨利·基辛格（Henry Kissinger）的著作《世界秩序》④、美国哈佛大学肯尼迪政府学院教授约瑟夫·奈（Joseph Nye）的文章《美国世纪结束了吗？》、美国布鲁金斯学会客座高级研究员沈大伟（David Shambaugh）的文章《一个根本性转变，中美展开了全面竞争》⑤、美国布鲁金斯学会高级研究员杰弗里·贝德（Jeffrey Bader）的文章《改变对华政策：我们在寻找敌人吗？》⑥、美国布鲁金斯学会研究员埃文·奥斯诺斯（Evan Osnos）的文

①　Alexander Sullivan, Andrew Erickson, Ely Ratner, et al. More Willing and Able: Charting China's International Security Activism[R/OL]. https://www.cnas.org/publications/reports/more-willing-and-able-charting-chinas-international-security-activism (2015-05-19)[2016-12-20].

②　Joseph W. Prueher, J. Stapleton Roy, David M. Lampton, Ezra Vogel. How America Can Lead in Asia[EB/OL]. http://nationalinterest.org/feature/how-america-can-lead-asia-18720 (2016-12-12)[2017-01-15].

③　Michael Swaine, et al. Creating a Stable Asia: An Agenda for a U.S.-China Balance of Power[R/OL]. http://carnegieendowment.org/2016/10/26/creating-stable-asia-agenda-for-u.s.-china-balance-of-power-pub-64943 (2016-10-26)[2017-01-15].

④　[美] 亨利·基辛格. 世界秩序 [M]. 胡利平，译. 北京：中信出版社，2015.

⑤　David Shambaugh. In a Fundamental Shift, China and the U.S. are Now Engaged in All-out Competition[EB/OL]. http://www.viet-studies.com/kinhte/USChinaShift_Shambaugh_SCMP.pdf (2015-06-11)[2017-01-18].

⑥　Jeffrey Bader. Changing China Policy: Are we in Search of Enemies?[EB/OL]. https://www.brookings.edu/research/changing-china-policy-are-we-in-search-of-enemies/ (2015-06-22)[2017-01-18].

章《怎样维持好中美关系？》①、美国外交关系委员会亚洲研究部主任克里斯托弗·雷恩（Christopher Layne）的研究报告《中美恐将在梦游中走向战场》②、美国卡内基国际和平研究院高级研究员史文（Michael D. Swaine）等人的报告《亚太地区的冲突与合作：战略净评估》③等建议，中美在许多领域"一荣俱荣，一损俱损"④，美国应开展更多对华务实合作。一是应善意、客观地理解中国行为，多数并无攻击性。二是敦促中国收敛军事扩张行为的同时，适当尊重中国利益和诉求。三是全面建立首脑、军队高层、主要司令部等各层级及半官方 1.5 轨、学者 2 轨等渠道的安全及战略对话机制，消除误解、减少误判。四是扩大务实合作，建立和加强双方在反恐、半岛危机、维护中东稳定、网络安全、海洋执法、联合军演、太空科研、救援救灾、护航撤侨等方面合作机制。五是采取大量促进军事互信的措施，如签订军控协议、展示敏感战略武器、共享部分数据等，避免转向全面对抗。六是协商行动安全和危机管控机制，扩展现有机制，建立应急沟通机制和相关联络办法，确保有效利用。⑤

二、中俄军事关系：密切合作，暗存分歧

专家普遍认为，俄罗斯是中国重要后方，是自然资源、军事技术、先进武器的来源国，近年来因俄乌冲突、西方对俄制裁、叙利亚战争等事件，中俄安全与军事合作更趋密切。"两国不会成为敌人，但也绝不会总是朋友"，⑥未来不会发展为军事联盟，主要原因在于：中俄各自可以依靠核威慑保证国家安全，结成联盟价值不大；⑦两国政策与利益并不总是吻合，中国秉持实用主义，力避与美国亚太同盟体系

---

① Evan Osnos. How to Save the U.S.-China Relationship[N/OL]. http://www.newyorker.com/news/daily-comment/can-the-u-s-and-china-avoid-the-enemy-trap (2015-06-22)[2017-01-18].

② Christopher Layne. China and America: Sleepwalking to War?[EB/OL]. http://nationalinterest.org/feature/china-america-sleepwalking-war-12685 (2015-04-21)[2017-01-18].

③ Michael D. Swaine, et al. Conflict and Cooperation in the Asia-Pacific Region: A Strategic Net Assessment[R/OL]. http://carnegieendowment.org/2015/04/02/conflict-and-cooperation-in-asia-pacific-region-strategic-net-assessment-pub-59492 (2015-04-02)[2017-01-18].

④ ［美］约瑟夫·奈. 美国世纪结束了吗？[EB/OL]. 北京大学国际战略研究院网站，http://www.ciss.pku.edu.cn/research/bulletin/2232.html (2016-11-12)[2017-01-15].

⑤ 归宿. 中美关系迎来"摊牌时刻"？[EB/OL]. http://cnpolitics.org/2015/08/sino-america-relationship/(2015-08-07)[2017-01-15].

⑥ Дмитрий Тренин. США – Китай – Россия: формула сосуществования[EB/OL]. http://carnegie.ru/2016/11/08/ru-pub-65074 (2016-11-08)[2017-01-15].

⑦ Dmitri Trenin. China, Russia Lead Non-West Initiatives[EB/OL]. http://carnegie.ru/2015/05/08/china-russia-lead-non-west-initiatives/i8bi (2015-05-08)[2017-01-15].

激化矛盾，而俄罗斯追求地缘"势力范围"，力争成为全球大国，例如克里米亚问题上中国并未明确支持俄罗斯，而南海问题中俄罗斯也尽力避免介入冲突，南海仲裁案对中国的支持及参加中俄南海联演只是一次性举动，不能说明俄在地区争端中支持中国；① 双方关系不对称，俄罗斯扮演了较弱角色，俄不愿依赖经济上更强大的中国；② 双方在中亚存在战略竞争；③ 俄罗斯面临中国日益增长的对俄民族主义情绪，也担心中国产业和人口占领远东地区，在远东实行"殖民化"；④ 俄罗斯与越南军事关系密切，对中国形成战略"掣肘"。⑤ 俄罗斯莫斯科国际关系学院教授谢尔盖·卢贾宁（Сергей Лузянин）的文章《俄中关系的新形势》⑥ 认为，中俄高层多次会晤结果表明两国没有创建军政同盟的计划，现有战略合作伙伴关系符合各方利益。部分俄专家提出，未来中俄在应对共同挑战和全球治理问题上应进一步密切合作、协调行动。例如，恐怖主义威胁和地区国家内部动荡是中俄在中亚面临的共同挑战，但中国政策过于保守，其有限军事援助难以应对，中俄应进一步加深合作。⑦ 代表性成果有，俄罗斯莫斯科卡耐基中心主任德米特里·特列宁（Дмитрий Тренин）的文章《美－中－俄：共存之道》、俄罗斯科学院远东研究所主任研究员瓦西里·卡申（Василий Кашин）的文章《我们不能排除中国参与局部冲突的可能》、莫斯科卡耐基中心高级研究员亚历山大·加布耶夫（Alexander Gabuev）的文章《未来中俄关系走向》《俄罗斯是否该为中国的远东项目而担忧？》、俄罗斯国际事务委员会主席伊戈尔·伊万诺夫（Игорь Иванов）的文章《俄中关系呈现新特点》等。

---

① Василий Кашин. Мы не можем исключать участия Китая в локальном конфликте[EB/OL]. http://svop.ru/%D0%BF%D1%80%D0%BE%D0%B5%D0%BA%D1%82%D1%8B/lectorium/21766/ (2016-11-07)[2016-11-24].

② Alexander Gabuev. Future Approaches to China[EB/OL]. http://carnegieendowment.org/2016/04/07/future-approaches-to-china-pub-63389 (2016-04-07)[2017-01-15].

③ Kemal Kirişci，陆克 . 永无休止的大国博弈：中国和俄罗斯的哈萨克斯坦之争 [EB/OL]. http://www.1think.com.cn/ViewArticle/html/Article_4FFA4A807C07BCF4B4EF9BFBD2A90C8B_38439.html (2015-12-31)[2017-01-15].

④ Alexander Gabuev. Should Russia Be Afraid of Chinese Plans in the Far East?[EB/OL]. http://carnegie.ru/commentary/?fa=63740 (2016-06-07)[2017-01-15].

⑤ Rem Korteweg. Russia's Gas Deal with China: Business is Business[EB/OL]. http://www.cer.org.uk/insights/russias-gas-deal-china-business-business (2014-06-25)[2017-01-15].

⑥ Сергей Лузянин. Россия и Китай: новый контекст отношений[EB/OL]. http://old.mgimo.ru/news/experts/document263701.phtml (2015-01-12)[2017-01-15].

⑦ Timofey Bordachev. Russia and China in Central Asia: The Great Win-Win Game[EB/OL]. http://valdaiclub.com/a/valdai-papers/russia-and-china-in-central-asia-the-great-win-win-game/ (2016-06-28)[2017-01-15].

三、中欧军事关系：受美制约，逐步升温

专家认为，欧洲和北约应在促进东亚安全中采取更积极主动的政策措施，如积极参与美国"重返亚太"、与日本等国共同维护海上安全、建立亚洲军事存在、限制敏感技术出口等。[①]美国和欧盟在对华武器禁运共识上已经出现裂痕，美国开始面临国家安全与贸易利益抉择，欧盟成员国在对华武器禁运上存在分歧。瑞典斯德哥尔摩国际和平研究所中国与全球安全项目研究员奥利佛·布劳纳（Oliver Bräuner）等人的报告《西方对华武器出口》[②]指出，2003—2005 年德、法试图解除禁运未果之后，欧盟对华武器禁运在形式上依然存在，但一些国家已向中国变相出售柴油发动机、导弹和其他先进武器，如法国转让直升机技术、德国转让和出口用于军用车辆、舰艇的柴油发动机。中国希望欧洲国家对华出售先进武器，以备将来对付美国。[③]专家建议美国予以重视，与欧洲在对华武器禁运的目标和范围上加强协调，督促欧盟在对中国军力发展和军民融合战略深度评估的基础上决定对华军售许可证问题。美国布鲁金斯学会高级研究员杜大伟（David Dollar）的文章《英国脱欧后：西方的衰落与中国的崛起》、英国"更安全世界"（Saferworld）的报告组织的报告《21 世纪冲突预防：中国与英国》、瑞典斯德哥尔摩国际和平研究所奥利佛·布劳纳（Oliver Bräuner）等人的《不干涉政策限制了中国打击 IS 的作用》等成果认为，英国脱欧与欧洲的衰弱将分散美国部分精力，中国将在与欧洲国家各种问题的谈判上占据一定优势，中欧安全关系，尤其是中英关系将升温，[④]但欧盟及其成员国不要期望秉持不干涉政策的中国在打击 ISIS 等中东恐怖组织中发挥主要作用。[⑤]中英在安全领域可能的合作方式包括：在应对部分经济利益相关地区脆弱

---

① Rem Korteweg. A Presence Farther East: Can Europe Play a Strategic Role in the Asia-Pacific Region?[EB/OL]. http://www.cer.org.uk/publications/archive/policy-brief/2014/presence-farther-east-can-europe-play-strategic-role-asia-pac (2014-07-25)[2017-01-15].

② Oliver Bräuner, et al. Western Arms Exports to China[R/OL]. http://books.sipri.org/files/PP/SIPRIPP43.pdf (2015-02-24)[2017-01-15].

③ Ellen Bork. U.S. Allies Join China's AIIB: What Now？ [EB/OL]. http://www.worldaffairsjournal.org/blog/ellen-bork/us-allies-join-china%E2%80%99s-aiib-what-now (2015-04-06)[2017-01-15].

④ David Dollar. Brexit Aftermath: the West's Decline and China's Rise[EB/OL]. https://www.brookings.edu/blog/order-from-chaos/2016/06/27/brexit-aftermath-the-wests-decline-and-chinas-rise/ (2016-06-27) [2017-01-15].

⑤ Oliver Bräuner, et al. Non-interference Limits China's Role in the Fight Against IslamicState [EB/OL]. https://www.sipri.org/commentary/essay/2015/ non-interference -limits-chinas-role-fight-against-islamic-state (2015-02-27)[2017-01-15].

性及预防冲突上展开交流与合作；共同审视"一带一路"对冲突产生的影响；合作提高非洲自身（包括非盟）维和能力；在多边论坛和联合国安理会上展开安全合作等。[1]

四、中日军事关系：争端升级，积重难返

美、日、印等国智库专家认为，近年来中日钓鱼岛、海洋资源和地区主导权争端正逐步升级，两国分别前移海上军事基地，升级前沿军力部署，在钓鱼岛附近海空对峙进一步加剧。中国在日本周边军事活动更加频繁，随着军事实力增强，对东海防空识别区的管控能力和信心将越来越强。[2] 日本正不断加强美日同盟关系，并积极实施日本版"反介入/区域拒止"战略，在东海东部沿西南诸岛建立由陆基反舰和防空导弹、潜艇、反潜机、水面战舰、水雷及战斗机组成的难以穿透的多层防御网或"扇形防御"。[3]

中日和解任重道远，中国国力持续增强和日本逐渐衰弱是造成双边关系紧张的核心原因，[4] 直接原因包括钓鱼岛争端、东海划界和能源开发争议以及日本对待侵略历史的态度、宪法修订、安全政策变动等。[5] 近期紧张局势则源于中国的钓鱼岛主权声明和强势进入争议海域，但这并不表明战争一触即发；[6] 中日的战略不信任和怀疑有着历史渊源，很难通过普通外交活动取得妥协结果；[7] 日本在军事上的积极进取有利于制衡中国，有助于在中国更加强势和朝鲜不稳定的背景下维护地区安

---

[1] Saferworld. Conflict Prevention in the 21st Century: China and the UK[R/OL]. http://www.saferworld.org.uk/downloads/pubdocs/conflict-prevention-in-the-21st-century-rev.pdf (2016-02)[2017-02-25].

[2] Harry J. Kazianis. A Chinese ADIZ in the South China Sea: The Ultimate Bargaining Chip?[EB/OL]. http://nationalinterest.org/blog/the-buzz/chinese-adiz-the-south-china-sea-the-ultimate-bargaining-16335 (2016-05-25)[2017-02-25].

[3] Grant Newsham, et al. Japan Should Steal a Strategy from China's Playbook[EB/OL]. http://nationalinterest.org/feature/japan-should-steal-strategy-chinas-playbook-16159 (2016-05-11)[2017-02-25].

[4] Timothy Heath, Michael S. Chase. A Thaw in Asia[EB/OL]. http://www.rand.org/blog/2014/11/a-thaw-in-asia.html (2014-11-17)[2017-02-25].

[5] James J. Przystup. Japan-China Relations: Going Nowhere Slowly[EB/OL]. https://csis-prod.s3.amazonaws.com/s3fs-public/legacy_files/files/publication/1302qjapan_china.pdf (2013-09-16)[2017-02-25].

[6] Tetsuo Kotani. Crisis Management in the East China Sea[R/OL]. http://books.sipri.org/files/misc/SIPRIPB1502b.pdf (2015-02-23)[2017-02-25].

[7] Robert A. Manning. China and Japan's East China Sea Dilemma: No Simple Solutions[EB/OL]. http://nationalinterest.org/feature/china-japans-east-china-sea-dilemma-no-simple-solutions-11983 (2015-01-07)[2017-02-25].

全。[①] 同时，日本防卫研究所的报告《中国安全战略报告 2014》[②] 等提出建议，主张中日加强外交与防务交流对话，构建高层安全危机管理机制，建立双方沟通新渠道，促进双边互信，并在反海盗、联合国维和、国际紧急救援等方面相互借鉴经验，在历史问题上出台具有前瞻性的适度声明。

五、中印军事关系：陆上可控，海上竞争

多数智库专家认为，中印安全与军事关系复杂，除了陆上领土争端、西藏问题、中印巴三边关系，双方因各自地缘政治野心在印度洋及南亚次大陆存在竞争，同时中印又开展反恐等方面的小规模军事合作。偶尔的越界事件和水资源争端为中印陆上关系投下阴影，[③] 但目前双方在陆上边界发生战争的概率很低；[④] 而印度将中国军事存在和海上恐怖主义视为其在印度洋领导权的主要威胁，未来 10 年中印很可能在海上形成对抗甚至安全危机。[⑤] 对此印、英等国智库专家建议印度对中国采取遏制与合作策略。（1）主张遏制的专家和成果，如英国伦敦国际战略研究所南亚问题高级研究员拉胡尔·罗依 - 乔杜里（Rahul Roy-Chaudhury）等人的文章《印度莫迪政府第一年的周边政策》《印度形成新海军理论以应对中国、反恐和海洋挑战》[⑥]，印度新德里观察家研究基金会外交事务顾问、美国卡内基国际和平研究院客座高级研究员拉贾·莫汉（C. Raja Mohan）的文章《重新构思中印巴三角关

① Rajeswari Pillai Rajagopalan. Japan's Expanding Military Role: A Stabilising Factor[EB/OL]. http://www.orfonline.org/research/japans-expanding-military-role-a-stabilising-factor/ (2015-09-21)[2017-02-25].

② 防衛研究所. 中国安全保障レポート 2014[R/OL]. http://www.nids.mod.go.jp/publication/chinareport/pdf/china_report_JP_web_2014_A01.pdf (2015-03-13)[2016-11-24].

③ Jayadeva Ranade. India & China: Looking Beyond Border Incursions & Li Keqiang's Visit[EB/OL]. http://www.ipcs.org/pdf_file/issue/IB241-Ranade-IndiaChina.pdf (2013-08)[2017-02-25].

④ Rahul Roy-Chaudhury. India's Neighbourhood Policy in the First Year of the Modi Government[EB/OL]. http://www.iiss.org/en/iiss%20voices/blogsections/iiss-voices-2015-dda3/april-1413/india-neighbourhood-policy-438f (2015-04-29)[2017-02-25].

⑤ Jabin T. Jacob, et al. China's 21 Century Maritime Silk Road and Sino-India Maritime Cooperation[EB/OL]. http://www.icsin.org/uploads/2015/04/21/f764b97cacddaacc4325c1bc85e36ecb.pdf (2015-01-28)[2017-02-25].

⑥ Rahul Roy-Chaudhury, Arushi Kumar. Between China, Terror and the Deep Blue Sea, India's New Naval Doctrine Takes Shape[EB/OL]. https://thewire.in/16665/between-china-terror-and-the-deep-blue-sea-indias-new-naval-doctrine-takes-shape/ (2015-03-12)[2017-02-25].

系》①《香格里拉对话中国大放异彩,而印度却黯然缺席》②等则指出,印度应遏制中国在印度洋不断扩大的军事存在,维持印度洋主导权;除持续提升自身海上军力外,应加强与印度洋岛国和美国、日本、澳大利亚及东盟国家安全合作,在南海及亚太地区扮演更为积极的安全角色;同时推进陆上边境基础设施建设和作战准备。(2) 主张合作的专家和成果,如美国布鲁金斯学会高级研究员希夫香卡尔·梅农(Shivshankar Menon)的文章《中国崛起对于印度意味着什么?》、印度中国研究所研究员郑嘉宾(Jabin T. Jacob)等人的文章《中国的 21 世纪海上丝绸之路和中印海上合作》、印度中国问题专家库马尔·辛格(Bhartendu Kumar Singh)的文章《超越"手牵手":加强中印军事合作》③、印度政策研究中心高级研究员希亚姆·萨兰(Shyam Saran)的文章《印度必须加入中国的"丝绸之路"》④等认为,中印没有海上主权争端,短时间内无法解决陆上争端,印度应摒弃过去战争及边界纠纷的影响,加入中国"一带一路"倡议,维持陆上边境"相对和平",在打击海盗、维护海上航线安全、反恐、海上演习、管理海上竞争等方面与解放军展开交流合作。

六、中国军火贸易:军贸大国,出口猛增

瑞典斯德哥尔摩国际和平研究所高级研究员彼特·维兹曼(Pieter D.Wezeman)等的《2014 年度国际武器交易趋势》⑤、奥德·弗鲁朗特(Aude Fleurant)等的研究报告《2015 年度国际武器交易趋势"》⑥指出,2010—2014 年,中国在全球武器出口国和进口国中都位居第三位;中国武器出口同比(较 2005—2009 年)增长了143%,其中 2/3 主要出口至巴基斯坦、孟加拉国和缅甸 3 国;中国超越德国首次

---

① C. Raja Mohan. Reimagining the Triangle[EB/OL]. http://carnegieindia.org/2015/04/20/reimagining-triangle-pub-59844 (2015-04-20)[2017-02-25].

② C. Raja Mohan. Chinese Takeway: Parrikar Missing[EB/OL]. http://carnegieindia.org/2015/05/26/chinese-takeaway-parrikar-missing-pub-60202 (2015-05-26)[2017-02-25].

③ Bhartendu Kumar Singh. Beyond "Hand-in-Hand": Enhancing Sino-Indian Military Cooperation[EB/OL]. http://www.ipcs.org/article/india/beyond-hand-in-hand-enhancing-sino-indian-military-cooperation-4933.html (2015-11-10)[2017-02-25].

④ Shyam Saran. India Must Join China's Silk Route Initiative[EB/OL]. http://www.hindustantimes.com/ht-view/india-must-join-china-s-silk-route-initiative/story-cZJ5kG4ktsvRaRXI9yRkqO.html (2015-03-18)[2017-02-25].

⑤ Pieter D.Wezeman, et al. Trends in International Arms Transfers, 2014[R/OL]. http://books.sipri.org/files/FS/SIPRIFS1503.pdf (2015-03-13)[2017-02-25].

⑥ Aude Fleurant, Sam Perlo-Freeman, et al. Trends in International Arms Transfers,2015[R/OL]. http://books.sipri.org/files/FS/SIPRIFS1602.pdf (2016-02-22)[2017-02-25].

跻身武器出口国前三名。2011—2015 年期间，中国武器出口仍居世界第三位，全球占比由 5 年前 3.6% 升至 5%，出口至巴基斯坦、孟加拉国和缅甸三国武器占 71%；5 年间中国武器进口也居世界第三位，但全球占比则由 5 年前 7.1% 下降至 4.9%。瑞典斯德哥尔摩国际和平研究所研究员奥利佛·布劳纳（Oliver Bräuner）等人的研究报告《西方对华武器出口》[①] 等认为，西方对华武器禁运使俄罗斯、乌克兰成为中国武器装备的主要供应商，1991—2013 年中国 80% 以上传统武器自俄罗斯进口；目前中国在发动机、电子系统等关键领域仍依靠进口，但不再进口整套武器，而是进口部分技术和系统装配到自行研发的武器上。瑞典斯德哥尔摩国际和平研究所武器和军费开支项目主任奥德·弗鲁朗特（Aude Fleurant）等人的研究报告《2014 年度全球武器生产商和军事服务提供商百强企业》[②] 指出，中国最大的 10 家军火企业可能有 9 家进入 2014 年度全球军火销售百强企业名单，4 到 6 家入围 20 强，中国航空工业集团和北方工业公司入围 10 强。

第六节　涉华军事危机管控与可能战争应对

世界智库专家认为，作为崛起大国，中国（大陆）与周边国家（地区）的冲突不可避免，甚至与美国直接冲突也并非遥不可及。解放军危机管控的相关理论和做法，以及其他国家（地区）如何管控和应对涉华军事危机与可能战争，成为他们观察和思考的重点。部分专家质疑解放军关于危机管控和战争指导的基本原则，如坚持不打第一枪的"第一枪"定义不明确，[③] 将武力冲突视为非战争的理念、战争初期主动作为的原则潜藏着危机与冲突升级的自我暗示，[④] 危机管控目标既要求阻止战争升级又要求取得战争胜利，强调"将危机转化为机遇""以战止战"等，认为

---

① Oliver Bräuner, et al. Western Arms Exports to China[R/OL]. http://books.sipri.org/files/PP/ SIPRIPP43.pdf (2015-01)[2017-02-25].

② Aude Fleurant, et al. The SIPRI Top 100 Arms-producing and Military Services Companies for 2014[R/OL]. http://books.sipri.org/files/FS/SIPRIFS1512.pdf (2015-12-13)[2017-02-25].

③ Timothy R. Heath, et al. The PLA and China's Rejuvenation: National Security and Military Strategies, Deterrence Concepts, and Combat Capabilities[R/OL]. http://www.rand.org/pubs/research_reports/ RR1402.html (2016-12-06)[2017-02-25].

④ Alison A. Kaufman, Daniel M. Hartnett. Managing Conflict: Examining Recent PLA Writings on Escalation Control[R/OL]. https://www.cna.org/CNA_files/PDF/DRM-2015-U-009963-Final3.pdf (2016-02-29) [2017-02-25].

这些原则和做法将不利于管控涉华军事危机、战争升级风险。^①同时，关于如何管控和应对台海、东海、朝鲜半岛、南海、网络空间等问题产生的争端与危机，各种分析研判、对策建议层出不穷。

一、台海问题：陷入僵局，柔性拒统

"中国统一台湾、突破第一岛链后将促使其完全释放国家能量，标志着多极世界真正出现"，^②但现实对中国不容乐观。多数美、台智库专家认为，当前台海局势表明，"大陆对台'金钱拉拢'、'舆论宣传'、'操纵斗争'及'政治威压'等和平手段都已失败，中国和平统一的愿望遥遥无期。武力手段则只会产生事与愿违的效果，导致台湾民众强烈反对大陆，甚至导致中美直接军事冲突"。^③马英九执政经验表明，两岸以"九二共识"为基础交好时期台湾受到"政治孤立"和经济"边缘化"的现象并未得到改善，反而在经济上对大陆过度依赖，即使蔡英文"不顾自身代价"承认"九二共识"，台湾现状也难有改观，两岸关系仍将面临动荡。^④在两岸"促统"与"拒统"僵局下，军事冲突的爆发只是时间问题。^⑤

有分析认为，两岸爆发冲突有几种可能：一是台湾触碰大陆底线；二是两岸军力对比严重失衡；三是美国联合台湾以军事行动压制大陆发展；四是台湾先发制人对大陆发动进攻；五是南海领土争端引发两岸和美国的军事冲突。^⑥未来台海战争中台湾最惧怕大陆的导弹、先进防空系统、潜艇、052D 型导弹驱逐舰等武器，而大陆则可能担心台湾远程武装无人机、短距起降多用途战斗机、中远程对陆攻击巡

---

①　防衛研究所. 中国安全保障レポート 2013[R/OL]. http://www.nids.mod.go.jp/publication/chinareport/pdf/china_report_JP_web_2013_A01.pdf (2014-02-01)[2017-02-19].

②　[美] 罗伯特·D·卡普兰. 季风：印度洋与美国权力的未来 [M]. 吴兆礼等，译. 北京：社会科学文献出版社，2013.

③　J. Michael Cole. China No Longer Has a Taiwan Strategy[EB/OL]. http://nationalinterest.org/feature/china-no-longer-has-taiwan-strategy-18219 (2016-10-28)[2017-02-25].

④　Shelley Rigger. The End of a Golden Age in China-Taiwan Relations?[EB/OL]. http://carnegietsinghua.org/2016/06/24/end-of-golden-age-in-china-taiwan-relations-pub-63902 (2016-06-24)[2017-02-25].

⑤　Ted Galen Carpenter. China Needs to Consider the "Finland Option" for Taiwan[EB/OL]. http://nationalinterest.org/blog/the-skeptics/china-needs-consider-the-finland-option-taiwan-15501 (2016-03-15)[2017-02-25].

⑥　胡瑞舟. 陷阱与诱饵：中美会因台湾开战吗?[EB/OL]. http://140.119.184.164/view/267.php (2016-01-08)[2017-02-25].

航导弹、潜艇、特种部队和精锐预备队。①

对此，专家提出，在此形势下，美国应调整当前政策，在支持两岸和平稳定、不支持"台独"的同时采取更聪明、柔性的方式，帮助台湾抗衡大陆"威胁"，为台湾"自治"提供强大支持。具体包括，政治外交上尝试促使中国重新考虑"一个中国"问题，②开放"美台高级官员互访"，在南海等问题上加强美台战略合作；③经济上，大力支持台湾融入区域经济合作；军事上维持台海平衡，除军售外，更加重视帮助台湾提高非对称战力和生存能力，大幅增加大陆攻台代价，例如，鼓励台湾增强关键军民设施生存力；出售能隐秘部署于台湾多山地形中的防空、反舰、远程武器平台；鼓励台湾将用于研制采购潜艇、战机等高成本武器的军费更多投入到成本低廉却有效的水雷、导弹、山地炮等传统武器中；重视通过军事顾问、一轨半对话、人事培训等途径帮助台军完成全志愿役军队转型；等等。④

有学者指出，现阶段台湾当局则应聚焦自身安全和利益，稳定两岸和美国三角关系，以免刺激大陆先发制人实施打击；⑤对外关系上审慎处理直接影响亚太局势及两岸关系的东海、南海"主权"问题；⑥军事上依靠美日同时也要立足自身（可能被美日出卖）制定军事战略，增强不对称战力和战略威慑力，⑦将预算更多投向生存力更强、效费比更高的装备。⑧如果未来台湾不给大陆武力攻击的口实，且通过抵抗不被短时间占领，将可能获得国际舆论支持，从而有望在有利局面下停

① TNI Staff. These are the 9 Killer Weapons China and Taiwan Would Use in a War[EB/OL]. http://nationalinterest.org/blog/the-buzz/these-are-the-9-killer-weapons-china-taiwan-would-use-war-18701 (2016-12-10)[2017-02-25].

② Daniel Blumenthal. Will the "One China" Policy Survive the New Taiwan?[EB/OL]. http://foreignpolicy.com/2016/01/19/will-the-one-china-policy-survive-the-new-taiwan/ (2016-01-19)[2017-02-25].

③ Daniel Blumenthal. Unwinding Taiwan's Cold War Legacy[EB/OL]. http://foreignpolicy.com/2016/03/29/unwinding-taiwans-cold-war-legacy/ (2016-03-29)[2017-02-25].

④ Harry Krejsa. Seeing Strait: The Future of the U.S.-Taiwan Strategic Relationship[R/OL]. https://www.ethz.ch/content/dam/ethz/special-interest/gess/cis/center-for-securities-studies/resources/docs/CNASReport-Taiwan-FINAL.pdf (2016-05-18)[2017-02-25].

⑤ 胡瑞舟. 陷阱与诱饵：中美会因台湾开战吗？[EB/OL]. http://140.119.184.164/view/267.php (2016-01-08)[2017-02-25].

⑥ 胡声平. 蔡英文当选"总统"为美中方关系带来新挑战 [EB/OL]. http://140.119.184.164/view/269.php (2016-02-03)[2016-12-31].

⑦ 李贵发. 解放军空军机群绕行台湾的战略意涵及因应之道 [EB/OL].http://140.119.184.164/view/331.php (2016-12-14)[2016-12-31].

⑧ Michael J. Lostumbo. Taiwan Forced To Rethink Its Air Defense Strategy[EB/OL]. http://www.rand.org/blog/2016/04/taiwan-forced-to-rethink-its-air-defense-strategy.html (2016-04-14)[2016-12-31].

止战争。①

代表性成果包括，英国诺丁汉大学高级研究员迈克尔·科尔（J. Michael Cole）的文章《中国的台湾战略已不复存在——金钱、劝诱、威压均已失败》、美国著名台海问题专家任雪丽（Shelley Rigger）的文章《两岸关系黄金时代终结？》、台湾退役少将胡瑞舟的文章《陷阱与诱饵：中美会因台湾开战吗？》、美国企业研究所亚洲研究中心主任卜大年（Daniel Blumenthal）的文章《为台湾的冷战遗产松绑》、新美国安全中心研究员柯海瑞（Harry Krejsa）的文章《美台未来战略关系展望》、美国布鲁金斯学会东亚政策研究中心主任卜睿哲（Richard C. Bush III）的报告《2016年台湾选举及对中美关系的影响》等。

二、东海争端：冲突易发，武备文交

世界著名智库学者指出，与其他地区大国对抗都有代理人的通行做法不同，东海争端是主要大国直接对抗。② 相比南海问题，中日东海问题因岛屿争端、民族主义、力量相当、行动大胆等因素更易爆发冲突。

美国部分知名智库学者，如哈佛大学肯尼迪政治学院教授约瑟夫·奈（Joseph S. Nye）、美国布鲁金斯学会高级研究员杰弗里·贝德（Jeffrey Bader）等，认为日本对华军事上有一定优势，③ 支持日本在制衡中国方面发挥更大军事作用；同时不认为美国鼓励日本是养虎为患，不认为日本会变成有核国家或发展远程导弹等重大军事能力。④ 专家建议，为防范中国在未来战争中强行通过宫古海峡等关键水道，日本应树立"以陆制海"和"蜂群战术"思想，⑤ 加强陆上"宙斯盾"反导系统、海军陆战队、海上运输力量、濒海战斗舰、升级版战斗机等武器或作战力量，战时日本在关键水道附近、琉球群岛构建监视侦察、导弹防御、海空反潜、预警防空、

---

① 防衛研究所. 東アジア戦略概観 2016[R/OL]. http://www.nids.mod.go.jp/publication/east-asian/j2016.html (2016-03)[2017-02-19].

② Shivshankar Menon. How Great Power Competition Has Changed[EB/OL]. https://www.brookings.edu/blog/order-from-chaos/2015/05/04/how-great-power-competition-has-changed/ (2015-05-04)[2016-12-31].

③ Joseph S. Nye. The Fate of Abe's Japan[EB/OL]. https://www.project-syndicate.org/commentary/shinzo-abe-northeast-asia-summit-by-joseph-s--nye-2015-11 (2015-11-02)[2016-12-31].

④ 刘洋. 专访美中国问题专家：选择跟中国对抗是惰性思维 [N/OL]. 环球网, http://world.huanqiu.com/exclusive/2015-09/7402617.html (2015-09-02)[2016-12-31].

⑤ Toshi Yoshihara. Going Anti-Access at Sea: How Japan Can Turn the Tables on China[EB/OL]. https://www.cnas.org/publications/reports/going-anti-access-at-sea-how-japan-can-turn-the-tables-on-china (2014-09-12)[2016-12-31].

陆基及濒海反舰等作战网络，执行反介入 / 区域封锁作战。^①

与此同时，一部分日本智库专家主张缓和中日危机。日本国际安全保障学会会长高木诚一郎（Takaki Seiitirou）等人的报告《主要国家的对华态度及政策分析》^②、日本世界和平研究所的《亚洲海洋安全与合作机构——有关概念的第一次报告书》^③、日本国际事务研究所高级研究员小谷哲夫的（Tetsuo Kotani）《中国东海危机管理》^④ 等成果认为，日本应保持一定程度对华友好姿态，不指名道姓强调"中国威胁论"，以增加对华政策回旋余地，因为美、韩、印、澳等国对华政策均具两面性，在中日激烈对抗时并不会坚定支持日本；与中国讨论有关航行飞行自由、东海飞行干扰、海空监视等问题分歧，以《国际海上避碰规则》《海上意外相遇规则》为参照协商中日海岸警卫队行为规则，尽可能减少建立空中行为准则的诸多巨大困难；向中方预报有关日本防卫报告、日美防卫合作指导方针修改内容等；针对历史解释问题出台适当且具有前瞻性的声明。

三、朝鲜半岛：危机升级，保持高压

专家们认为，朝鲜正不顾制裁、推行"并行发展"战略，一边坚定不移追求更强核能力，一边推动经济改革，在此形势下，美朝内在矛盾难以化解，双方战略互信无法构建，^⑤导致朝鲜治理问题和核危机愈演愈烈，"六方会谈"名存实亡，谈判解决遥遥无期。尽管近年来中朝关系出现脱轨，但为平衡美日韩同盟、防止朝鲜倒向俄罗斯，中国对朝不会过于强硬。^⑥中国在半岛的战略目的有：推动半岛无核化，

---

① Kyle Mizokami. Japan's Master Plan to Defeat China in a War[EB/OL]. http://nationalinterest.org/feature/japans-master-plan-defeat-china-war-12338 (2015-02-28)[2016-12-31].

② 高木诚一郎，等. 主要国の対中認識・政策の分析 [R/OL]. http://www2.jiia.or.jp/pdf/research_pj/h25rpj05-kadozaki.pdf (2015-03)[2016-12-31].

③ 世界平和研究所. アジア海洋安全保障協力機構——概念枠組みに関する第一次報告書 [R/OL]. http://www.iips.org/research/2015/04/08132339.html (2015-03-13)[2016-12-31].

④ Tetsuo Kotani. Crisis Management in the East China Sea[R/OL]. http://books.sipri.org/files/misc/SIPRIPB1502b.pdf (2015-02-23)[2017-02-25].

⑤ International Crisis Group, North Korea: Beyond the Six-Party Talks[R/OL]. https://www.crisisgroup.org/asia/north-east-asia/korean-peninsula/north-korea-beyond-six-party-talks (2015-06-16)[2016-09-23].

⑥ Sandip Kumar Mishra. China-North Korea: Reasons for Reconciliation[EB/OL]. http://www.ipcs.org/article/nuclear/china-north-korea-reasons-for-reconciliation-4796.html (2015-01-06)[2016-12-23].

维护半岛和平稳定，[①] 并确保朝鲜对华友好，维持中国对朝鲜影响力，[②] 同时防止美韩加强军事部署造成地区力量失衡。[③]

2014 年开始的美国在韩部署"萨德"（THAAD）导弹防御系统争议直接体现了朝鲜半岛问题复杂性。韩国智库学者认为，虽然在韩部署"萨德"将对中国国家安全构成巨大威慑，[④] 中国也不希望韩国成为美国导弹防御合作体系的一部分，不希望韩国完全倒向美日安全同盟；[⑤] 但是韩国同意"萨德"入韩仅仅是为了应对朝鲜导弹与核威胁，中国强烈反对将被解读为与朝鲜站在一边。[⑥] 美国学者范·杰克逊（Van Jackson）的文章《从政治禁忌到战略屏障：关于弹道导弹防御的美国观点》[⑦] 认为，从美国视角来看，韩国周边安全环境需要弹道导弹防御系统恢复平衡；萨德系统能抵消朝鲜的常规、核和非对称威胁；萨德系统提高了美国在危机时履行对韩承诺的可能性。范·杰克逊还指出，美国把韩国对"萨德"入韩的决定视为韩国在中美长期战略竞争中对美忠诚度的指标。

美国海军分析中心高级分析师布莱恩·埃里森（Brian Ellison）的文章《中国与朝鲜半岛统一的未来》[⑧] 等认为，在可预见的未来半岛难以和平统一，未来半岛统一情景中，朝鲜在中国不介入情况下统一半岛的可能性最低；韩国在中国介入情况下主导半岛统一的可能性最大；最危险的情况是朝韩冲突，中国介入，但半岛未统一，局势将更加动荡。韩国主导半岛统一将对中国不利：一是中韩、中美间缓冲

①　李成. 美中核安全合作的重要意义 [EB/OL]. http://mt.sohu.com/20160427/n446485426.shtml (2016-04-27)[2016-12-23].

②　Scott A. Snyder. Will China Change its North Korea Policy[EB/OL]. http://www.cfr.org/north-korea/china-change-its-north-korea-policy/p37717 (2016-03-31)[2016-12-23].

③　David Eunpyoung Jee, Elbridge Colby, et al. Solving Long Division: The Geopolitical Implications of Korean Unification[R/OL]. https://www.cnas.org/publications/reports/solving-long-division-the-geopolitical-implications-of-korean-unification (2015-12-16)[2016-12-23].

④　Woo Jung-Yeop, Eileen Block. Misinformation Hinders Debate on YHAAD Deployment in Korea[EB/OL]. http://www.eastwestcenter.org/system/tdf/private/apb319_0.pdf?file=1&type=node&id=35254 (2015-08-11)[2016-12-23].

⑤　Sukjoon Yoon. A Trilateral Intelligence Sharing Accord Between Japan, Korea and the United States: Implications and Challenges[EB/OL]. https://www.csis.org/analysis/pacnet-6a-trilateral-intelligence-sharing-accord-between-japan-korea-and-united-states (2015-01-22)[2016-12-23].

⑥　Woo Jung-Yeop. A South Korean View on the Deployment of THAAD to the ROK[EB/OL]. http://www.theasanforum.org/a-south-korean-perspective-3/ (2015-03-31)[2016-12-23].

⑦　Van Jackson. From Political Taboo to Strategic Hedge: A U.S. Perspective on Ballistic Missile Defense[EB/OL]. http://www.theasanforum.org/a-us-perspective-4/ (2015-03-31)[2016-12-23].

⑧　Brian Ellison. China and the Future of Korean Unification[R/OL]. http://www.cna.org/news/commentary/2015-2-12-china-future-korean-unification#sthash.SYnPOyzs.dpuf (2015-02-12)[2015-6-31].

带消失；二是半岛统一后可能成为美国盟友，削弱中国在半岛影响力。半岛危机中促使解放军介入的因素包括：人道主义危机和数百万计难民涌入可能导致解放军封控边境；中朝在长期友好中可能已讨论过冲突再次爆发的前景与应对；为控制朝鲜核武器，可能与美韩直接对抗；不接受美军介入半岛冲突，美军的行动与处理可能引发解放军先发制人，但如果美军仅进行海空后勤支援或者陆路限于平壤以南、海路限于南浦特别市北部，对解放军刺激会小很多；冲突可能导致半岛和中国东北方向更加不稳定；日本介入或朝鲜主动以导弹攻击日本，将增加中国介入压力；即使美国不介入半岛冲突，中国仍可能封控中朝边境。美国约翰·霍普金斯大学大规模杀伤性武器问题专家罗伯特·皮特斯（Robert Peters）的报告《朝鲜崩溃将引发战争灾难》[①] 等建议，如果朝鲜政权发生更迭或朝鲜大举进攻韩国，美国应采取的应对措施包括：准确定位并及时隔离大规模杀伤性武器，准备开展人道主义援助、洗消核生化污染和抢险救灾等行动，启动弹道导弹防御系统，封锁半岛以防止核武器和大量人员外流，建立大规模杀伤性武器交付机制，等等。

对于美国未来的半岛政策与措施，智库专家有不同意见。一部分认为美国应进一步对朝鲜进行严厉经济制裁，遏制朝鲜常规武器销售，保持对朝高压；加强与韩国、日本三边战略合作，减小韩国民族主义对军事同盟的影响，增强地区军事能力；[②] 在半岛部署萨德导弹拦截系统、战术核武器，[③] 甚至以日韩拥核或美国在半岛部署核武器前景，迫使中国对朝施加更大压力；[④] 必要时制定摧毁朝鲜核武器和导弹基地的计划，迫使金氏政权只能在生存和核野心之间二选一。[⑤] 还有一部分则认为，美国应搁置制裁，通过与朝鲜接触合作引导其融入市场经济，推动其内部

① Robert Peters. If North Korea Collapses: What Happens to Its Nightmare Weapons of War?[EB/OL]. http://nationalinterest.org/feature/if-north-korea-collapses-what-happens-its-nightmare-weapons-12788?page=3 (2015-05-02)[2016-03-09].

② Patrick M. Cronin. North Korea Ignites a Predictable Chain Reaction[EB/OL]. https://www.cnas.org/publications/commentary/north-korea-ignites-a-predictable-chain-reaction (2016-02-08)[2016-12-31].

③ Evan Moore. Responding to North Korea's Nuclear Test[EB/OL]. http://www.foreignpolicyi.org/files/2016-01-07-Bulletin-Responding%20to%20North%20Korea's%20Nuclear%20Test.pdf (2016-01-07)[2016-12-31].

④ Ted Galen Carpenter. Exploit Beijing's Nuclear Nightmare[EB/OL]. http://nationalinterest.org/commentary/exploit-beijings-nuclear-nightmare-8363 (2013-04-19)[2016-12-31].

⑤ Matthew Cottee. New Sanctions Unlikely to Deter North Korean Nuclear Posturing[EB/OL]. http://www.iiss.org/en/iiss%20voices/blogsections/iiss-voices-2016-9143/january-671d/behind-north-koreas-h-bomb-bluster-8ca0 (2016-01-18)[2016-12-31].

变革;① 尝试减小朝鲜面临的威胁,通过磋商促其自发暂缓核武项目,积极发展经济;② 与韩国一同逐步打消中国疑虑,尽力说服中国对朝施压;③ 主要以非核力量实施传统威慑,降低该地区核危机升级风险。④ 代表性成果有,美国国防大学中国军事研究中心主任孙飞(Phillip C. Saunders)等的文章《朝鲜 2025:可能状况及应对策略》、南加州大学朝鲜问题研究所所长康大卫(David Kang)的文章《对朝新一轮制裁措施与美国未来对朝政策建议》、卡托研究所高级研究员道格·班多(Doug Bandow)的文章《中国该如何选择——平壤问题解决之道必经北京》、卡内基国际和平研究院高级研究员托比·道尔顿(Toby Dalton)的文章《对奥巴马核政策的评估》等。

四、南海争端:中美冲突,严防失控

世界智库有关南海问题的研究成果较多,焦点之一是中美南海危机管控与可能战争应对。代表性成果有美国卡内基国际和平研究院高级研究员史文(Michael D. Swaine)的文章《避免中美南海矛盾升级》⑤、美国战略与国际问题研究中心高级顾问葛来仪(Bonnie Glaser)《南中国海冲突:更新紧急事态计划备忘录》⑥、美国兰德公司政策分析师何理凯(Eric Heginbotham)等人的报告《1996 年至 2017 年中美军力计分卡》⑦、英国伦敦国际战略研究所高级研究员钟伟伦(William Choong)的文章《中国在南沙的有利地位正在削弱美国主导的秩序》、日本东京财团研究员小原凡司(Bonji Ohara)的报告《中美会发生军事冲突吗?》、美国东西方研究所副

---

① David Kang. The New Sanctions Regime against North Korea and Its Implications for U.S. Policy[EB/OL]. http://nbr.org/research/activity.aspx?id=658 (2016-03-17)[2016-12-31].

② Doug Bandow. 5 Ways to Respond if North Korea Tests Another Nuke[EB/OL]. http://nationalinterest.org/blog/the-skeptics/5-ways-respond-if-north-korea-tests-another-nuke-15931 (2016-04-25)[2016-12-31].

③ Doug Bandow. The China Option--Progress in Pyongyang Must Go Through Beijing[EB/OL]. https://www.foreignaffairs.com/articles/china/2016-11-01/china-option (2016-11-01)[2016-12-31].

④ Toby Dalton, et al. Assessing Obama's Nuclear Legacy[EB/OL]. http://carnegieendowment.org/2016/04/13/assessing-obama-s-nuclear-legacy-pub-63319 (2016-04-13)[2016-12-31].

⑤ Michael D. Swaine. Averting a Deepening U.S.-China Rift Over the South China Sea[EB/OL]. http://nationalinterest.org/feature/averting-deepening-us-china-rift-over-the-south-china-sea-13019?page=show (2015-06-02)[2016-12-31].

⑥ Bonnie Glaser. Conflict in the South China Sea: Contingency Planning Memorandum Update[EB/OL]. http://www.cfr.org/asia-and-pacific/conflict-south-china-sea/p36377 (2015-04)[2016-12-31].

⑦ Eric Heginbotham, et al. U.S.-China Military Scorecard[R/OL]. http://www.rand.org/pubs/research_reports/RR392.html (2015-09-14)[2017-01-06].

总裁方大为（David J. Firestein）的文章《南中国海潮起：军事局势升级能够避免吗？》、新加坡国立大学东亚研究所所长郑永年的文章《南中国海僵局及其未来》、美国兰德公司高级研究员龚培德（David C. Gompert）等的报告《与中国开战：不可思议之议》等。

这些成果认为，中国将南海视为非国际水域，"有意扩大"南海的海空控制权，以强势行为挑战航行自由、改变南海现状，① 目前已稳居有利地位。美国对航行自由的坚持与中国坚决回击海上挑衅的决心，是导致中美海上冲突风险增大的重要原因，现阶段中国为求稳定，可能采取比较克制的举动，不过未来中国将完成南沙岛礁军事设施建设，并驻扎更强执法力量、海空军作战人员和飞机、舰艇、导弹等，管控危机及冲突的难度将更大。② 中国准备将海空军主要精力集中在南海，③ 美国也正将多数海空军集中于西太平洋，如果中美决策者对海上力量平衡的认识出现变化，战争爆发几率将大大增加。④

专家们建议，中美都应开诚布公表明南海政策立场，并做出相关承诺和协议安排，同时确保各自政治决策对军事行动的绝对控制权，积极拓展和深化双边军事互信和合作，商讨建立危机管控机制，减少因误判而带来的冲突升级危险。⑤ 中国应在已占据有利地位的情况下保持理性、耐心和自信，积极与东盟国家改善和深化经贸、外交关系，推动协商谈判，重回"搁置争议、共同开发"轨道。⑥ 美国应声

---

① Jane Perlez. China Pushes Back Against U.S. Influence in the Seas of East Asia[N/OL]. http://www.nytimes.com/2015/10/29/world/asia/china-pushes-back-against-us-influence-in-the-seas-of-east-asia.html (2015-10-28)[2016-09-27].

② Timothy R. Heath. How Will China Respond to Future U.S. Freedom of Navigation Operations [EB/OL]. http://www.rand.org/blog/2015/10/how-will-china-respond-to-future-us-freedom-of-navigation.html (2015-10-29)[2016-12-31].

③ Александр Ермаков. ВВС Китая. От щита к мечу[EB/OL]. http://russiancouncil.ru/inner/?id_4=7104#top-content (2016-01-14)[2016-10-27].

④ 中美决策者对 5 个问题的不同认识可能导致中美战争爆发：1. 解放军用来打击及防御海上机动目标的"侦察—打击综合设施"是否有效？ 2. 美国航母战斗群的导弹防御是否有效？ 3. 解放军导弹是否能够压制西太平洋的美军基地？ 4. 针对传感器网络的"致盲"计划是否有效？ 5. 进攻性网络行动是否能够影响战术结果？ 参见：Robert Haddick. Five Ways War with China Could Be Started… or Avoided[EB/OL]. http://nationalinterest.org/feature/five-ways-war-china-could-be-started%E2%80%A6-or-avoided-14597 (2015-12-12)[2016-03-27].

⑤ David C. Gompert, Astrid Cevallos, et al. War with China：Thinking Through the Unthinkable[R/OL]. http://www.rand.org/pubs/research_reports/RR1140.html (2016-07-28)[2016-12-31].

⑥ 郑永年. 南中国海僵局及其未来 [N/OL]. 联合早报网, http://www.zaobao.com.sg/forum/views/opinion/story20160419-606978/page/0/2 (2016-04-19)[2016-12-31].

明在南海的航行自由权、预防持续使用武力或冲突升级两大直接利益，不反对中国建设人工岛礁（包括军事机场），但中国不能对人工岛礁周围水域和资源提出诉求；反对中国强制性收复和管制南海断续线内区域，不承认中国可能设置的南海防空识别区，坚决捍卫在 12 海里的领海海域以外开展非敌对性军事行动的权利；[①] 减少在中国专属经济区内进行监视活动的频率，同时敦促中国明确在南海区域将保持多少军力，敦促中国承诺除非他国直接挑衅在先，否则绝不以武力驱逐其他争端当事国，敦促中国开启和谈、明确断续线以内主权要求的性质。[②] 同时，针对中国"胁迫"行为，美国应加强军事威慑，并帮助亚太盟友尤其是菲律宾、越南甚至马来西亚提升海上安全能力，鼓励东盟国家先行双边解决南海争端，再以确定的南海行为规范说服中国签字实施；[③] 支持中菲就"南海仲裁案"达成临时协议，包括共享黄岩岛海域渔业权，菲撤走仁爱礁驻军，中国对菲实施经济援助等；[④] 效仿"欧洲安全与合作组织"模式，吸纳南海、东海利益攸关方成立"亚洲海洋安全与合作机构"，建立沟通、行动及信任机制；[⑤] 效仿北极理事会建立南海理事会，共同协商解决争端。[⑥] 然而，过去尝试的几种南海解决方案，包括共同开发、签订外交协议、国际仲裁庭仲裁、以军事交流防止摩擦、中国清楚解释九段线含义等，都没有成效，[⑦] 在可预见的未来难以出现一个能满足所有争端国诉求的法律解决方案。

---

① Michael D. Swaine. Averting a Deepening U.S.-China Rift Over the South China Sea[EB/OL]. http://nationalinterest.org/feature/averting-deepening-us-china-rift-over-the-south-china-sea-13019?page=show (2015-06-02)[2016-12-31].

② Michael E. O'Hanlon. Don't be Provoked: China and the United States in the South China Sea[EB/OL]. https://www.brookings.edu/blog/order-from-chaos/2015/09/18/dont-be-provoked-china-and-the-united-states-in-the-south-china-sea/ (2015-09-18)[2016-12-31].

③ Michael D. Swaine. Averting a Deepening U.S.-China Rift Over the South China Sea[EB/OL]. http://nationalinterest.org/feature/averting-deepening-us-china-rift-over-the-south-china-sea-13019?page=show(2015-06-02)[2016-12-31].

④ Jeffrey A. Bader. What the United States and China Should Do in the Wake of the South China Sea Ruling[EB/OL]. https://www.brookings.edu/blog/order-from-chaos/2016/07/13/what-the-united-states-and-china-should-do-in-the-wake-of-the-south-china-sea-ruling/ (2016-07-13)[2016-12-31].

⑤ 世界平和研究所. アジア海洋安全保障協力機構——概念枠組みに関する第一次報告書 [R/OL]. http://www.iips.org/research/2015/04/08132339.html (2015-03-13)[2016-12-31].

⑥ Michael D. Swaine. Averting a Deepening U.S.-China Rift Over the South China Sea[EB/OL]. http://nationalinterest.org/feature/averting-deepening-us-china-rift-over-the-south-china-sea-13019?page=show (2015-06-02)[2016-12-31].

⑦ David J. Firestein. Rising Tides in the South China Sea: Can Military Escalation be Avoided?[EB/OL]. http://asiasociety.org/texas/events/rising-tides-south-china-sea-can-military-escalation-be-avoided (2016-04-07)[2016-12-31].

在专家设想的可能的中美南海冲突场景中，中国会利用部署在海南岛、移动式登陆平台、海军舰艇甚至商船上的反舰弹道导弹和人工岛上的前沿空军、海军、导弹力量，整合成为融合战舰、飞机和导弹的纵深防御力量，射程能囊括整个南海。美军仍将保持巨大优势，但作战距离和地缘环境的不对称性会抵消美军的部分军事优势，战争成本将增加。① 部分专家建议，美军应实施自身"主动拒止战略"（Active Denial Strategy），一方面采取远程化、无人化、分散化、小型化等方式提高航母等海空力量的战时生存力，② 另一方面优化力量结构，发展隐形战机和轰炸机，提高潜艇和反潜作战能力，并利用菲律宾等盟友岛屿部署陆上导弹力量，威胁解放军战机、舰艇和岛礁辅助设施，战时也可封锁海上通道遏制中国经济。③ 与此同时，美国应努力与中国在预防战争扩大升级方面达成一致。

五、网络空间：斗争激烈，谈判协商

网络安全问题是世界智库中国军事研究的热门议题。美国詹姆斯敦基金会研究员彼得·马蒂斯（Peter Mattis）的文章《对中国军队改变网络行为的三种猜想》④、美国布鲁金斯学会客座高级研究员理查德·贝杰特里齐（Richard Bejtlich）的文章《如果不能阻止黑客进入，那就尽快找到并移除他们》⑤ 等认为："中美在网络空间领域分歧较大，中国相关看法、主张及行为与美国利益相悖，而且美国经常遭到来自由中国政府资助或军队背景的网络攻击，严重威胁美国经济、军事、政治和外交安全，双方在网络空间存在激烈斗争。"

未来中国可能会在战争不可避免、高估自己网络攻击能力、自身网络信息系统能够免遭回击（如：攻击后立即关闭与外界网络通道）三种情况下，先发制人对美

---

① Eric Heginbotham, et al. U.S.-China Military Scorecard[R/OL]. http://www.rand.org/pubs/research_reports/RR392.html (2015-09-14)[2017-01-06].

② Michael Horowitz. Ensuring the Future of Naval Power Projection:The Role of Carrier Aviation[EB/OL]. http://www.michaelchorowitz.com/Documents/HorowitzTestimony2-11-16.pdf (2016-02-11)[2016-12-31].

③ James Holmes. Face Off: How America Can Really Stop China's Navy[EB/OL]. http://nationalinterest.org/feature/face-how-america-can-really-stop-chinas-navy-14014 (2015-10-05)[2016-12-31].

④ Peter Mattis. Three Scenarios for Understanding Changing PLA Activity in Cyberspace[EB/OL]. https://jamestown.org/program/three-scenarios-for-understanding-changing-pla-activity-in-cyberspace/(2015-12-07)[2016-12-31].

⑤ Richard Bejtlich. If You can't Keep Hackers out, Find and Remove them Faster[EB/OL]. https://www.brookings.edu/blog/up-front/2015/06/19/if-you-cant-keep-hackers-out-find-and-remove-them-faster/(2015-06-19)[2017-02-26].

国关键基础设施、军事信息资源等发动大规模网络攻击。^①目前中国网络部队还缺乏与《武装冲突法》规则要求相一致的条令、训练和实战经验，极易产生误判、过激反应和冲突升级风险。^②为此，智库专家建议，一方面美国应加强网络空间作战力量^③，从技术和作战准备上加强防范中国网络入侵，警告中国将为其网络攻击行为付出代价，并采取针锋相对的网络反击行动，对网络威胁、商业窃密行动采取经济制裁，对军用信息窃取行动采取全方位外交手段。^④另一方面，中美都有减少相互网络攻击的意愿，在防止极端主义和第三方网络攻击上也存有共同利益。双方应深化网络安全对话交流，共同拟制双方可接受的网络行为准则，相互提高战略透明度，考虑采取联合行动限制和打击恐怖势力在网上招募黑客、开发网络武器、实施网络攻击的行为等。^⑤

此外，美西方智库专家高度重视网络空间规则制定权之争，建议美国从国际规则方面制约中国网络行为。鉴于世界各国尤其是中美之间在全球网络空间行为准则方面的巨大分歧，普适性网络规则短时间内难以形成，专家普遍主张，应首先在美欧国家间达成特定网络共识和规则，进而逐步扩大至国际多边，^⑥然后以威逼谈判协商、给予物质利益刺激两种方式促使中国同意美西方主导的网络空间国际准则。^⑦美国与欧洲应通过盟友合作、制定法律、外交谈判等推动建立广泛认同的规则；^⑧

---

① 美网络战专家：一旦中美爆发冲突 中国或先发制人 [EB/OL]. http://news.sina.com.cn/w/2015-03-18/002131618719.shtml (2015-03-18)[2016-04-19].

② Wilson VornDick. The Real U.S.-Chinese Cyber Problem[EB/OL]. http://nationalinterest.org/commentary/the-real-us-chinese-cyber-problem-8796 (2013-07-30)[2016-12-31].

③ 美国国防部预计到 2018 年将建成一支由 133 个分队、约 6200 名现役和文职人员组成的新型攻防兼备的网络部队，主要任务有三：确保国防部信息网络安全；防止美国遭受导致重大后果的网络攻击；为应急计划和军事行动提供全方位网络支持。参见：Steven Aftergood. Pentagon's Cyber Mission Force Takes Shape[EB/OL]. https://fas.org/blogs/secrecy/2015/09/dod-cmf/ (2015-09-10)[2016-04-08].

④ Peter Harrell. The Right Way to Sanction Cyber Threats[EB/OL]. https://www.cnas.org/publications/commentary/the-right-way-to-sanction-cyber-threats (2015-10-01)[2016-12-31].

⑤ Adam Segal. Stabilizing Cybersecurity in the U.S.-China Relationship[EB/OL]. http://nbr.org/research/activity.aspx?id=605 (2015-09-14)[2016-12-31].

⑥ Zhao Kejin, Charles Clover, et al. Establishing Cybernorms: Chinese and Western Perspectives[EB/OL]. http://carnegietsinghua.org/2016/05/31/establishing-cybernorms-chinese-and-western-perspectives-event-5272 (2016-05-31)[2016-12-31].

⑦ Scott Harold, Martin Libicki, et al. Getting to Yes with China in Cyberspace[R/OL]. http://www.rand.org/content/dam/rand/pubs/research_reports/RR1300/RR1335/RAND_RR1335.pdf (2016-06-21)[2016-12-31].

⑧ Karen Kornbluh. A New Framework for Cross-Border Data Flows[R/OL]. http://www.cfr.org/internet-policy/new-framework-cross-border-data-flows/p37898 (2016-06-21)[2017-01-31].

创造新的防范网络犯罪多边政策工具；将打击经济网络间谍列入国际贸易法；推动网络监控技术出口管制规定及早上升为法律；在北约框架内发展更有活力的网络威慑手段。① 此外，国际社会可在网络空间制定类似核军备控制条约，实施网络军控，先易后难，首先可达成不在和平时期攻击特定民用基础设施、不首先使用网络武器打击民用目标等共识。②

---

① Sinan Ülgen. Governing Cyberspace: A Road Map for Transatlantic Leadership[EB/OL]. http://carnegieeurope.eu/2016/01/18/governing-cyberspace-road-map-for-transatlantic-leadership-pub-62485 (2016-01-18)[2016-12-31].

② Joseph S. Nye. The World Needs an Arms-control Treaty for Cybersecurity[EB/OL]. http://www.belfercenter.org/publication/world-needs-arms-control-treaty-cybersecurity (2015-10-01)[2016-12-31].

第三章　世界著名智库当代中国军事研究的问题与趋势

冷战后，中国经济、军事、科技实力的快速增长直接触发了海外中国军事研究热，世界著名智库的当代中国军事研究呈现出研究主体多元化、关注议题扩大化、研究成果多样化及成果影响国际化等特点。尽管世界著名智库的相关研究代表着海外中国军事研究的最高水平，但总体上仍存在一些问题和不足，未来发展趋势有待观察。

第一节　数量质量仍显不足，全面拓展前景可期

近年来，世界著名智库的当代中国军事研究成果出现快速增长。美国海军分析中心官网出版物档案（CNA Publication Archive）中，2000—2009 年与当代中国军事有关的出版物记录仅 6 条，而 2010 年一年与当代中国军事有关的出版物记录就达到 6 条。[①] 在美国战略与国际研究中心（CSIS）网站中搜索有关中国防务与安全的出版物发现，2005 年全年相关记录有 6 条、2010 年 12 条、2016 年 1—10 月 24 条。[②] 尽管美国智库研究成果数量显著增多，但各国智库中国军事研究情况不同，在全球范围来看，世界著名智库的中国军事研究在数量与质量、广度与深度上仍有不足之处。

第一，美国之外的国家智库研究成果较少。由于全球研究中国军事问题的著名智库和学者中，美国智库和学者占绝大多数，相关研究成果充斥互联网和传统媒体。欧洲除英国、比利时、俄罗斯等国之外，其他国家的智库和学者关于中国军

①　CNA Publication Archive: 2010[EB/OL]. https://www.cna.org/research/2010[2017-03-01].

②　CSIS Analysis 2016[EB/OL]. https://www.csis.org/analysis?title=China&&field_categories_field_topics[0]=817&type=publication&field_publication_date=2016 [2017-03-01].

事的成果并不多。中国的亚洲近邻似乎应该对中国军事研究较深，但韩国、印度及东南亚各国的研究成果也比较有限，台湾精钻解放军研究，近年来也有弱化趋势。世界其他国家和地区对中国军事更缺乏兴趣。以越南为例，越南学者黄松兰指出，越南中国研究的主要机构、刊物偶尔会发表一些涉及中越安全问题的文章，如中越陆地边界线法律解决、中越领海争端、美国因素的影响等，但据统计，1993—2013 年越南两大主要中国研究期刊数百篇文章中，仅 7 篇文章关注中越安全领域关系。①

第二，研究议题不够全面、深入。美国学者沈大伟认为，美国智库和学者在解放军组织指挥体制机制、战略动向和发展方向、对外关系的大数据分析、军民关系最新动态、军工体系内部运转等方面的研究不够细致深入。日本学者高木诚一郎指出，日本的中国军事研究中关于中国对核不扩散、军控、非传统安全等特定的国际安全或全球性问题的对策研究不多。②作为中国军事研究成果多、影响大的美国、日本智库界尚且如此，更不论其他国家和地区。

第三，研究成果理论性、创新性有待加强。美、日及西方智库作为中国军事研究的重镇，也存在研究视角、理论基础、研究结论老套，缺乏创新的问题。其他国家和地区的中国军事研究创新性更低，普遍存在结合理论的研究少、描述性研究多，定量研究少、定性研究多，创新研究少等问题。

究其原因，首先，军事信息和军事问题研究比较敏感，研究人员在资料和方法上受到掣肘。日本专家总结，日本的中国安全及军事研究的信息资料主要来自中国官方文件和中国学者的作品，几乎没有通过调研访谈途径获取资料，成果以叙述性分析为主。③台湾的大陆军事研究专家指出，当前台湾的大陆军事研究多限于政府、军方人士，民间研究者仍面临诸多限制，一是研究素材、敏感数据难以获得，公开资料无法证实；二是一般学术研究常用的访谈法、田野调查法可能给研究者招惹麻烦；三是在资料、方法受限情况下撰写的相关文章，不易通过学界审查。④中国（大陆）官方对军事信息的保密，导致很多海外智库在研究中不得不高度依赖经过

① 黄松兰 . 越南的中国外交研究综述（1993—2013）[J]. 东南亚研究，2015(2).

② ［英］罗伯特·艾什、［美］沈大伟、［日］高木诚一郎 . 中国观察：欧洲、日本与美国的视角 [M]. 黄彦杰，译 . 杭州：浙江人民出版社，2014:246.

③ ［英］罗伯特·艾什、［美］沈大伟、［日］高木诚一郎 . 中国观察：欧洲、日本与美国的视角 [M]. 黄彦杰，译 . 杭州：浙江人民出版社，2014:245.

④ 林颖佑 . 中国人民解放军研究展望与前景 [J]. 全球防卫杂志，2015(1).

保密审查的中国（大陆）报纸、杂志，有的国家为了政策研究会批准少数顶尖智库利用该国取得的中国军事情报，但这种资质认定少之又少。

其次，部分国家或地区智库研究条件和自主研究能力不足，依赖美国、西方研究成果。印度学者蕾娜·马尔瓦（Reena Marwah）指出，中国研究在印度比较零散，呈现个人化，缺乏专业人才、基础设施和机构支持，研究中大量采用西方文献和观点，对中国缺乏直接、准确认知。[①]台湾的大陆军事和解放军研究具有"同文同种"的巨大优势，在国际上占据重要地位，但目前这种优势正逐步丧失，越来越依赖美国及西方解放军研究的成果。[②]

再者，相关机制存在一定缺陷。欧洲学术界和政府之间类似美国"旋转门"的现象较少，欧洲对华决策层与中国问题学者之间也缺乏交流机制，进而导致欧洲的对华研究专家过于学术化，主要集中于汉学研究上，中国军事研究则着墨很少。[③]世界著名智库的中国军事研究学者普遍存在与其他领域研究人员相对隔绝的状态，如中国军事研究学者与经济或外交研究专家少有交流互动。[④]而不同研究领域、学科专业、学术背景的研究人员沟通交流往往能激发创新思维和创新成果。

最后，与中国军事竞争或防务合作较少，对中国军事与安全问题关注度不高，也是部分国家或地区的中国军事研究智库成果不多的客观原因之一。

从冷战后世界著名智库中国军事研究的发展来看，研究主体日益壮大，研究成果不断增加，研究内容也越来越全面、细致。这一趋势的根本原因就是中国军事力量的增长、全球地位的增强、国际影响力的提升，只要中国对于全球和地区安全事务重要性不减，海外中国军事研究未来也必将延续这一趋势。

同时，长期来看，前述制约因素和缺陷在未来也会越来越少。一是关于中国军事的信息资料未来必将更加丰富。信息社会的发展、中国军事信息公开程度的升高、中国军队及军事智库的进一步国际化等趋势对海外中国军事研究学者获取一手资料都是利好因素。二是世界智库的研究条件和研究能力必将逐步提升。一国智库发展水平和专家研究能力与该国经济社会发展水平密切相关。随着一些中小国家政

① 何培忠.国际视野中的中国研究——历史和现在[M].北京：中国社会科学出版社，2013.

② 林颖佑.中国人民解放军研究展望与前景[J].全球防卫杂志，2015(1).

③ David L. Shambaugh. The New Strategic Triangle: U.S. and European Reactions to China's Rise[J]. The Washington Quarterly, Volume 28, Number 3, Summer 2005.pp.7-25.

④ [英]罗伯特·艾什、[美]沈大伟、[日]高木诚一郎.中国观察：欧洲、日本与美国的视角[M].黄彦杰，译.杭州：浙江人民出版社，2014:276—277.

治经济社会的不断发展，智库影响力也会逐步提升，中国军事研究能力也会相应增强。越南学者黄松兰介绍，1993—2013 年，越南的中国研究成果数量明显增多，内容日益丰富；研究自主性逐渐增强，涉及中国军事与中越安全关系的研究成果稳步增加；很多年轻学者加入中国研究领域，部分具备汉语及英语能力，有些学者还积极关注国外中国研究成果，并与日、俄同行合作开展研究，希望与国外研究接轨。[①] 三是随着研究广度深度不断提高，智库和专家间竞争将促进研究机制的完善和研究成果的创新。美国智库研究市场化趋势明显，市场化带来激烈竞争，只要是有利于提高研究成果质量的做法，智库和专家都会不断尝试，以获得更大的影响力。

第二节　与中国智库交流合作程度不深，未来受制多种因素仍将有限

闭门造车是智库研究之大忌。长期以来，研究中国军事的世界著名智库一直通过各种途径获取有关中国军事的真实有效的信息资料。在它们看来，与中国军事智库及专家直接交流合作，是至关重要的途径之一。通过与中国同行的交流合作，首先，能够获取中国军事与安全领域的一手信息和最新动态；其次，有助于扩大自身在中国的影响力以及在中国军事研究领域的国际影响力，进而辅助本国政府与军方的对华军事外交；再者，便于与中国军事智库相互了解、相互借鉴。

随着中国对外军事透明度的逐步提高，国外智库及专家到访中国军事智库越来越频繁，中国军事智库及专家受邀出访交流的机会也不断增加。据统计，中国某军事智库某一年全年共 30 余批次、约 200 名外方人员到访交流，50 余批次、近200 人出国访问。虽然其中相当一部分到访的外国访问团并非军事智库及专家，出国访问的地点也并非都是智库，但每年智库互访规模应已超过 100 人，相比 20 世纪末已属可观。安全领域国际学术会议是世界智库与中国军事智库交流互动的重要平台。在一些全球或地区多边会议，特别是一些重要的二轨、一轨半对话会上，如新加坡香格里拉对话会、韩国首尔防务对话、拉脱维亚里加会议、慕尼黑安全会议等，中国军事智库及专家已经成为常客。中国军事智库 2006 年以来举办的"国际安全合作与亚太地区安全"论坛——香山论坛吸引了世界著名智库的参与，与会人员范围和规模由 2006 年第一届十几个国家的研究机构共百余人，扩大到 2016 年第

---

① 黄松兰 . 越南的中国外交研究综述（1993—2013）[J]. 东南亚研究，2015(2).

七届 60 多个国家和国际组织的 300 余人。此外，部分国外知名智库正在与中国军事智库逐步探索合作形式和路径。日本防卫研究所目前已与中国军事科学院、国防大学建立交流机制，与国防大学有互派教官的交流项目，并接收解放军留学生。[①]美国国防大学每年与中国国防大学举办机制化对话会，双方相关机构就中美安全关系、全球及地区安全形势等展开学术探讨。美国陆军战争学院每年与中国军事科学院举办联合研讨会，围绕一定主题展开深入讨论交流。瑞典斯德哥尔摩国际和平研究所与中国军控与裁军协会长期合作翻译、出版、发行《SIPRI 年鉴：军备、裁军和国际安全》《轻小武器出口报告》中文版，互派研究人员进行访问研究，举办军控形势研讨会等。[②]2013 年美国空军大学《空天力量杂志》与中国知远战略与防务研究所建立合作关系，共享杂志资源。[③]

世界著名智库与中国军事智库之间交流合作范围正在不断扩大，但深入程度总体上仍然不高。一是对话交流程度不深。一方面，在访问交流中很少开展深入对话。美国布鲁金斯学会约翰·桑顿中国中心主任李成曾说，很多时候，虽然中美两国智库获得了交流机会，但经常是你讲你的、我说我的，并未认真倾听对方。[④]笔者曾参加过数次中外军队智库的双边对话交流，在一至两小时的会面中，双方"各说各话"，主要在阐述各自政府及军方的官方立场，回答对方问题常常避实就虚。

另一方面，国外智库派往中国军事智库的访问学者很少。派遣访问学者做较长时间的客座研究是世界著名智库加深对外交流、增进相互了解的通用做法，相比数小时或数天的临时性访问，交流无疑更加直观、细致、深入。国内部分军事智库有时向国外智库派出一些进修和客座研究人员，但目前少有国外学者到国内军事智库，尤其是军队智库做访问研究。

二是实质合作程度不深。目前，外国军事智库与中国军事智库，尤其是中国军队智库之间合作逐步增多，但是，实质性合作比较少，中外军事智库将互访交流形成机制已属不易，常态性的互派访问学者、合作举办多边国际安全会议、研究动态

---

①　日本智库谈海洋问题 称关注中国海上执法力量 [EB/OL]. http://world.huanqiu.com/hot/2012-03/2556189.html (2012-03-26)[2016-9-20].

②　中欧两大智库携手共进实现双赢 [EB/OL]. http://world.people.com.cn/n/ 2014/0923/c1002-25718575.html (2014-09-23)[2016-9-20].

③　美国空军大学《空天力量杂志》与本站建立正式合作关系 [EB/OL]. 知远战略与防务研究所网站，http://www.knowfar.org.cn/html/news/201305/10/343.htm (2013-05-10)[2016-10-12].

④　布鲁金斯学会教授李成：中美关系的改进需要两国智库交流合作 [EB/OL]. http://www.china.com.cn/opinion/2016-06/19/content_38697418.htm (2016-06-19)[2016-10-18].

通报与成果共享、合作展开项目研究等合作形式仍有很大拓展空间。

外国智库与中国军事智库交流合作深入程度有限，主要原因在于研究中国军事的世界著名智库大多集中在美国等亚太主要国家，而其中美国、日本、印度、澳大利亚、韩国等相当一部分国家将中国视为潜在对手，这些国家的利益与目标在很多方面与中国存在冲突，其安全或军事类智库在国际舆论中常常存在反华倾向，对华交流合作存在根本性障碍。在与中国军事智库的交流合作上，虽然在某些安全领域与中国有共同利益，存在合作空间，而且在管控分歧等方面存在合作需求，但是总体上对中国军事智库仍心存戒备。英国、加拿大等美国的铁杆盟国，在对华智库交流上也存在类似情况。俄罗斯等对华友好国家，其军事智库与中国智库交流合作相对更为友好、深入。

原因之二，军事研究敏感性保密性强，军事智库交流合作难以深化。各国主要安全类智库或军事智库的研究成果在本国安全与军事事务决策中具有重要影响力，一些现实问题的研究具有很强的针对性、前瞻性、敏感性，对外高度保密。外国智库来华交流访问，内容一般只限于说明对某一问题的官方立场，探索一些浅层次的互动合作，交流公开的非涉密成果等，对真实研究动态、涉密研究成果、深入合作模式等则避而不谈。中国民间军事智库敏感性保密性大为降低，但目前在中国影响力有限，国外军事智库与之交流合作意愿不足。

原因之三，中国军事智库国际化程度有待加强。中国军队智库及民间军事智库一直比较重视国际化发展，但体制机制、人才队伍、基础设施等方面客观上均缺乏配套措施，如政策上没有完全放开、运作模式较为封闭、国际化科研人才储备不足、软硬件建设相对滞后等。这导致中国军事智库对外交往能力不足，国际影响力拓展缓慢，一定程度上限制了中外军事智库交流合作。

从中长期来看，一方面，主观上外国军事智库对中国的对手定位，以及客观上军事研究的敏感性保密性，导致外国安全类智库或军事智库与中国同行的交流合作难以全面深化。另一方面，中国军事智库与外国智库的交流合作从属于中国对外关系，总体上与中国对外关系格局相吻合。与中国利益契合点多、外交关系亲密的国家，其相关智库对华交流合作相对更加友好、深入；而与中国竞争大于合作、外交冲突不断的国家，其相关智库对华交流合作必然难以深化。

冷战结束后，随着中国军队和军事智库开放度提升，外国防务安全智库对华交流合作逐步加强。未来，随着中国军事智库对外交往能力的增强，国际化程度的提升，这一趋势仍会延续，不过，这种趋势对于对华友好国家的智库更为明显。美国、日本等智库对华交流合作也会逐步扩大，但客观条件再好，本质上的利益冲突不改变、主观上的对华敌意不改变，交流合作程度必然严重受限，总体上可能将呈现交流多但合作浅的局面。

第三节　主流观点有失偏颇，客观性、建设性有望增强

一直以来，美西方智库与媒体在国际涉华涉军舆论中占据主导权，它们对中国、对中国军队充满偏见和对立的观点在世界智库中成为主流。目前，美西方及亚太国家智库及专家大多对中国、中国军队、中国防务安全政策持批判态度，相关受访言论、评论文章、公开著作及研究报告中，偏见误解、批华反华的内容屡见不鲜。

美西方智库关于中国军事的观点充满偏见。美国智库学者对华认识"五花八门"，普遍存在较大偏差："中国威胁论""中国不确定论"等认为中国军力发展和战略意图具有不确定性，中国崛起、"防御性扩张主义"对国际规则、亚太安全、美国利益都是巨大威胁；"中国崩溃论""中国缺陷论""中国分裂论"则持续唱衰中国，认为中国各领域存在结构性缺陷，台湾、西藏、新疆、香港都有"独立运动"，缺乏软实力，没有盟友，永远不能成为全球强权，最终将走向崩溃；"中国崛起论""中国责任论"则夸大中国力量，认为中国已经崛起为世界第二大国，应该分担全球治理的责任和义务。[①] 欧洲学者对华论调中，"中国威胁论"与"嫌华派""对华接触派"[②] 并存，持"中国威胁论"者不在少数，均认为中国正日益成长为强权国家，威胁现行国际秩序。日本研究中国军事的学者也承认，"中国威胁论"

---

① 陶文钊.美国思想库与冷战后美国对华政策 [M].北京：中国社会科学出版社，2014:4—5.

[英] 罗伯特·艾什、[美] 沈大伟、[日] 高木诚一郎.中国观察：欧洲、日本与美国的视角 [M].黄彦杰，译.杭州：浙江人民出版社，2014:214—215.

余东晖.中评重磅专访：美知名战略学者史文 [EB/OL]. http://bj.crntt.com/doc/1041/6/6/6/ 104166659_4.html?coluid=93&kindid=7950&docid=104166659&mdate=0323001502 (2016-03-23)[2016-12-20].

② "嫌华派"强调中国国内存在大量结构性缺陷，政治、经济等领域充满二元对立，国力将日益削弱。"对华接触派"主张不考虑中国向强或向弱的发展趋势，而以实用性原则处理欧中关系，保持对华接触。

在日本的外交与安全政策圈子、学术界、新闻界、民间，都有很大市场。①

美西方智库对华战略主张越来越具有对立性。冷战结束后，中国与西方关系逐步得到改善，越来越多的西方智库学者主张对华保持接触，将中国纳入西方主导的国际体系和国际秩序，逐步促使中国完成苏联般的"转变"。中国外交学院有课题组对美国 158 名知华派学者 2003—2013 年的观点进行了评估分析，研究报告指出，对于美国应对中国崛起的战略选择，25% 的知华派学者主张保持对华接触，59% 主张对华"接触＋遏制"，16% 的知华派学者主张对华采取遏制战略和全面强硬立场。与此同时，59% 的美国知华派专家认为中国亚太安全战略对美国形成威胁；不少学者认为，中美竞合关系由于缺乏互信和有效危机管控机制，未来很可能走向恶性对抗甚至爆发冲突。②随着 2013 年年底中国提出"一带一路"和亚洲基础设施投资银行，2014 年中国启动南海岛礁建设，2015 年中国开始在南海、东海实施更加坚决的维权行动，中国挑战现行国际秩序、实施军事扩张的声音越来越大，美西方"对华遏制"派大有压倒"对华接触"派的势头。2016 年 6 月香格里拉对话会主办方英国国际问题战略研究所（IISS），在会议开幕当天发布的战略报告《2016 亚太地区安全评估：关键发展与趋势》，认为"40 多年来美国一直深信随着经济发展，中国在价值观、政策上都将与美国及其他西方国家更为接近；美国在现有国际体系的支持下，可以掌控中国在政治、经济、军事等方面的崛起，确保其支撑现行国际体系"，但是近年来美国对自身的这一想法和态度"产生了怀疑"，美国对中国的看法正接近"不易察觉的转折点"。③2016 年美国兰德公司有报告指出："到 2015 年年中，美国不少权威的中国问题专家认为，美中双边关系急剧恶化，形容为全面较量也不为过；美国分析师现在呼吁对华制定新的大战略，制衡中国日渐崛起的力量。"④

导致世界著名智库对中国军事的主流观点有失偏颇的根源来自多方面，包括国

① ［英］罗伯特·艾什、［美］沈大伟、［日］高木诚一郎 . 中国观察：欧洲、日本与美国的视角 [M]. 黄彦杰，译 . 杭州：浙江人民出版社，2014:11.

② 毛莉 . 美国中国问题专家怎么看中美关系 [EB/OL]. http://www.cssn.cn/zx/201504/t20150401_1569794.shtml (2015-04-01)[2016-04-21].

③ 陈轩甫 . 香格里拉对话会主办方报告 竟片面指责中国 [EB/OL]. http://www.guancha.cn/Neighbors/2016_06_04_362853.shtml (2016-06-04)[2016-12-21].

④ Scott Harold, Martin Libicki, et al. Getting to Yes with China in Cyberspace[R/OL]. http://www.rand.org/content/dam/rand/pubs/research_reports/RR1300/RR1335/RAND_RR1335.pdf (2016-06-21) [2016-12-31].

家利益、意识形态、战略文化传统、专家个人的局限等。国家利益上，作为官方智囊团，各国智库及专家始终以本国政府和军队利益为出发点看待中国、中国军队、中国军事和安全政策，思考对华安全政策和措施。美西方及其盟友的政府和军方将中国视为竞争对手、国际规则挑战者、军事扩张主义者，认为中国将严重损害其国家利益，它们背后的智库绝大多数在立场上与此保持着高度一致，舆论上密切配合官方歪曲，甚至诋毁中国、中国军队、中国军事和安全政策。

意识形态上，西方延续数百年的"西方中心论"、制度优越感、价值先进论仍然顽固存在，始终将各种制度和价值观作为评判他国、干涉他国的标准，无法容忍"异类"的崛起和强大。中国与西方政治和文化传统不同、价值体系有别、军队体制各异，美西方智库及专家对中国存在"非我族类、其心必异"的心态，很难客观、中立、友好地看待中国军事。

战略文化传统方面，美国作为西方世界领头羊，一直以来，战略目标上追求霸权主义、绝对优势，思维上秉持对外扩张、零和博弈，手段上运用战略平衡、先软后硬，形成了具有很强代表性的战略文化传统。这些传统深植于智库专家头脑中，具体到对华战略上，则表现为严密防范中国崛起和扩张，确保美国主导国际秩序、维持"世界霸权"。[①] 目前，美国知华派学者多数主张对华"遏制+接触"，但这一战略，接触只是手段，遏制才是目的。随着中国国力和军力的增强，短期内，只要美国继续保持力量优势，这种遏制可能将表现得更加明显，硬实力手段的运用可能将更加突出。

此外，智库及专家个人知识结构、资料来源、研究方法等方面也可能存在不足，导致对中国军事的认识深度和准确度不够，由此也可能出现对华认识偏差。

2010年中国在工业化指标性数值——制造业总量上超过美国，2015年制造业总量达到美日之和。制造业强大，军工业终将崛起，军事力量也终将崛起。目前美国已经明确将中国作为主要竞争对手，未来中国崛起态势将进一步引发美西方担忧，对中国会改变国际秩序、挑战美国地位的焦虑感和不确定感将不断增强。因此，一定时期内，美西方智库学者对华认识的偏见、误解、敌意等问题，根本上不会有大的变化。未来中国国力的继续提升将逐步促使美西方知识精英正视中国的国际地位及与之相匹配的权利；俄罗斯等对华友好国家智库在国际舆论中声音的增

---

① 赵景芳.美国战略文化研究[M].北京：时事出版社，2009.

强，中国对国际舆论引导能力的提升，将逐步减弱主流舆论中对华认识偏差；中国军事对外开放度、透明度进一步提高，也会帮助智库学者更准确地认识中国军事问题。这些变化趋势都将促使世界著名智库及专家对中国军事的主流观点更具客观性、建设性。

第四节　普遍缺乏独立性、中立性，未来局面难有改观

世界顶级智库布鲁金斯学会前主席约翰·桑顿将独立性、质量、影响力作为评判优秀智库的三要素，认为独立性是智库应坚持的核心价值。[①] 一些世界著名智库一直将独立性和政治中立奉为圭臬，但现实中"独立性、中立性"原则并非金科玉律。

在大多数发展中国家或第三世界国家，如中国、俄罗斯、印度、越南、印尼等国，经济社会发展程度有限，现代智库发展历程不长，国内智库大多受政府、军方支持，甚至隶属于政府部门、军方。这些智库没有将独立性、中立性视为智库的根本，不回避、也不否认自己的政府、军方立场。即使是在现代智库肇生与兴盛、高度重视智库独立性的美西方国家，如美国、英国、法国、德国等国，由于政治利益、资本的运作，国内大多数智库都有一定政党、财阀、军方、企业等利益集团背景或意识形态倾向，一部分智库还受到国外资助，导致智库独立性、中立性存在明显弱化现象。

回顾历史，美国智库即经历了从最初重视政治中立逐渐演变为具有意识形态和政治倾向的发展历程。美国第一批智库主要资金赞助人是大工业时代的大资本家和商人，他们反感不同党派在政府内无休止的争吵，希望通过支持专家献策，提高政府效率，促进社会改革，因此要求智库保持政治中立，确保研究客观、独立。布鲁金斯学会、卡内基国际和平研究院等都是当时成立的智库。20 世纪 30 年代后，大萧条和二战迫使美国政府在国内治理和国际事务中更加积极主动，对智库研究成果的需求更加强烈。这一时期政府成为智库的主要赞助人之一。智库开始为政府服务，研究成果中出现了仅仅为证明政府政策正确性的情况，一些专家甚至掌握权力，直接参与制定政策。二战还催生了兰德公司等一大批为军队服务的智库。

20 世纪 60—70 年代，冷战及反共、民权、保守主义等各种社会思潮泛滥，哈

---

① 王辉耀、苗绿. 大国智库 [M]. 北京：人民出版社，2014:22.

德逊研究所（HI）、政策研究所（IPS）、传统基金会（HF）、卡托研究所（CI）等一大批意识形态色彩更浓、更加重视成果推销的智库应运而生，政治中立性、学术客观性原则逐步弱化。20 世纪 80 年代，受税务改革法的影响，智库从基金会获得的稳定赞助急剧减少，智库之间竞争加剧，更加注重成果市场化营销并迎合金主的意识形态和政策主张倾向，智库和专家在政策制定者及公众心中的声望及中立形象急剧下降。有统计显示，到 20 世纪 90 年代中叶，持明确意识形态的智库所占比重由过去不足 25% 增加到超过 50%[①]。智库已经成为"行事圆滑的行销机器"[②]，"智库专家"与"政策宣传者"二者之间的界限模糊不清。进入 21 世纪，这一情形并没有明显改善。

目前，美国智库主要存在自由主义和保守主义两种意识形态倾向。在安全与军事领域，自由主义倡导多边主义，主张较低的国防开支、军备控制、接触谈判和国际合作，卡托研究所、哈佛大学相关研究机构通常被看作自由主义智库的代表。保守主义则倾向于单边主义、强权主义，崇尚武力等，布鲁金斯学会、卡内基基金会、传统基金会、企业研究所等具有较浓厚的保守主义色彩。[③]美国学者安德鲁·里奇认为，总体上，美国智库中温和或无明显意识形态倾向的智库占多数，但在近些年激增的新智库中，意识形态明显的智库数量开始超过意识形态不明显的智库，而新增意识形态型智库中保守派超过自由派。[④]

在这种形势下，世界著名智库的当代中国军事研究难免缺乏独立性、中立性。究其原因，主要包括：第一，智库之间竞争激烈。随着社会发展，全世界智库数量不断增加，特别是最近 30 余年呈现爆炸式增长。据统计，1980—1989 年全球新成立智库 1001 家，1990—1999 年新增 1422 家，2000—2009 年新增智库高达 2622 家。2009 年全球智库共 6305 家，2015 年达到 6846 家，其中美国以 1835 家居冠。[⑤]这导致在智库产业发达的国家，决策咨询的智力市场从卖方市场演变为买方市场，

①　[美] 安德鲁·里奇. 智库、公共政策和专家治策的政治学 [M]. 潘羽辉等，译. 上海：上海社会科学院出版社，2010:189.

②　[美] 安德鲁·里奇. 智库、公共政策和专家治策的政治学 [M]. 潘羽辉等，译. 上海：上海社会科学院出版社，2010:191.

③　[美] 安德鲁·里奇. 智库、公共政策和专家治策的政治学 [M]. 潘羽辉等，译. 上海：上海社会科学院出版社，2010:6,11、80—83；李强. 新保守主义与美国的全球战略 [J]. 书城，2003(5): 34—38.

④　[美] 安德鲁·里奇. 智库、公共政策和专家治策的政治学 [M]. 潘羽辉等，译. 上海：上海社会科学院出版社，2010:6.

⑤　王德生. 2012 全球智库发展报告发布 中国有 3 家智库入前 50 名榜单 [EB/OL]. http://www.istis.sh.cn/list/list.asp?id=7829 (2013-03-29)[2016-11-07].

最初的良性竞争演变为当前的恶性竞争。

第二，受资金来源影响。智库运作耗费巨大，只有获得足够的经费等才能得以维持生存，进而发展扩张。智库的经费主要来自捐款、会费、项目经费、政党拨款、政府或军方拨款、企业赞助、有偿成果共享等，这些来源几乎都代表一定利益群体，具有特定政治倾向。例如，军火公司向智库捐助资金的条件即由智库渲染军事威胁，以便向本国及国外政府兜售武器装备。智库接受国外政府资助则不得不发表符合"金主"利益的立场、主张，并替"金主"游说美国政府。美国《纽约时报》有报道指出，卡塔尔、日本、挪威等国为布鲁金斯学会、战略与国际研究中心、大西洋理事会等著名智库提供"捐款"，有的国家几年内"捐款"数千万美元。[①]台湾每年花费超过 200 万美元用于游说美国国会外围组织和高端智库，受其"资助"的传统基金会、企业研究所、战略与国际研究中心等长期建议美国政府维持与台湾良好关系。[②]甚至看似随机性的小额捐款都是有相同政治倾向的普通民众和智库之间的互动。

第三，自身存在政治或意识形态倾向。美国智库主要存在自由主义和保守主义两种意识形态倾向。在安全与军事领域，卡托研究所、哈佛大学等自由主义智库积极倡导多边主义，主张较低的国防开支、军备控制、接触谈判和国际合作。布鲁金斯学会、卡内基基金会、传统基金会、企业研究所等保守主义色彩浓厚的智库则倾向于单边主义、强权主义，崇尚武力等。[③]它们中有些智库在研究中以推崇和发扬特定意识形态为目的，几乎将中立性完全抛开，甚至有一部分智库鉴别、选用专家的依据是专家的观点倾向，而不是研究能力。[④]

政策制定者或课题委托人基于意识形态或政治利益"指导"、干涉智库研究的情况也十分常见。例如，近年来美国智库深入总结 13 年反恐战争经验，对美军地面作战力量的长远发展逐渐形成不利结论，以海空力量为主的作战概念已经占据主导地位。为此，有美国陆军背景的智库，如兰德公司阿罗约中心、陆军战争学院

---

① 美智库被爆沦为政治工具 向外国"出卖影响力" [EB/OL]. http://news.xinhuanet.com/world/2014-09/09/c_126966236.htm (2014-09-09)[2016-10-23].

② 美媒：共和党大佬多尔策划了"川菜通话"台湾送了 14 万美元 [EB/OL]. http://www.guancha.cn/america/2016_12_07_383189.shtml (2016-12-07)[2016-12-27].

③ [美] 安德鲁·里奇. 智库、公共政策和专家治策的政治学 [M]. 潘羽辉等，译. 上海：上海社会科学院出版社，2010:6、11、80—83.

④ [美] 安德鲁·里奇. 智库、公共政策和专家治策的政治学 [M]. 潘羽辉等，译. 上海：上海社会科学院出版社，2010:196.

等，短时间内纷纷发表呼吁重视陆军、鼓吹陆军重大作用、强调裁减陆军的危害的研究报告和文章。^①有的课题委托方在终审智库研究成果时，一旦发现有不符合自己意图的结论，立即要求智库做出调整，否则不验收、不偿付研究费用，甚至撤销委托。2002 年兰德公司受美国国家情报委员会委托对中国未来军事力量进行评估，经研究论证得出结论，认为尽管中国的军事力量在迅速增长，但在短时期内还不会成为美国的对手；然而，认定"中国威胁论"的国家情报委员会认为结论无法接受，撤销了项目委托。^②

第四，追求决策影响力。智库的核心功能是服务决策，决策影响力决定了智库竞争力。为了确保自己的研究成果及政策建议能够被决策者采纳，有时智库会适度"牺牲"独立性，调整研究方向和成果结论，以符合决策者期待。有学者指出，国会议员及其工作人员在收到智库成果后，主要看成果能否支撑他们已确定的立场或政策主张，或者是否可被用以攻击政治对手。^③曾在美国兰德公司任分析师的中国问题专家史文指出，兰德及其分析师要依靠美国国防部的项目资金，而项目必须得到国防部的批准才能获得经费，为此研究课题不得不为了资金主动迎合国防部意图。^④

此外，为追求个人利益，一些智库学者不再坚持独立、中立原则。相当一部分智库学者热衷于与政府及官员走得很近，在研究方向和观点上努力向政府、军方靠拢，部分原因是因为一些专家希望有朝一日经旋转门进入政府任职，部分是因为他们希望更多地获取政府课题及项目经费。经常看到的现象是，有的智库学者，政府政策风向一变，研究观点立马转向。还有一些智库专家存在机会主义和私利心态，为了在媒体中维持高曝光率，保持高人气，故意迎合媒体制造耸人听闻的噱头。有分析认为，曾经长期积极评价中国政治制度的灵活度、弹性和适应能力的美国乔治·华盛顿大学教授沈大伟突然转变立场，发文预言"中国崩溃"，是因为其"成名之后热衷于走穴演讲，用一些惊人之语积攒自己在美国的人气、吸引媒体眼球；

①　郝智慧 . 世界智库战略观察报告（2015 年版）[M]. 北京：军事科学出版社，2015:382—385.

②　方可成、吕正韬 . 揭秘美国智库：最热门研究方向是中国军事领域 [EB/OL]. http://news.ifeng.com/shendu/nfzm/detail_2012_12/14/20178416_0.shtml (2012-12-14)[2016-10-23].

③　[美] 安德鲁·里奇 . 智库、公共政策和专家治策的政治学 [M]. 潘羽辉等，译 . 上海：上海社会科学院出版社，2010:70.

④　余东晖 . 中评重磅专访：美知名战略学者史文 [EB/OL]. http://bj.crntt.com/doc/1041/6/6/6/104166659_4.html?coluid=93&kindid=7950&docid=104166659&mdate=0323001502 (2016-03-23)[2016-12-20].

这次突然用'崩溃'一词，实际上也是《华尔街日报》建议的"。[①]

不可否认，智库独立性、中立性弱化确实会造成一系列不利影响：政策制定者肆意干涉智库研究、研究成果质量下降、智库影响力和声誉受损、学术思想被禁锢等。为了消弭这些危害，世界著名智库依然高度重视并追求保持独立性、中立性，但是在可预见的未来，资金、意识形态、决策影响力、个人发展利益、激烈竞争等因素的消极影响难以消除，因此世界著名智库当代中国军事研究独立性、中立性不足的局面将延续下去。

① 杨光斌. 沈大伟的言论和美国学界的机会主义 [EB/OL]. http://www.globalview.cn/html/zhongguo/info_1835.html (2015-03-19)[2016-9-23].

第四章　启示思考

世界著名智库的当代中国军事研究虽各有特点、不乏问题，但总体上富有经验、成效显著。对于刚刚进入快速发展期的中国智库，尤其是军事智库而言，启示是多视角多方面的。世界著名智库的研究成果与成果推销直接或间接对中国造成政策和舆论压力，中国须高度关注，谨慎"制之"；研究及成果推销的机制与做法值得中国军事智库对照反思，虚心"师之"；对于影响其研究的问题与不足，也应倍加注意，"改之""避之"。中国军事智库的运行不可能一直随世界著名智库被动"起舞"，中国军事智库的建设也不可能照搬照抄世界著名智库的做法，中国终将建立起有本国特色的军事智库体系和建设运行机制。

第一节　重视世界智库对华军事政策主张，
做到重点应对与保持定力有机结合

目前中国军事智库普遍存在如下问题：第一，智库和研究者对决策层的信息需求不够了解，研究成果的决策影响力不够大；第二，智库和研究者对军事实践情况不够了解，研究成果与军事实践贴合不够紧密；第三，智库和研究者对对手不够了解，研究成果关于反制对手的建议不够高明。密切关注、客观看待世界著名智库的对华军事政策主张，积极思考应对之策，有助于第三个问题的解决。

一、进一步加强对世界著名智库对华军事政策主张的关注

世界著名智库、知华派专家、解放军研究知名学者在各国对华安全政策、对华军事政策制定中发挥着无可替代的巨大影响力。密切关注、实时了解一国主要智库对华军事政策主张，可管中窥豹，提前预知一国即将出台的对华安全和军事政策，

在不同智库和学者的成果主张中甚至能了解到该政策的前因后果和对于该国的利弊得失。等待该国正式出台政策，再逐字研究"姗姗来迟"、简明隐晦的官方文本和说明，将使中国丧失预判机会和准备时间。对世界著名智库对华军事政策主张的关注和研究是一项战略工程，国内相关军事智库和政策研究机构一直不曾懈怠。未来，随着中国作为崛起一方与美西方等守成一方的博弈愈演愈烈，除了实践领域，双方政策上的对抗，频度将越来越密集，节奏也会越来越快。因此，对海外对华军事政策主张的关注应得到进一步的重视和加强。与此同时，世界主要国家和中国周边国家也在密切关注中国智库及学者对各国的政策主张。

世界著名智库及专家的对华军事政策主张在其研究成果（包括言论）中呈现，因此，智库与专家的成果及言论是关注的重点。对于影响力大、可能影响决策的重要成果，更是应该关注的重中之重。

判断哪些成果或政策主张影响力大、可能影响决策，需要综合考虑多重因素。正如前文中所述，研究成果决策影响力的大小与研究成果质量、专家可信度（知名度）、接触政策制定者的机会、成果进入决策过程的时机、成果推销力度等因素密切相关。结合这些因素判断，密切关注的成果及主张主要包括：

1. 各国研究中国军事知名度高、影响力受公认的智库与专家的成果及主张。美国兰德公司、布鲁金斯学会、战略与国际研究中心、战略与预算评估中心、卡内基国际和平研究院、大西洋理事会、外交关系委员会，日本防卫研究所、国际问题研究所，英国国际战略研究所、查塔姆学会，德国国际与安全事务研究所，法国欧盟安全研究所，瑞典斯德哥尔摩国际和平研究所，等等，这些智库对各国或国际组织对华安全与军事政策的影响力经久不衰。2009 年美国总统奥巴马提名新任驻华大使时面临 5 名候选人，其中 3 人来自布鲁金斯学会，分别是约翰·桑顿、李侃如和沈大伟，反映了布鲁金斯学会在美国对华政策方面的影响力。[①]

2. 与政府、军方和决策部门关系密切的智库、专家的成果及主张。有的国家领导人、军方高官特别倚重某一两个智库，这种智库应予以高度关注。有的智库学者刚刚进入政府担任国家安全事务顾问、国防部长、驻华大使等重要职务，其原所在智库应被列入重点关注名单。成立于 2007 年、只有几十名研究人员的新美国安全中心是奥巴马政府时期对美国国家安全政策决策影响最大的智

---

① 蒋国鹏. 全球顶尖智库如何研究中国 [EB/OL]. http://news.xinhuanet.com/globe/2009-07-06/content_11662132.htm (2009-07-06)[2016-11-08].

库，据统计该中心先后有 10 余人进入奥巴马政府担任负责安全及军事事务的要职。[①] 美国传统基金会对特朗普政府具有较大影响力，基金会多名成员在特朗普当选后进入过渡团队。[②] 曾任加利福尼亚大学欧文分校教授的彼得·纳瓦罗（Peter Navarro）被特朗普任命为新设机构——白宫国家贸易委员会的主席，曾撰写《即将到来的中国战争》（*The Coming China Wars*）、《致命中国：面对巨龙，全球要行动》（*Death by China：Confronting the Dragon—A Global Call to Action*）、《卧虎：中国"军国主义"对世界意味着什么》等书籍。印度国防研究与分析研究所是印度影响力最大的战略和安全类智库，理事会主席由国防部长兼任，多任所长由退役将领担任，中国是该所最主要研究内容之一；[③] 该所常为军队和政府官员举办培训班，为各地部队讲课，东北地区驻军常邀请该所中国问题专家讲授中印边境问题。[④]

3. 某国领导层正在酝酿对华安全与军事政策期间，或者某个重大涉华安全问题发生或升温期间，密集出现的著名智库和专家提倡的对华政策主张。例如，美国总统选举期间两位候选人背后智囊团队的对华政策主张；中日钓鱼岛争端升温期间，日本主要智库及学者的政策主张等，都应是中国军事智库关注的重点。

二、积极谋划应对策略，认真做好针对性准备

2012 年以来，"中国正在实施军事扩张"几乎成为美国、日本、印度等国智库与专家的主流观点，纷纷主张从军事上强力遏制中国。无论出于何种原因，近年来中国周边安全热点问题增多、燃点降低已是不争的事实。在此种形势下，世界著名智库的建议和主张已经、正在或者将要成为相关国家和地区的对华军事政策。

当前，美国各大主要智库将中国定位为美国主要竞争对手，智库界主流对华战略主张逐渐从"遏制＋接触"转向"遏制＞接触"，提出美军应继续推进"成本战略"、第三次"抵消战略"、"亚太再平衡战略""离岸制衡""主动拒止战略"等，强化自身核威慑力与常规、网络、太空、海空作战能力，将其全球海空军力

① 郑安光. 新思想库与奥巴马政府的亚洲政策决策——以新美国安全研究中心为例 [J]. 当代亚太，2012(2).

② 美媒：共和党大佬多尔策划了"川菜通话"台湾送了 14 万美元 [EB/OL]. http://www.guancha.cn/america/2016_12_07_383189.shtml (2016-12-07)[2016-12-29].

③ 楼春豪. 国防研究与分析所：印度战略思想领军者 [EB/OL]. http://www.qstheory.cn/gj/gjsdfx/201305/t20130507_228319.htm (2013-05-07)[2016-11-07].

④ 李国强. 印度智库如何影响政府决策 [J]. 现代人才，2014(1):61—63.

量主要集中在东亚，帮助亚太盟友提升军事实力，提升与亚太盟友军事一体化程度，削弱或打破"精确制导导弹饱和式攻击"和"反介入/区域拒止"战略，有效威慑、遏制中国"军事胁迫与扩张"行为；同时保持与中国安全对话，明确美国在亚太相关安全问题上的立场与诉求，商谈维持稳定与预防战争升级的机制与协议。

日本、美国智库建议日本不断强化与美军事同盟关系，依托西南岛链以陆基、濒海、水下、空中的反舰防空作战体系对华实施反介入区域封锁和"蜂群战术"，协防美军从太平洋至钓鱼岛、东海、台湾东部海域的作战通道；借助日美同盟和与东盟防务合作积极参与"亚太再平衡"、介入南海问题，保持东海与南海的战略平衡；同时与中国保持对话和相互克制，持续商讨建立危机管理机制。

中国台湾、美国智库建议台当局采取"柔性拒统"策略，深化与美国、日本防务关系，联合美日遏制中国大陆，在围堵大陆的第一岛链中扮演更深入角色，军事上保持军购，不断强化非对称作战准备。危机时不给大陆先发制人的"出师之名"，战时通过抵抗坚持足够长时间，争取国际舆论支持。

印度智库认为中国是印度东北方向及其印度洋领导权的主要威胁之一，主张对中国采取"遏制＋合作"的策略：海上通过"向东行动"战略加强与美、日、澳、东盟等国安全合作，陆上推进边境战略性基础设施建设；同时与解放军展开对话合作，保持和平稳定关系。

欧洲智库建议欧盟在促进东亚安全上发挥更大作用，在对华武器禁运有所松动的现状下，谨慎依据中国军力发展和军民融合情况商议对华军售许可证问题，并与美国加强协调。俄罗斯智库认为中俄应加深军事合作，但无法成为军事同盟，同时担心中国丝绸之路经济带对俄中亚"势力范围"形成战略挤压。

军事领域的斗争是敌我之间的斗争，对于相关国家和地区，尤其是对手的智库精英学者重点提出的对华军事政策主张，必须心怀斗争意识和忧患意识，做好有针对性的应对和准备，不能有丝毫麻痹、轻视或侥幸心理。

第一，全面深化军队现代化建设与军事斗争准备，提高军事力量威慑力与实战能力。目前世界著名智库普遍认为中国的军事实力不足以与美日军队抗衡；有智库学者明确指出，中国周边极为复杂的核环境，加上美国的弹道导弹防御项目和核武

库现代化升级项目 ①，使得中国核威慑战略面临严峻挑战。外界这种认识对中国十分不利：首先，凸显出中国对部分国家的战略威慑力不足；其次，某种程度上"鼓励"了部分国家智库专家及军方对华强硬态度。我们务必"始终坚持战斗力这个唯一的根本的标准，全部心思向打仗聚焦，各项工作向打仗用劲"②，紧跟新军事革命、新军事技术浪潮，加快提高国防和军队现代化水平，深化军事斗争准备，全面提升核威慑力和常规、新型力量战斗力。只有具备强大军事实力，才能确保军事威慑有效性，才能在应对对手各种军事策略时更加从容。

第二，以积极防御军事战略、毛泽东军事思想、党的创新军事理论等为指导，对美、日、台等主要对手的智库对华政策建议做好针对性准备。台海、东海、南海、朝鲜半岛等问题背后都有美国干预。对于美国这个强大对手，中国应坚持以战略上的防御为主，同时"坚持防御、自卫、后发制人，坚持'人不犯我，我不犯人；人若犯我，我必犯人'"③，保持维权与维持中美和平稳定大局的平衡。具体而言，美国著名智库提出以军事技术革命、军事威慑、扶持盟友离岸制衡等策略遏制中国，重建亚太平衡；中国应不断增强核、新型与常规力量威慑，坚持你打你的、我打我的，发展非对称手段，发挥人民战争优势，必要时做到"不怕事、不吃亏"。对于日本，中国应坚持"战略上防御与战役战斗上进攻的统一"④，优化战略布局，争取对敌斗争战略主动，综合运用多种力量手段，以灵活机动的战略战术，维护国家领土主权和海洋权益。例如，日本、美国著名智库提出日本应借"亚太再平衡"深化与美军事同盟关系，拉拢美国协防钓鱼岛，立足西南岛链实施日本版"反介入"封锁，并积极介入南海以减轻东海压力；对此中国应高举维护"二战"胜利成果——雅尔塔体系国际秩序大旗，坚决维护中国对钓鱼岛及其附属岛屿拥有主权的合法权利，综合运用各种作战力量深化强敌干预下对日军事斗争准备，同时统筹东海、南海战略布局，以强大军事力量为后盾，积极拓展新时期人民战争方式方法，运用政府海上执法力量及海上民兵力量开展维护领土主权和海洋权益活动。对于台

① 美国计划在 2015—2024 年，花费 3480 亿美元维护和升级其核武库，未来 30 年美国该项花费可能将达到 1 万亿美元。参见：Global Nuclear Weapons: Downsizing But Modernizing[EB/OL]. https://www.sipri.org/media/press-release/2016/global-nuclear-weapons-downsizing-modernizing (2016-06-13)[2016-11-07]。
② 中国人民解放军总政治部 . 习近平关于国防和军队建设重要论述选编 [M]. 北京：解放军出版社，2014:158.
③ 中华人民共和国国务院新闻办公室 . 中国的军事战略 [R]. 北京：人民出版社，2015:9.
④ 中华人民共和国国务院新闻办公室 . 中国的军事战略 [R]. 北京：人民出版社，2015:9.

湾、美国智库建议台当局进一步深化与美日军事关系，不断强化非对称作战准备，"以武拒统"，中国大陆应提升对台当局和"台独"分裂势力的政治压力与军事威慑，并进一步深化强敌干预下对台军事斗争准备。对于东南亚潜在对手，中国在当前已初步完成南海战略布局阶段性任务的情况下，短期内可在维持南海和平稳定大局下快速扎实推进南海岛礁建设和区域管控，同时做好周边军事外交与维权行动准备。

第三，以"总体国家安全观""新型大国关系"和"命运共同体"战略思想为指导，推动国际军事交流与安全合作，营造有利安全环境。全球化时代，国际社会相互依存度和利益交融度不断加深，世界面临众多共同的传统与非传统安全威胁，大国之间虽然军事摩擦时有发生，但全面冲突对抗很大程度上可以避免。事实上，世界著名智库提出的对华军事政策主张中对抗与合作的建议同时存在，既有以安全合作构筑反华、遏华军事联盟，也有以对华交流合作管控大国冲突危机、限制战争升级。对此，中国不妨以其人之道还治其人之身。一是"控危"。大国博弈应管控危机，尽可能维护和平稳定局面，尤其应避免大国摩擦升级为全面冲突。管控中美关系对维护中国周边安全环境具有重要意义。中国应继续与美国协商危机管控详细机制，避免中美全面冲突，同时在反恐维和、防核扩散、全球治理等方面加强与美国安全合作，深化中美之间"你中有我，我中有你""斗而不破，和而不同"的关系。日本、印度虽是现实竞争对手，中国也应推进与之交流协商，管控军事危机。二是"拉次"。拓展与美国主导的遏华体系中次要角色或外围国家的军事交流与合作，配合经济等手段促进联系，防止它们彻底倒向美日，削弱反华军事联盟体系。中国与韩国、澳大利亚、菲律宾、印尼、马来西亚、新加坡、泰国、越南等国均有一定安全合作空间；与欧洲国家可在反恐、非洲维和、经济利益安全，甚至武器贸易等方面展开合作；如果台当局支持"九二共识"实质内涵，未来两岸也存在协商军事互信机制的可能性。三是"结网"。国际安全形势正在发生深刻复杂变化，全球面临恐怖主义、核扩散危机、局部战争和大国间冲突等重大安全挑战的同时，美西方大国民主体制和资本主义制度面临重大危机，主导世界秩序能力和意愿有所下降，世界存在失序动荡、破碎化趋势。在反恐、防扩散、网络安全、维和、裁军、护航等全球安全治理问题上，中国可秉持国际道义和互利共赢原则，在巩固既有安全合作组织的同时，继续联合全世界其他具有相同理念的国家，共同构建相关国际安全组织；同时进一步深化与俄罗斯、巴基斯坦等国安全伙伴关系，构筑和巩固自身安全伙伴关系网，提升国际战略竞争力，聚集合力与对手展开博弈。

三、客观看待智库对华政策主张，保持战略自信与战略定力

对于世界著名智库影响力较大的对华军事政策主张，中国官方和智库界在保持战略敏感性、重点关注、"见招拆招"的同时，也应客观看待，以自信坚定的心态从容面对。

首先，对于世界著名智库提出的对华军事政策主张越来越强硬的趋势，中国应坚定信心，保持战略自信。中国虽然很长一段时期没有经历战争，但仍是主要核国家之一，拥有军事力量数量优势和巨大战争潜力。经过近些年的高速发展，中国军队在导弹、太空、网络力量及新军事技术方面已经具有一定非对称优势，海、空力量在后发优势下也正在快速成长。仅从军事力量来看，美国虽然不间断发动现代战争，但作战对象都是"弱国"小国，某种程度上美军很久以来没有与实力较强对手作战；美军力量分散在世界各地，远离本土，战线过长，在某些方面忌惮中国，并非无懈可击。日本虽有岛链地理优势，擅长反潜战、鱼雷战，但"二战"后军力发展严重受限，在临近中国本土的东海，没有美军大力支持不会轻易与中国开战。

其次，重点关注、积极应对，并非高度紧张、草木皆兵，要保持战略定力。世界著名智库提出的对华军事政策主张更新速度很快，有时三年一小变五年一大变，此时一构想彼时一概念。中国不能按照它们的节奏亦步亦趋，应始终从自身实际出发，坚持符合实际且行之有效的安全政策和军事战略。以积极防御战略为例，数十年来，中国军队始终坚持积极防御的军事战略，始终坚持战略上防御与战役战斗上进攻的统一，坚持防御、自卫、后发制人的原则，这直接体现了持久的战略定力。对积极防御的坚持并非墨守成规、一成不变。一方面，积极防御军事战略的内涵随着时代的进步和形势的变化也不断丰富和发展；另一方面，"灵活、自主"，"你打你的，我打我的"是该战略的重要内涵。积极防御军事战略始终强调，面对强敌要避免在对手的规则中与之硬碰硬，要"按照自己的游戏规则出牌"；应找准自己的优势和对方的弱点，尽可能"勿击堂堂之阵"。习主席指出，"在战争指导上，我们从来都强调灵活、机动、自主，也就是孙子兵法上讲的'致人而不致于人'……着眼于发挥我们的优势打，这就叫'以能击不能'"。[①]

最后，重点关注、积极应对，更不能"被人牵着鼻子走"，尤其要避免受人误

---

① 中国人民解放军总政治部.习近平关于国防和军队建设重要论述选编[M].北京：解放军出版社，2014:152.

导。极少数情况下，竞争对手政府或军方有预谋地委托智库和学者提出特定政策建议，配合政府举措，对华实施战略误导。有学者提出，美国意图以"成本战略"和第三次"抵消战略"，寻求成本相对低廉的、可改变军事斗争"游戏规则"的颠覆性新技术，使解放军在一味追逐美国技术时因无法达到低成本而被拖垮。[①] 对此中国要保持高度警惕。从相反角度来看，中国的军事智库也可对对手采取一定战略误导。例如，世界著名智库和专家在研究中国军事问题时，大量运用中国军队内部或公开出版物中出现的信息，相关部门在重视出版物和印刷品脱密审查工作的同时，也可利用这一途径有意对对手实施战略上的信息误导。

第二节 全面开展国际涉华涉军舆论斗争，加快中国军事智库国际化发展

长期以来，美国、西方以及日本等部分亚太国家的智库与学者对中国军事的偏颇观点，在世界著名智库中国军事观中占据主流，深刻影响着国际涉华涉军舆论、各国民众对华认知和政府及军方对华决策。对此，政府和军队外事、外宣部门责无旁贷，而实力渐长的中国军事智库也必须有所作为。全球化、信息化时代，广泛的国际影响力早已成为世界著名智库的共同特征。然而，据2015年麦甘智库排行榜安全类智库排名中，107个智库中国智库仅上榜3个，国防大学、现代国际关系研究院、国际战略学会分别位列第38、47、90位。[②] 国际影响力已经成为中国军事智库迫切需要补强的弱项之一。

一、增强国际军事话语权，争取涉华涉军国际舆论主动

中国国力快速上升的同时，面临的安全问题在不断增多，承受的安全压力在逐步增大。说话远比行动容易，在所有安全问题和压力之中，舆论压力最常见、最频繁。在世界智库与媒体影响下，近年来，国际社会对中国的安全忧虑不断增加，根据美国民调数据，"在美国有近一半的受访者把中国视为军事威胁，在欧洲则为三

---

① Ben FitzGerald, Kelley Sayler, Shawn Brimley. Game Changers: Disruptive Technology and U.S. Defense Strategy[R/OL]. https://www.cnas.org/publications/reports/game-changers-disruptive-technology-and-u-s-defense-strategy (2013-09-27)[2017-02-19].

② James G. McGann. 2015 Global Go to Think Tank Index Report[R/OL]. http://gotothinktank.com/2015-global-go-to-think-tank-index-report/ (2016-01-20)[2016-12-20].

分之一"。① 国际舆论与各国国内舆论相互影响，都将对各国对华决策产生巨大影响。对手智库的"中国进行军事扩张""中国谋求改变国际秩序"等论调的盛行将引导各国对华军事政策走上对中国不利的轨道。智库和专家是知识精英、智囊团，也是天然的舆论"意见领袖"，中国军事智库和专家有责任采取有效措施，遏止这一趋势。

（一）积极发文发声，适度融入世界智库话语体系

美西方智库与媒体在国际舆论中占据主导地位。美国布鲁金斯学会高级研究员、中国中心前主任李成指出，使用中文研究的中国智库在英文主导的国际学术圈很难产生较大影响力。② 世界著名智库的学术圈已经形成了美西方主导的智库研究话语体系，适度融入这一体系将有利于增强中国军事智库在国际舆论中的话语权。

一是增加智库成果、专家观点在国际舆论中的曝光率，让国际舆论受众看得到、听得到。中国军事智库及专家应更多地在适当国际场合发表言论，接受国际媒体采访，培养和增强知名专家的"品牌效应"。应特别注重推广智库成果，有组织地将高质量中文研究成果和评论文章译为英文发布、发表在互联网、国际新媒体平台、英文出版物上，部分成果可简译出主题与摘要。由于中文论文的直接翻译与地道英文论文差别较大，无法与英语学术圈实现全效沟通，因此也应吸纳和培养英语学术能力较强的研究人员，鼓励直接发表英文论文和文章。

二是注意降低宣传色彩，让国际舆论受众看得进、听得进。军事智库专家撰写外宣类文章，除非是警示性、宣示性信息，否则尽量避免使用具有鲜明意识形态、特定价值观、国内体制色彩的语言和表达，否则只会引起受众反感，消磨受众兴趣。以跨意识形态、跨价值观的国际性语言和表达，将希望传递的信息贯穿其中，将使外国受众相对更容易接受。

三是采取国际智库话语模式，尽可能让国际舆论受众看得懂、听得懂。海外受众的思维模式、表达方式和行文样式往往与中国存在较大差异。中国军事智库专家在撰写外宣文章时，应学习国际智库话语体系通用的表述方式、行文逻辑、学术规范等，以外国智库专家及社会大众能够理解接受的思维和认知模式传播信息，追求传播效果最大化。

---

① ［美］安德鲁·里奇.智库、公共政策和专家治策的政治学 [M].潘羽辉等，译.上海：上海社会科学院出版社，2010:53.

② 戴闻名.一流智库如何运作——专访美国布鲁金斯学会约翰·桑顿中国中心主任李成 [EB/OL].http://www.lwdf.cn/article_2201_1.html (2016-04-14)[2017-02-19].

适度融入世界智库研究话语体系，要注意在理论框架、思维模式、研究方法和观点上保持中国特色，切不可鹦鹉学舌、人云亦云。

（二）灵活运用舆论传播策略，争取涉华涉军国际舆论主动

美西方智库及专家密切配合本国政府和军方展开对华舆论宣传，且相当一部分心存"西方中心论"、价值先进论等意识形态优越感，充满霸权主义思维和个人偏见误解，导致中国在西方占主导地位的涉华涉军国际舆论中越来越被动。对此中国军事智库应灵活采取柔性与强硬、反击与主动出击等多种策略，逐步扭转舆论被动局面。

一是用事实说话，理性说服、增信释疑。中国军事智库应加大力度阐明中国利益诉求、战略意图、政策主张，回应世界智库和国际社会对中国军事的信息需求，运用历史与现实依据直接说明相关质疑、偏见、误解、指责的不当之处，纠正世界智库和国际社会对中国军事的错误认知，争取部分受众对中国军事政策与行动的理解。必要时可借口传声，通过外国智库学者或媒体传达中国立场。对于世界著名智库对中国有意重塑国际安全秩序的认知，应反复说明中国没有意愿也没有能力另起炉灶，中国一直积极融入现有秩序，反而是部分国家意图将中国阻挠在特定圈子之外，为拓展适度国际空间中国不得不有所作为。针对中国存在"军事扩张倾向"的舆论，可针对实际案例说明中国在安全上的作为并非扩张，而是为了维护领土主权、海洋权益、海外资产等重要国家利益，依据积极防御军事战略方针做出的反应式、后发式的举措。面对特定国家，一旦对方释出善意，中国也会积极回应，例如2016年菲律宾新总统上任后对华友好，中菲关系迅速得到改善。针对美国智库认为中国意欲将美国挤出西太平洋的观点，应明确说明中国无意也没有能力排除美国建立西太平洋霸权，中国深知美国二战时在西太平洋做出的重大牺牲，在此有重大利益，对亚太秩序也发挥着重大作用，中国愿与美国合作维护亚太和平，但同时中国在领土主权等核心利益问题上不会退让。

二是针锋相对进行舆论反击。世界智库及专家对中国军事的险恶指控、无理责难、有意曲解等对中国及中国军队危害巨大。长期以来，"中国威胁论"在涉华涉军国际舆论中声音不减反增，似有愈演愈烈之势。一些海外智库专家鼓吹中国在南海的岛礁建设是为了在未来控制南海这一太平洋与印度洋之间的海上通道，将极大威胁世界各国在南海的航行自由；这引发了所有依赖南海通道的国家的担忧。一部分世界著名智库宣称中国在东海和南海的军事化或准军事化活动是一种"强势的武

力胁迫"，"严重威胁"沿岸国家安全，以及"严重威胁"亚太和平稳定；这又导致中国周边国家的恐慌。这些论调充满了"西方中心论"、双重标准和霸权主义思维，暗含着挑拨离间、离岸制衡的意图。对此，中国军事智库应迅速主动利用自身及世界智库与媒体国际化平台发文发声，有理有据有力有节地予以坚决辩驳反击，并扩大国际影响力。不过，对于一些过于歪曲、毫无依据或者陷阱式的内容也不必一一回击。

三是主动设置议题，引导或转移舆论焦点。在当前信息网络时代、全媒体时代，舆论反击无法完全抵消对手先声夺人、信息先入为主的不利影响，无法彻底扭转舆论被动局面。2016 年 3 月美国《纽约时报》受美海军授权上舰，详细报道了中美军舰在南海相遇"隔空对话"的情节，渲染"中国军事威胁论"，宣扬美国对南海的政策主张。[①] 虽然中国官方、智库及媒体进行了舆论反击，但仍然给中国造成较大舆论被动。因此，除了舆论反击，中国军事智库及专家还应主动设置舆论议题，引导或转移涉华涉军舆论焦点。一方面，制造对中国军队与军事问题有利的舆论议题。利用适当时机和有效途径有计划地发布一些报告、文章等，并使之成为舆论焦点。主题可设定为，全景梳理中国维护世界和平的作为与成效，系统阐述中国南海政策，或者中国积极防御的军事战略，等等。同时，也可宣扬中国和中国军队在全球治理中维和救援、军控裁军、制止战争的和平形象，对外交往中以和为贵、平等协商的友好形象，军事斗争中防御自卫、不畏强敌、能打胜仗的正义、威武形象。另一方面，制造或扩大对竞争对手军队与军事问题不利的舆论焦点。可发布一些类似于"日本军力评估""日本核材料问题研究""琉球群岛主权归属问题研究""美国海外用兵年度记录""中东问题与大国军事介入"等问题的研究报告、文章，引导国际舆论关注竞争对手的对外军事威胁、双重标准、霸权思维、自私自利等。促使国际社会认清日本出现军国主义复活倾向；认清美西方在中东并非推广民主和自由，而是扩散混乱和失序，不是维护地区和平稳定，而是引发战争和死亡，美西方才是不折不扣的冲突煽动者和麻烦制造者；认清美西方在地区大玩"离岸制衡"，挑动安全伙伴与对手矛盾，平时对安全伙伴专横苛刻，关键时期只顾自身利益作壁上观。

---

① 美媒曝中美战舰在南海相遇细节：带着导弹寒暄天气 [EB/OL]. http://www.cankaoxiaoxi.com/mil/20160401/1116009.shtml (2016-04-01)[2016-12-20].

二、推动中国军事智库国际化建设

（一）视野和理念的国际化

相比过去国际舆论中几乎没有中国军事智库的声音，近些年来中国军事智库已经逐步迈开国际化的步子。思想是行动的先导。智库国际化建设首先要树立国际化目标、培养国际化视野、构建国际化理念。国内主要军事智库应以建设成为国际著名智库为目标，不断扩大国际影响力，更好地在国际上维护国家和军队利益。智库研究人员应具备国际化的视野和思维，在自身素质、研究项目、研究方法、对外交往等方面与国际接轨，努力成为影响广泛的国际知名学者。智库管理人员更应具备国际化的视野和思维，关注并借鉴国际知名智库的做法，在科研管理、人才选用、基础设施等方面持续用力，逐步引领智库走向国际化道路。

（二）体制机制的国际化

目前仅少数军队智库属对外开放单位，军队外事主管部门可根据实际情况，批准部分符合条件的军队智库或科研机构对外开放。对于已经开放的军队智库和民间军事智库，可进一步扩大开放程度，建立相关配套体制机制。一是统筹并强化自身外联、外宣部门的功能。探索合并外联、外宣部门，成立国际发展部，制定智库国际化发展战略，整体统筹智库对外拓展工作。二是建立和完善对外宣传、交流、合作等方面的一系列机制和制度。例如，国际舆论智库反应机制，积极反制各种涉华涉军突发舆论事件；成果推广机制，公开发布非涉密研究成果的外文文本或网络版，向国际智库或媒体发送相关研究动态；对外资助机制，单列适量资金资助适当国际项目；对外交流合作制度，规范智库对外交流合作活动；等等。

（三）人才队伍的国际化

国际化的人才对智库的重要性不言而喻。以色列研究解放军的专家很少，但希伯来大学因埃利斯·乔菲（Ellis Joffe）教授的存在而在国际解放军研究界占有一席之地。埃利斯·乔菲被称为解放军研究的开创者，美国解放军研究界在他逝世后设立了埃利斯·乔菲奖（Ellis Joffe Prize），每两年颁发一次，用于奖励中国安全与军事领域研究的后起之秀和突出贡献者。中国军事智库的国际化发展亟须国际化人才的支撑。应采取多种措施培养国际化的人才队伍。培养专家的外语能力，或者招募、培养一定规模有外语能力的年轻学者。探索路径派遣研究人员中短期出国学习、工作、访问研究。推动智库研究人员在驻外使馆或国际安全机构交流任职。鼓励或要求研究人员每年参加一些国际会议、发表一定数量的外文成果。吸纳外国学者到中国军事智库研究、任职。

（四）基础设施的国际化

军事智库国际化需建设一系列配套基础设施。一是开设国际互联网中外文网站和国际新媒体平台账户。互联网网站至少应设置中英文双语，条件成熟时可增设日语、俄语、法语等语种；在脸谱、推特等国际新媒体平台上开设账户，主要发布智库和专家相关动态信息、非涉密成果和文章等，以及世界著名智库和专家相关动态信息、涉华涉军重要成果等。目前，作为国际化程度较高的国内军事智库，中国国际战略学会在互联网上的官网虽然设置了英文版，但是内容仅限宗旨、组织架构等的简要介绍，学会活动新闻只有会长、副会长 2013～2015 年参加的活动，研究成果零发布，出版刊物只有目录。①中国军控与裁军协会的官网英文版也存在信息少、更新慢、成果发布极少等问题。②二是创办国际性刊物。吸引某一领域全球学者投书，汇集思想，促进交流，扩大影响。创办国际网站与刊物的做法可参考中美聚焦网。十二届全国政协副主席董建华先生创建的中美交流基金会（China-United States Exchange Foundation）建有"中美聚焦网"（China-US Focus），"给中美两国思想领袖提供一个开放式交流平台，进而推动中美间的沟通和理解"，③设有军事安全栏目，网站以中英文双语呈现，并出版英文版 *China-US Focus Digest*（《中美聚焦文摘》）双月刊。三是建立国际交流中心。用于开展国际交流合作，容纳国外学者兼职研究、访问研究等。四是必要时可在海外设置境外分支或办事机构。

（五）研究内容的国际化

随着中国经济实力的拓展和军事能力的增强，国家安全利益将逐渐渗入全世界各个地区，中国军事智库的研究应尽快跟上步伐，研究议题和视角应摆脱"孤立主义""内向型特质"，跳出中国的国家安全和军事领域问题研究的局限，更加关注全球性、周边以外其他地区性安全议题，如全球反恐、核不扩散、核裁军、军控、维和、地区和全球安全机制等，扩大中国军事智库在全球和各地区安全事务上的影响力。作为世界智库领域的领头羊，美国智库常年借助全球性安全议题研究成果，设置焦点议程，引导国际舆论，不仅扩大了智库自身国际影响力，还帮助美国提高了

---

① 　CISS Home[EB/OL]. http://www.ciiss.org.cn/sy[20017-02-19].

② 　CACDA Home[EB/OL]. http://www.cacda.org.cn[2017-02-19].

③ 　China-US Focus[EB/OL]. http://www.cusef.org.hk/china-us-focus/?lang_=zh-hant [2017-02-19].

国际话语权和国家软实力。

三、加强与世界著名智库的交流合作，拓展国际影响力

习主席多次提出加强智库国际交往、开展智库国际合作。[①] 有外国学者指出，随着中国领导人鼓励中国智库建设，支持智库与外国机构接触，越来越多的中国军事智库和研究机构与美国同行发展密切关系，通过会议、非正式会晤和研讨会等进行安全问题研究交流。[②] 通过交流合作，既可在对比中发现不足，借鉴国外智库经验教训，促进自身发展，也有助于树好中国形象、讲好中国故事、传播中国声音，提升国际影响力，增强国际军事话语权。

（一）互访交流应进一步加强

近年来，中国军事智库和专家与外界交流的机会不断增多，但仍有待加强。对外交往少的智库和专家应积极探索与国外同行交流合作的机会。对外交往相对频繁的智库应尽可能多地与影响力大的智库、知名度高的专家互访交流。通过演讲、讲座等形式加深交流程度，除智库专家外，也可适时邀请来中国访问的外国政府和军方领导人演讲，邀请前政要讲座交流。必要时与国外智库协商形成机制，定期开展互访交流活动。在互访交流中除了耐心阐述自身立场和利益，还应注重倾听对方观点和观念，积极回应对方问题和关切，提高交流的深入程度与有效性。

（二）互派人员有待进一步拓展

互派访问学者是世界著名智库展开合作的通用做法，一些院校下属智库及设有学院的智库也会互派教学人员和留学生。中国民间军事智库与国外智库互派人员研究、学习相对简单，条件允许应逐步推动。军队智库涉外事务比较敏感，政治要求和保密要求高，目前国内军队科研单位、军事院校与国外智库互派人员的规模很小。对此应解放思想、积极作为，在制定相关规章制度、采取配套措施的前提下，一方面，积极稳妥扩大派遣研究人员、教员、学员赴国外智库、院校研究、教学、访学；另一方面，吸引国外智库向中国派遣相关人员。派遣的人员既可工作、学习，同时也可担任驻外联络人员，必要时可与国外智库协商形成互派人员机制。

---

① 许峰. 提升中国智库的国际影响力 [EB/OL]. http://www.wenming.cn/djw/ll/xxck/201511/t20151103_2947647.shtml (2015-11-03)[2016-12-10].

② Silvia Menegazzi. Chinese Military Think Tanks: "Chinese Characteristics" and the "Revolving Door"[EB/OL]. https://jamestown.org/program/chinese-military-think-tanks-chinese-characteristics-and-the-revolving-door/ (2015-04-16)[2017-02-19].

（三）探索项目研究合作

中外智库合作开展项目研究、中外学者合作撰写学术文章已经比比皆是，但中外军事智库很少有合作研究某一项目或课题的情况。国内已有军事智库专家在尝试与国外同行合作撰写、发表学术文章，说明中外军事智库项目研究合作并非没有可能。一方面，项目研究合作可从友好国家军事智库开始，逐步拓展至中立国家军事智库和对手国家军事智库。另一方面，合作可由打击海盗、国际救灾、国际反恐等具有一致利益的简单议题向联合演习、海空相遇规则、网络空间行为准则等复杂议题拓展。美国智库发布的《全球趋势 2025》《全球趋势 2030》《中国 2049 前景》《2035 年全球风险报告》等知名报告，并非一家之功，合作者中不乏其他国家智库、国际组织，甚至他国政府部门等。[①]

（四）点面结合参与国际会议，主动办会扩大国际影响

安全和军事类国际会议是军事智库和学者对外交流的重要平台。除了香格里拉对话会等与中国紧密相关的重要国际会议，中国军事智库应鼓励、支持更多研究人员参与其他次要多边国际会议或论坛，掌握了解不同议题最新成果和观点，与不同国家学者交流，在国际场合发出中国声音。参与会议无法掌握议题、议程设置等方面的主动权，每年可更多地主办或与外国智库合办香山论坛等国际会议，掌握主动权，扩大影响力。条件有限的民间军事智库也可尽可能多地参与在国内举办的安全和军事类国际会议，或者主办国际视频会议。

（五）更加广泛、深入地开展"智库外交"

中国军事智库在二轨、一轨半外交方面可发挥更大作用，有效促进智库国际影响力及决策影响力的提升。目前中国军事智库已在中美军事关系、中日军事关系、亚太地区安全、全球防扩散、军控裁军、反恐等议题上有所作为。未来可进一步巩固现有二轨、一轨半渠道，力促形成机制化安排，并在更多安全问题中积极探索以二轨、一轨半模式与相关国家军事智库展开对话磋商。

（六）资助国外智库、专家或相关研究项目

国外智库资金来源广泛，部分来自非本国资金。美国学者史文称，20 世纪 80年代，受税务改革法的影响，美国智库从基金会获得的稳定赞助急剧减少，纷纷向企业和个人甚至国外政府募资；史文本人在卡内基国际和平研究院的研究项目曾得

---

① 张树华. 坚持文化自信 发挥中国智库的比较优势——中国社会科学院赴美智库考察报告 [EB/OL]. http://www.cssn.cn/sf/201610/t20161020_3242686.shtml (2016-10-20)[2016-12-29].

到台湾当局及私人基金会的资助。^①英国皇家国际事务学会研究项目直接资助来源中明确列有其他国家政府部门、外国驻英使馆、欧盟以外的国际组织等^②。印度智库接受国外资助也越来越多。^③有研究表明，部分国外智库 1/3 的年度预算来自非本国政府委托项目^④。中国军事科研主管单位可利用国外智库研究依赖资金的特点，选择资助某些知名智库或委托一些国外智库专家开展课题研究，并为其到中国访问研究提供一定便利。资助外国军事智库学者的同时应注意防范外国资助中国军事智库。北京一家以研究日本问题为目标的智库曾承认，其近六成经费来自日本捐助，每年赴日考察近 200 人次，交通食宿费一概由对方承担；当 2013 年前后中日钓鱼岛争端愈演愈烈之时，智库选择沉默，告诫其研究人员不得接受新闻媒体采访。^⑤

第三节　结合实际借鉴经验教训，
加快推进中国特色新型军事智库体系建设

从美国研究中国军事的智库来看，数十家知名智库涵盖了军队智库、高校智库、独立智库等多种类型，研究领域涉及中国军事几乎所有主要议题，对美国对华战略和军事政策的制定产生了重要影响。这些智库是美国军事智库体系的缩影。构建中国特色新型军事智库体系，既要结合自身国情军情及智库发展现状，也应吸取美国和其他世界主要国家军事智库体系建设的经验和教训。

一、构建多类型、多层次、多领域的中国特色新型军事智库体系

按照 2015 年中共中央办公厅和国务院办公厅《关于加强中国特色新型智库建设的意见》中的界定，中国特色新型智库是"以战略问题和公共政策为主要研究对象，以服务党和政府科学民主依法决策为宗旨的非营利性研究咨询机构"。那么，

---

① 余东晖.中评重磅专访：美知名战略学者史文.[EB/OL]. http://bj.crntt.com/doc/1041/6/6/6/1041
66659_4.html?coluid=93&kindid=7950&docid=104166659&mdate=0323001502 (2016-03-23)[2016-12-20].

② 忻华、杨海峰.英国智库对英国对华决策的影响机制——以皇家国际事务学会为例 [J]. 外交评论,2014(4):130—131.

③ 李国强.印度智库钱从哪里来，如何影响政府决策 [EB/OL]. http://news.163.com/14/0121/08/
9J3MQP9V00014AED.html (2014-01-21)[2016-08-19].

④ [美] 安德鲁·里奇.智库、公共政策和专家治策的政治学 [M].潘羽辉等，译.上海：上海社会科学院出版社，2010:53.

⑤ 于冬.时间站在中国这边 中国防务智库开始摆脱"尴尬" [N/OL]. http://www.infzm.com/
content/96625 (2013-12-12)[2015-11-10].

中国特色新型军事智库应是以国家安全与军事战略问题、军事政策为主要研究对象，以服务党、军队和政府科学民主依法决策为宗旨的非营利性研究咨询机构。中国军事智库不仅仅是军队智库，还包括非军队智库。总体上，目前中国军事智库初步形成体系，但整个体系的类型、层次、领域亟待充实、完善和加强。

构建多类型的智库体系。按照美国学者麦甘的划分，全球智库按附属关系可分为：高度独立智库、准独立智库、政府智库、准政府智库、高校智库、政党智库、公司智库等几大类型。[①] 结合中国实际，按附属关系，中国军事智库类型大体包括军队智库、政府智库、地方高校智库、政党智库、公司智库、民间独立智库等。军队科研单位、院校机构及军队主导的研究机构等，如军事科学院、国防大学战略研究所、海军学术研究所、国防科学技术大学国家安全与军事战略研究中心、中国国际战略学会等，属于军队智库。中国社会科学院研究内容涉及安全与军事问题的相关研究所、中国军控与裁军协会等属于政府智库。对国家安全、军事问题有所研究的北京航空航天大学战略问题研究中心、上海交通大学国家战略研究中心、中共中央党校国际战略研究所、中国航天科工集团公司科技情报中心等分别属于高校、政党、公司智库。中国民间社会存在一些研究内容涉及军事的独立或半独立智库，是中国军事智库体系的重要组成部分，包括知远战略与防务研究所、"远望"智库、北京三略管理科学研究院、南方防务智库、上海国防战略研究所等。总体上，目前中国军事智库类型比较全，但多类智库十分单薄，作用发挥也不够明显，对此应着力加以充实、强化。例如，无官方拨款的民间军事智库，独立性更高，但因缺少固定资金来源、缺少影响决策途径，导致民间智库数量和质量都严重不足，在国内外影响力有限。[②]

构建多层次的智库体系。按照与决策者的距离和对政策的影响力，智库可分为核心智库、内层智库、外层智库。核心智库负责沟通并贯彻决策层意图，组织高水平团队深入研究，并综合内外层智库意见，最终形成成果供决策层参考；内层智库深入研究决策层关心的议题，并结合外层智库意见，协助核心智库发挥智囊作用；外层智库是核心、内层智库的顾问和协助力量，并主要就相关决策向社会进

①　James G. McGann. 2015 Global Go to Think Tank Index Report[R/OL].http://gotothinktank. com/2015-global-go-to-think-tank-index-report/ (2016-01-20)[2016-12-20].

②　钱贺进、葛江涛 . 中国民间军事智库调查：成员多是军队退休干部 很缺钱 [EB/OL]. http:// news.ifeng.com/shendu/lwdfzk/detail_2013_07/29/28022413_0.shtml (2013-07-29)[2016-12-20].

行解读、宣传和反馈。俄罗斯等国智库体系有明显的层次分布。[①] 全军体制调整为"军委管总、军种主建、战区主战"后，随着国家实力的增强和利益的拓展，军事战略、军种发展战略、战区战略都亟须做出相应调整并制定具体政策和措施，军事智库在军委、军种、战区决策时均必不可少。目前军委决策层和军兵种决策层之外有一定数量的核心、内层及外层智库存在，但战区决策层之外仍缺乏智库布局。一方面，军委和各军兵种决策层之外需要补充更多智库。军委已有军事科学院、国防大学等核心智库，内层与外层智库则有必要进一步充实；陆军、海军、空军、火箭军、战略支援部队、武警部队等在机关和院校下设了一些学术研究机构，但数量和质量仍有不足。另一方面，战区决策层之外亟待建立各层次智库。战区不能只依靠本级参谋人员，应建立起专门核心智库专事决策咨询，同时积极构建内、外层智库，借助各军地军事智库为己所用。美军全球五大战区均设有对应的区域安全研究中心（Regional Centers for Security Studies），主要任务是，"支持国防部的政策目标，特别是国防部战略和安全合作的指导原则，旨在提高行动安全性，促进伙伴关系，加强国家安全等方面的决策，并加强军民合作关系"。[②] 例如，对应太平洋战区的亚太安全研究中心位于夏威夷，主要对亚洲和太平洋地区事务进行研究、沟通以及培训。美军战区司令部常委托美国著名智库和专家完成重要课题，"某战区司令部"常出现在一些公开的高质量研究成果的委托者署名或致谢名单中。

构建多领域的智库体系。军事学一级学科包括军事思想及军事历史、战略学、战役学、战术学、军队指挥学、军事管理学、军队政治工作学、军事后勤学、军事装备学、军事训练学等。作为军事智库体系主体的军队智库，几乎在所有的学科门类都建设有相应领域的军事智库。军事问题包罗万象，当在学科之下进一步细分研究方向时，很多方向没有相应的军事智库。在一些军队智库，某位专家一个人研究几个方向十分常见，这必然导致研究者精力分散、研究深度不足。近些年，一些"小"议题、"偏"议题、"新"议题爆发时，军队智库反应较慢，临时攻关研究时有发生。世界著名智库的经验表明，影响力大的智库并非都是规模大、研究领域全面的智库，很多小而专的智库影响力并不弱，在它们最专精领域的影响力常常大于大的智库。[③] 当前，中国安全形势日趋复杂、问题呈井喷式增长，各领域、各方向

① 欧阳向英. 俄罗斯主要智库及其发展情况 [J]. 对外传播，2010(5):56—57.

② Department of Defense Directive 5200.41E: DoD Regional Centers for Security Studies[EB/OL]. https://www.hsdl.org/?abstract&did=794012 (2016-06-30)[2016-12-20].

③ 许宝健. 加拿大智库的特点及启示 [J]. 西部大开发，2015(1):85—93.

都亟须智库发挥决策咨询作用，充实、完善军事智库体系任重道远。

构建中国特色新型军事智库是一项系统工程，充实类型、区分层次、强化专业后才能更好地形成整体效能和系统优势。值得警惕的是，智库并非越多越好。有的国家智库鳞次栉比，为争夺资金和影响力形成恶性竞争，沦为不同部门、群体、公司利益的代言人，研究成果质量大打折扣。对此务必吸取教训，做好统筹规划。

二、建立健全中国特色新型军事智库体系管理协调体制机制

目前中国军事智库发展水平与国家安全和军事决策咨询的需求相比仍有一定差距，中国特色新型军事智库建设仍处在最初阶段，构建军事智库体系离不开健全的内部管理协调体制机制。缺乏顶层设计和重点建设与帮扶可能导致智库体系布局不合理，不同类型、层次、领域的智库发展不完善。缺乏体系内协调可能形成各自为战、重复建设的局面，导致效率低下、资源浪费。缺乏有效管控则可能导致部分智库沦为特殊群体而非党、国家和军队整体利益的代言人，或者导致智库研究出现趋利性、盲目性、跟风现象以及恶性竞争。对智库管控过度又可能导致智库研究独立性、自由度受损，创新能力弱、效率低下。上述弊端已经在一些世界著名智库中反复出现。中国军事智库体系建设务必吸取教训，建立起配套的体制机制。

设立中国特色新型军事智库体系管理协调机构。韩国、德国、日本等国设立有智库工作的管理、协调、监督、评价机构。韩国国家经济、人文社会研究会（NRCS）是韩国主管智库工作的机构。德国莱布尼茨协会负责评估和监督德国所有资金来源于国家拨款的研究机构。日本综合研究开发机构（NIRA）被称为智库开展综合研究的"总管"机构，还负责扶持和推动日本智库行业发展。[①] 这种做法值得参考借鉴。结合中国军事智库体系实际，为更好地辅助决策，可依托军委、军种、战区三个层级十余个主要决策层设置十余个管理协调机构。军种（及战略支援部队、武装警察部队）层级的机构管理协调全国研究某一军种（或战略支援部队、武装警察部队）军事问题的智库。战区层级的机构管理协调全国研究某一战区军事问题的智库。军委层级的机构负责管理协调全国研究全局性、战略性安全和军事问题，以及军委机关关注的重大军事问题的智库，并指导军种和战区层级管理协调机构的运行。军委层级的智库管理协调不妨以现有全军军事科研组织体制为基础，纳

① 王佩亨、李国强等. 海外智库——世界主要国家智库考察报告 [M]. 北京：中国财政经济出版社，2013:148、189、206.

入全国相关智库。军种、战区层级的智库管理协调机构可由各军种（及战略支援部队、武装警察部队）、各战区机关组建，并确定机构权责和职能。

智库体系管理协调机构的主要职能应包括：在智库体系建设上，掌握智库体系发展现状，向决策层提出关于智库体系整体上建设发展规划的建议，建强高端智库、帮扶重点智库、完善智库体系，形成"定位明晰、特色鲜明、规模适度、布局合理的中国特色新型智库体系"。[①] 在智库体系运行上，一是管理、监督体系内智库。包括评估和监督资金来源于军队拨款的智库的建设发展与工作效能；敦促智库所从事的各项活动符合党的路线方针政策，遵守国家法律法规；监督智库（尤其是民间军事智库）资金来源和人员背景情况；监督智库公开发布成果的政治和保密审查；制定军事智库体系管理协调相关法规制度；等等。二是协调体系内智库之间的互动。促进智库间在信息、成果、人员等方面的广泛交流；促进智库间在研究、评审、办会等方面的互助合作；促进智库间市场化竞争；等等。三是协调体系与决策层的互动。帮助智库从决策机关获取与研究有关的军事信息；拓展智库向决策层申报课题和报送自主成果渠道；协助决策机关进行课题招标与委托、成果评审与验收；等等。四是协调体系与国内外舆论的互动。协调智库引导军内外涉军舆论；协调智库积极回应、引导国际涉华涉军舆论；等等。五是协调体系与国内非军事智库及海外智库的互动。帮助、协调体系内智库与国内非军事智库及海外智库展开交流合作、智库外交等。

建立中国特色新型军事智库体系管理协调机制。智库体系管理协调机制不同于智库管理机制，后者涉及智库内部的管理，而前者是关于整个智库体系的管理与协调。建立体系机制的目的，是为了更好地发挥管理协调机构的职能，"突破不同层级、单位、学科、身份的界限，实现智库机构的合纵连横、智库平台的联动互通、智库要素的优化重组"，[②] 更好地激发体系活力，整合体系合力，发挥体系效力。管理协调机制应涵盖智库体系建设与运行的方方面面。要建立管理协调机构对体系内智库的监督和评估、向决策机关提出智库体系建设发展建议、协调智库引导军内外涉军舆论及国际涉华涉军舆论等方面的机制。建立智库体系内信息与成果共享、智库间交流合作、人员流动、人才库规划与储备、重点智库帮扶、市场化竞争等机

---

① 中办国办印发《关于加强中国特色新型智库建设的意见》[EB/OL]. http://politics.people.com. cn/n/2015/0120/c1001-26419175.html (2015-01-20)[2016-12-20].

② 刘德海. 建设地方新型智库体系 [N]. 光明日报，2015-03-18(16).

制。要促使决策机关建立和完善重大决策前征集智库意见、重大政策出台前委托智库评估等制度，决策咨询服务购买、课题招标或委托、鼓励自主研究与课题申报、非军队智库参与军队决策咨询、成果评价和应用转化、军事信息公开与涉密信息获取、决策层与智库间人才流动等机制。要建立和完善体系内智库开展对外交流合作、国际交往、智库外交等工作的机制。①

第四节　改进智库研究机制方法，提高研究成果质量

中国军队正在由数量规模型向质量效能型转变，智库研究也应如此。国防大学一位领导曾谦称，"国防大学这些年上报了不少咨询报告，但对中央和军委决策起到重大作用的却不多"。②智库对自身成果质量和决策影响力的不满足在中国军事智库中应属普遍现象。成果质量是智库决策影响力的基础，为保证成果质量，世界著名智库在长期实践中形成了一些好的工作机制和方法，值得中国军事智库借鉴参考。结合中国各军事智库研究工作现状，可着重优化选题、研究、评审"三关"，促进成果质量实现较大提升。

一、改进选题的机制方法

（一）鼓励自主、半自主选题，鼓励创新性、前瞻性选题

绝大多数中国军事智库作为党、军队和政府下属的智囊机构，难以做到完全独立，但适度的独立性对智库水平和研究质量有较大促进作用。目前中国军事智库专家对新出台政策、思想的阐释性、解读性、宣传性研究较多，智库和上级赋予的课题较多，但自主课题数量仍比较有限。中国军事智库应建立促进研究人员自主研究的机制办法。一是扩大研究人员自主课题立项比例，例如规定研究人员自主课题数量在智库年度课题总量中必须达到一定比例。二是采取部分世界著名智库"半自主式"选题法，在总体选题指导范围内鼓励研究人员自主选题。三是鼓励研究人员提出具有创新性、前瞻性课题，对相关课题申请优先立项，并给予奖励。

军事智库的决策影响力和作用发挥不应依靠体制上的垄断性、排他性地位，不

---

①　温勇、张瑶 . 军队智库建设重在搞好顶层设计 [N]. 解放军报，2015-03-22；任天佑 . 打造一流的中国战略智库 [J]. 国防大学学报（军事思想及军事历史研究），2010(9):16—17；许森、刘建华 . 突出重点、分类建设 努力构建具有我军特色高端智库 [J]. 战略研究，2015(4):75.

②　刘亚洲 . 精神 [M]. 武汉：长江文艺出版社，2015:91.

应主要依赖决策层、高级机关赋予课题。一流的智库引导决策，二流的智库辅助决策，三流的智库解读决策。积极主动、未雨绸缪地创新理论、出新思想、提"金点子"是世界一流智库的共性之一。中国军事智库和专家应彻底解放思想，跳脱长期积累的惯有思维、僵化思维，增强战略思维、创新思维、前瞻思维，甚至批判思维，主动为决策层答疑解惑、建言献策、指引方向。

如果智库的研究总走在决策之后，那么智库将扮演阐释、解读、宣传政策的角色。即使对已有决策存在质疑，质疑性研究必将产生较大阻力，短时间内促使政策调整的可能性很低。智库研究只有走在决策之前，才能更好地引导决策、影响决策。从二战至今，美国海军分析中心在研究思路上始终瞄准美国的作战对象或潜在对手，总能及时提供前瞻性的见解和应对方案，在海军决策圈中一直具有重要地位。[①]

值得注意的是，鼓励自主选题、增强前瞻思维，要防止出现过度自主、一味前瞻的倾向。智库的核心是服务决策，智库选题应紧紧围绕决策层关注的重大理论和现实问题，切莫以自主为借口，陷入纯学术式的"象牙塔"，也不能脱离实际，钻进"为前瞻而前瞻"的"牛角尖"。

（二）建立和完善顾问制度、岗位交流制度，确保选题紧贴决策、紧贴实践、紧贴对手

目前中国军事智库的研究一定程度上存在脱离决策、脱离实践、脱离对手的问题，部分根源在于智库及专家对决策需求、军事实践、竞争对手的认知不够全面、深入。认知不足直接导致选题质量不高。提高对决策需求、军事实践、竞争对手的把握和认知，一是要"请进来"，建立和完善"顾问"制度，获得选题与研究上的支持和辅助。世界著名智库多设立形式不同的顾问制度，[②] 从全国或全球邀请或聘请前政要、商界精英、顶尖学者、政府或军方重要人士、一线实践者等，为智库研究的选题、研究、审稿等出谋划策、提供支持。中国军事智库也可邀请或聘任国内及全球相关人员组成咨询委员会，共同研究把握世界大势、对手情况、国内决策需求、军事实践需求等，一定条件下可征求选题和研究意见。20 世纪 80 年代钱学森

---

① 童真.走进美国海军分析中心 [EB/OL]. http://www.mod.gov.cn/opinion/2015-11/20/content_4629294. htm (2015-11-20)[2016-12-20].

② 美国一些智库设有顾问委员会，而英国查塔姆学会称资深咨询委员会、德国一些智库称科学家委员会、日本一些智库也有来自行政机关的兼职顾问研究员。参见：王佩亨、李国强等.海外智库——世界主要国家智库考察报告 [M].北京：中国财政经济出版社，2013:86、131.

曾邀集国内不同领域资深专家进行头脑风暴式的思想与学术交流,通过这种"研讨厅"模式确立了很多实践方向和工作重点,取得了一大批重要成果。[①]

二是"走出去",建立和完善研究人员岗位交流制度。政策执行是政策制定的延续。如果智库研究者设计、制定的政策在现实中无法执行,成为"空中楼阁",那么智库研究是失败的。理论必须与实践紧密结合。日本智库有一种做法,即政府、高校、科研机构等向智库派遣人员任专职研究员,工作一段时间后再返回原单位,这有助于密切政府、教学科研机构与智库的联系,促进实际工作与智库研究的结合,促使智库选题和成果更加贴近实际,更具针对性。[②] 长期以来美国海军分析中心也特别将大批受过严格训练的研究人员,定期派到美海军海上和指挥部岗位,充分发挥他们对作战计划制定和战术运用的积极作用,同时丰富自身的实战经验,为以后的相关研究奠定基础。[③] 目前中国军事智库中军队智库向各级部队派出研究人员代职的做法已经形成较好的基础,未来可有所拓展,进一步提高智库及专家对决策需求、军事实践、竞争对手的认知水平。一方面,单向的派驻代职可升级为智库与部队双向的人员换岗交流,互利双方;另一方面,交流的岗位可拓展至军委机关、院校、基层岗位,以及外交、经济、科技、海洋、科研等部门岗位,最大限度与决策层、军队一线及非军事领域国家机关、科研单位保持交流合作。必要时应将岗位交流经历列入研究人员和干部考核标准。

二、改进课题研究的机制方法

(一)注重课题组成员多样性

课题组成员的编配应打破研究部门之间、智库之间、军地之间,甚至国籍的藩篱,应根据课题具体情况,将不同研究领域、不同学科专业、不同智库机构或者不同背景经历的专家纳入课题组,贡献不同专长、视野、信息、思路、方法、观点等,协力完成高质量研究成果。在一些非保密课题、国内外合作课题中,可将非军方、国外研究人员纳入课题组。尽量避免某一课题课题组人员由同一智库同一部门

---

① 李健、郭慧志. 美军智囊启示录②:塑造核心竞争力三部曲 [EB/OL]. http://www.thepaper.cn/newsDetail_forward_1323079 (2015-04-21)[2016-11-28].

② 王佩亨、李国强等. 海外智库——世界主要国家智库考察报告 [M]. 北京:中国财政经济出版社,2013:180、183、188.

③ 童真. 走进美国海军分析中心 [EB/OL]. 国防部网站,http://www.mod.gov.cn/opinion/2015-11/20/content_4629294.htm (2015-11-20)[2016-12-20].

研究人员组成。邀请军委机关、军兵种、战区和一线部队的军队人员以及相关国家机关、地方机构人员任课题组顾问，对研究工作及成果提出意见建议。

（二）多渠道掌握有效信息

如前文所述，世界智库研究中国军事与安全问题的信息资料有多种来源，包括智库内部数据库与图书馆、中外官方关于中国军事的公开信息、从本国政府或军方获准取得的保密信息、媒体信息、调查访谈信息、全世界中国军事观察家的信息互动、购买数据、个人积累的资料等。中国军事智库开展研究的信息来源与此类似，但有些方面可参考借鉴。一是建设智库自身的数据库，包括公开信息数据库、保密信息数据库等。二是推动建立和完善从军地情报、外事、安全等部门获取保密信息的渠道和机制。三是探索从国内外数据、调查、信息公司购买、委托获取信息数据的路径，建立智库自身专门的民意调查机构、信息采集机构、数据统计分析机构等。四是鼓励研究人员到军内外、国内外实地调查访问获取资料，必要时可通过在外短期任职的方式开展调研。五是鼓励研究人员通过各类军内外、国内外座谈会、研讨会获取信息资料，高度重视一些主题集中的全国性、全球性智库和专家交流互动平台，积极主动组织一些类似互动平台。

（三）注重运用理论工具及技术手段开展分析研究

首先，积极运用理论工具开展研究。既要实事求是地学习借鉴西方部分科学、有效的理论工具和分析框架，如相关国际关系理论、作战理论、系统论、博弈论等，研究分析中国军事和国家安全问题。更重要的是，创造和运用中国自己的理论架构和方法论开展研究和分析，坚决不能一味依赖西方理论研究中国的安全与军事问题。既要利用中国既有基础理论，也要鼓励开展理论创新。理论创新一靠人才，二靠制度，关键在制度。中国军事智库应摒弃阻碍研究人员开展创新研究的制度，制定和完善促进性的制度和措施，提高其理论创新的积极性和能力素质。

其次，积极运用技术手段开展量化研究、仿真模拟。大数据技术、量化分析和计算机模拟、仿真技术已经成为世界著名智库军事研究的重要手段和方法，对获得可信度高的研究结论、可行性高的对策建议，对验证政策方案等，具有独有的优势。

（四）注重发挥研究助理作用

世界著名智库大多设有研究助理岗位。基于提升成果质量、提高研究效率、培养年轻人才的需要，军事智库可为高级研究人员或课题组配属研究助理。智库年轻研究人员、所属研究生院学生、实习生等均可担任研究助理。军事智库可设置实习生岗位，吸引军队、地方科研机构年轻研究人员及地方高校应届毕业生等实习锻炼。条件允许可为每名高级研究人员配属一名研究助理。

三、改进成果评审的机制方法

（一）更多采取外部评审或独立第三方评审方式

中国军事智库目前成果评审模式与国外著名智库类似，采取多重评审制度，即专家评审——智库高层审查——课题委托方审核，层层把关后递交决策层；对于智库自主研究的非委托课题则在专家评审、智库高层审核后直接递交决策层。为进一步增强成果评审效果、提高成果质量，在对课题进行中期和终期评审时，应尽可能多地组织智库外专家、独立于完成课题的智库和课题委托方之外的第三方人员组成评审小组，对不具名的成果进行匿名评审，撰写详细评审报告。应确保评审人员与课题组无直接利害关系，同时，也应吸取国外著名智库教训，尽可能地避免在评审中对课题研究进行学术主张、观点、建议等方面的倾向性、行政性指导，防止损害科研独立性和学术中立性。不过，政治方向正确是中国军事科研的基本要求，基本政治立场不能出现丝毫偏差。对于不涉密的成果，军事智库可公开部分或全部内容，接受全军和社会公众讨论监督，听取反馈促进质量提升。

（二）采取有效手段确保同行评审公正、客观

同行评审是国内外学术成果质量评审的一种基本方法和制度，目前国内智库包括军事智库在成果评审中多采用这一方法。由同领域专家评审研究成果本是为了确保评审客观性、提高成果质量，但国内智库在现实操作中存在比较严重的形式主义，甚至造假行为。据《华盛顿邮报》报道，英国某大型学术出版机构以"伪造同行评审的痕迹"为由撤销了 43 篇论文，其中 41 篇来自中国作者。[1] 同行评审造假不仅在中国学术界，而且在全世界都普遍存在，值得中国军事智库高度警惕。为提高同行评审公正性、客观性，可仿效部分外国智库的做法，由智库选取德高望重、学术诚信、立场中立的人员组成本智库的成果评审委员会，再由他们按照不同学术领域甄选、建立评审专家人才库，评审研究成果时再从该库中随机抽取数名专家组成评审小组，对相关成果进行评审。根据是否向作者和评审专家公开对方身份信息，"同行评审"可分为单盲评审（向评审专家提供作者信息，不对作者提供专家

---

[1] 转引自：英出版商撤造假论文 九成半属中国学者 [N/OL]. http://www.zaobao.com/wencui/social/story20150402-464107 (2015-04-02)[2017-02-25].

信息）、双盲评审和公开评审三种形式。① 中国军事智库应尽可能多地采取双盲评审，非特殊情况不应采取公开评审。

（三）详细制定并严格落实课题组质量负责制度和奖惩措施

军队智库隶属于军队，为军队决策层服务，没有市场竞争、资金来源的压力和困扰，具有一定垄断性和依附性，这在某种程度上导致智库和专家缺乏生存危机感，部分成果质量不够高。为此，应针对课题组制定严格的质量负责制和奖惩措施：根据评审结论，对成果质量高的课题组给予一定精神和物质奖励；对于质量不高的成果，坚决要求课题组按照评审结论做出修改调整；面对质量不合格的成果，则果断撤换课题组，冻结课题经费，并采取一定惩罚措施；对于剽窃等学术不端行为采取"零容忍"态度，对相关人员做出严肃处理。为进一步激励、督促研究人员提高成果质量，可探索建立成果质量信息档案和科研信用记录，作为研究人员立功受奖与职务晋升的依据之一。

第五节　针对不同群体展开推介宣传，增强智库决策及社会影响力

除国际影响力之外，世界著名智库极力追求决策影响力与国内社会影响力。智库决策影响力与社会影响力主要作用对象为国内的决策层、媒体界、学术界、普通民众等。② 为增强这两大影响力，中国军事智库应针对不同群体采取相应措施办法展开自我推介宣传。

一、精准公关、双头并举，加强面向决策层的直接沟通和自我推介

军事智库应加强对决策层的"精准公关"，拓展智库与政策决策层之间的"智政通道"。一方面，直接与决策者及决策助手（如：决策层助理人员、顾问、高级参谋人员等）交流沟通，了解掌握决策层信息咨询的需求、上报成果的最佳时机、决策层对成果的反馈等。可积极搭建智库与决策层对话沟通的平台，完善双方联络机制，力促形成智库参与决策咨询、政策评估、重大专项论证与听证的制度化和程序化安排；向核心部门、高级机关推荐、输送军队智库人员，吸纳转岗、退役的决

---

① 学者论文被大规模撤稿 同行评审造假污染学术圈 [EB/OL]. http://www.cssn.cn/ts/ts_scfj/201504/t20150402_1573234.shtml (2015-04-01)[2017-02-25].

② 智库的国际影响力也常常"波及"国内的决策层、媒体界、学术界和普通民众，智库及专家成果"出口转内销"的情况在中国屡见不鲜。

策助手到军地智库任职，形成有中国特色的"旋转门"；必要时建立、维护与决策层的私下交往。

另一方面，尽力使重要研究成果进入决策层视野。对于核心智库，一部分成果"呈报"决策者、"抄送"核心职能部门的途径比较通畅，但核心智库的其他很多成果及非核心智库的大部分成果无法直达决策者，对此应遴选精要，采取适当、有效途径尽力使其进入决策助手的视野。可增加"研究简报""研究动态"等公文类型或出版物，集中介绍一段时间内主要成果的简要内容，报送核心部门及高级机关，吸引决策助手的关注。除官方报送途径外，也应积极拓展非官方渠道。一些民间军事智库可将总部设在决策层所在地，或者在相关地区设立联络处或办事处。

二、重点突出、广泛用力，借助媒体与智库界扩大影响力

智库与媒体是现代决策体系和传播体系中的两个关键角色，具有承上启下的作用，世界著名智库普遍重视与二者的沟通与合作，实践证明效果显著。中国军事智库可借军地媒体、其他智库及科研机构，拓展对决策层的间接影响，并扩大在军内、国内的影响力。媒体方面，军事智库应有组织、有计划地向各大媒体平台广泛推介、宣传研究成果。重点地，应在决策层重点关注的党报军报、党刊军刊上发表成果；与主要媒体培养良好互动关系，主动通报、推介新成果新主张；建设自身有影响力的新媒体平台；等等。同时，智库应培养专家主动宣传的意识，鼓励专家接受采访、发表文章、开设新媒体和自媒体平台、出版学术专著。军队智库应鼓励专家出版公开发行、通俗易懂的成果[1]，使社会大众能接触军事研究的成果和信息。

另一方面，其他智库、学者也是扩大影响力的媒介，军事智库、学者应积极与其他军地智库、学者开展交流、合作，建立相关机制。例如，举办或参与各类讲座、发布会、座谈会、讨论会、报告会、学术年会；成立或加入各研究领域的学会、研究会等，开展互动交流、联合研究、成果共享；等等。对于决策层倚重、决策和社会影响力大的智库及专家，应予以高度重视。

三、抓住时机、有效宣传，增强对全军和普通民众的舆论影响

智库及专家作为知识精英群体，对国内社会舆论具有重要影响力。吸引民众对政策议题和主张的关注，为政策出台进行舆论造势；政策出台后向民众答疑解惑，

---

① 目前军队智库学者主要出版在军内发行的成果，社会大众难以获取。

增进民众对政策的理解和支持；平时焦点事件和对外舆论斗争中引导舆论走向，是智库的几项基本功能。增强军事智库在军队和普通民众中的影响力，需要在重要时机对受众进行及时、有效的宣传和引导。重要时机包括，军队或社会大众共同关注某一政策议题或焦点事件，对专业信息和权威成果具有迫切的需求时，以及官方或智库自身有舆论造势或对外舆论斗争需要时。此时智库开展宣传引导、扩大影响力将更有成效。

一方面，应及时、密集发布信息和成果。军事智库应及时形成短、平、快成果，或者集中一些长期研究形成的重量级成果，密集发布，满足民众信息需求，引导社会舆论走向。一些通俗易懂、有理有据、简明扼要的文章，摆事实、亮观点，驳谬论、揭漏洞、谈意见、提建议，能迅速扩大智库影响力。另一方面，应发布权威、可信的信息和成果。可信度是智库和专家影响力的基础，军事智库应注重培养具有高知名度、高声望的专家和意见领袖，并对公开成果的可信度和质量进行严格把关。避免出现有立场没支撑、有观点没论据，甚至胡编乱造的成果，严重损害智库影响力。发布信息和成果的形式既可是口头的受访、授课、讲座等，也可是书面的文章、报告、著作等。

社会舆论对决策有一定影响，智库可通过影响社会舆论，寻求社会大众对其政策主张的支持，增强决策层对其政策主张的重视程度。但影响舆论应注意把握好度，绝不能肆意操控舆论。军事智库切忌像部分外国智库一样以操控舆论的手段倒逼决策。①

总体上，为统筹推介宣传工作，军事智库应在智库内设置专职对外宣传部门，主要负责对决策层公关、与媒体沟通、对军队和社会大众宣传，推介研究成果、组织宣传活动等。同时，军事智库监管部门和机构也应对体系内的所有军事智库加强约束，制定相关规章制度规范推介宣传工作。一方面，要树立"成果质量是基础，推介宣传是辅助"的原则，切不可本末倒置。有专家提出，中国智库已出现重宣传轻研究的问题，沉溺于办论坛、追热点等。②另一方面，要吸取一些世界著名智库的前车之鉴，主要防止出现智库宣传工作演变为非良性游说活动、智库之间在宣传上形成恶性竞争、智库宣传干扰甚至借民意倒逼决策等情况。

---

① 王佩亨、李国强等．海外智库——世界主要国家智库考察报告 [M]．北京：中国财政经济出版社，2013:50；英国智库专家认为，智库的主要目标是通过影响国内舆论进而影响决策。

② 刘世锦．智库应把更多时间投向内容生产 [EB/OL]．http://www.cssn.cn/xspj/zkpj/201701/t20170125_3398184.shtml (2017-01-25)[2017-02-20]．

结　语

　　本书主要围绕"世界著名智库的当代中国军事研究"这个现实问题，按照"综述—分析—启示"的思路展开。综述它们怎么研究、研究什么、研究效果如何，分析在研究中出现问题的原因、研究的趋势，最终提出对"怎么办"的思考。全书聚焦世界著名智库的当代中国军事研究，一是从中国国家安全和军队建设运用的角度看世界智库的当代中国军事研究，二是从中国军事智库建设运行的角度看世界智库的当代中国军事研究。世界智库的研究成果既反映了它们对中国国家安全和军队建设运用的认识，也反映了它们对中国国家安全和军队建设运用的态度和立场；世界智库的作为值得我国军事智库的学习借鉴，同时也迫使我国军事智库做出应对。因此书中始终树立借鉴思维和对手意识，学习经验、吸取教训，妥善应对、做好准备。

　　本书基本达成了最初确立的研究目的，但仍有诸多不足之处：

　　基础资料全面性、完整性不足。世界智库数量众多，涉及中国军事的研究成果浩如烟海，虽然参考利用了国内大量编译成果，但很多成果仍需查找、翻译。由于笔者外语水平、精力有限，成果梳理，尤其是对非英语成果的梳理仍有欠缺。

　　一些重要子议题未能顾及。世界著名智库的中国军事研究是一个比较大的主题，子议题繁多，部分议题在书中几乎没有涉及。除了资料遗漏之外，有的是故意有所取舍，有的是国外智库专家研究较少。例如，智库的人才选用、资金来源、科研管理等也与智库运作密切相关，但本书主要聚焦智库研究工作，没有加以专门论述。陆上战略、陆上作战能力、军事力量在境内的布局和运用、反恐救灾、国防工业体系、军政关系等重要议题，世界智库相关成果不多。此外，军事议题的敏感性、机密性也导致部分智库成果无法从公开渠道获取。

　　归纳专家观点时存在主观因素。第二章撰写世界著名智库当代中国军事研究的议题与要义，笔者尽量秉持客观原则，在编译、梳理中忠实原文，但将大量立场不同、角度各异的观点进行总结归纳，难免眼花缭乱、顾此失彼。本书只能尽力将多数专家的观点、主流观点、重量级专家的观点呈现出来，一些少数派、看起来不重要的主张被主观性地忽略。

调研求证不足。第四章启示思考，关于应对世界著名智库对华军事政策主张、开展国际涉华涉军舆论斗争、建设中国特色新型军事智库提出相关建议，需要对中国新军事战略方针及军事斗争准备、中国军事智库建设与运行、中外智库交流互动及舆论斗争等方面的具体情况有比较充分的了解。为免启示建议陷入无用甚至无知的窘境，研究中必须做大量调研、求证工作。本课题虽然尽可能通过相关单位或途径进行了一些调研工作，但因条件有限，且部分内容为涉密信息，调研仍不够充分，对相关建议的质量有一定影响。

世界智库与中国军事每天都在变化，世界智库的中国军事研究随着时间的推移、形势的变化也会与时俱进发展。未来国内外研究界类似主题的综述分析一定会越来越多，关注点也会越来越全面、深入，本书希望能为此完成一次接力。

附　录　研究当代中国军事问题的主要智库与专家 *

一、美国智库及专家

（一）智库

1. 战略与国际研究中心（CSIS）

战略与国际研究中心于 1962 年成立，总部位于华盛顿。该中心在美国宾夕法尼亚大学《2016 年全球智库报告》全球防务与国家安全类智库中排名第一[①]，主要研究安全和外交问题。中心吸纳了诸多世界顶级战略家和学者，亨利·基辛格是该中心国际评议员小组主席，前国家安全顾问布伦特·斯考克罗夫特（Brent Scowcroft）等人任顾问，数十名美军退役将领和军官在中心任职。

CSIS 对中国军事议题有所研究的机构有，太平洋论坛（Pacific Forum）、费和中国研究讲座（Freeman Chair in China Studies）、中国力量（China Power）项目。太平洋论坛总部在夏威夷，理事会成员包括美国前副国务卿理查德·阿米蒂奇（Richard Armitage）、约瑟夫·奈等 38 人。费和中国研究讲座 20 世纪 90 年代末期成立，主要涉及中国政治、军事、安全等方面政策，以及中国与其他大国、邻国关系研究。中国力量项目侧重中国崛起的实力对比、潜在影响，包括中国军事、经济、技术等问题研究。战略与国际研究中心研究中国军事和安全问题的专家主要有：理事、太平洋论坛主席柯罗夫（Ralph A. Cossa），高级顾问、费和中国研究讲

---

* 注：本附录主要参考中国社会科学院中国社会科学评价中心发布的《全球智库评价报告》、中国外交学院国际关系研究所国际安全研究中心发布的《美国知华派评估报告》、美国宾夕法尼亚大学"智库与公民社会"项目（TTCSP）发布的年度《全球智库报告》等具有一定可信度和影响力的排行榜及名录，遴选对中国军事问题有一定研究的世界著名智库与学者。基本信息主要整编自相关智库、机构官方网站，以及维基百科（Wikipedia）、领英（LinkedIn）等平台，查阅、整编时间为 2017 年 3—5 月。

①　James G. McGann. 2016 Global Go to Think Tank Index Report[R/OL]. http://gotothinktank.com/2016-global-go-to-think-tank-index-report/[2017-3-20].

座首席张克斯（Christopher K. Johnson），亚洲问题高级顾问、中国力量项目主任葛来仪（Bonnie S. Glaser），阿莱·伯克战略讲座首席安东尼·科德斯曼（Anthony H. Cordesman），尼古拉斯·亚罗什（Nicholas S. Yarosh），太平洋论坛研究员阿什利·赫斯（Ashley Hess），网络安全问题专家詹姆斯·刘易斯（James Lewis）等①。

该中心出版《国际问题》杂志、《华盛顿季刊》，网上发布《比较关系》（*Comparative Connections*）电子季刊，两年发布一本《世界各国实力评估》。中心拒绝接受中央情报局和国防部的资助，拒绝从事任何涉密研究，资金主要来自财团和大企业资助、政府部门研究合同等。网址：www.csis.org。

2. 兰德公司（RAND）

兰德公司前身是美国空军 1945 年在道格拉斯飞机公司立项的"兰德计划"，1948 年从道格拉斯公司中脱离出来成为独立的智库组织。②总部位于加利福尼亚州圣莫妮卡，在华盛顿哥伦比亚特区、加利福尼亚州旧金山、路易斯安那州新奥尔良、马萨诸塞州波士顿、宾夕法尼亚州匹兹堡，比利时布鲁塞尔、荷兰莱顿、德国柏林、英国剑桥、澳大利亚堪培拉等处设有办事处，在卡塔尔设有兰德—卡塔尔政策研究所。被称为"世界第一智库""超级军事学院"，最初研究军事尖端科学技术和重大军事战略，现在已发展成为涉及军事、政治、经济、外交、科技、社会等各方面的综合性智库。兰德公司组织架构上分行政管理系统和科研系统。行政管理系统分为总裁办公室，职员发展与管理、财政管理、外事等办公室等机构。科研系统分为空军项目部、陆军研究部、国家安全研究部及亚太政策中心等部门和研究机构。③

空军项目部（Project Air Force）始于 1946 年，是美国空军唯一政府资助的研发中心，主要承担来自美国空军的研究任务；2015 年成立的中国航空航天研究所（China Aerospace Studies Institute）旨在促进对中国航空航天力量能力、理念、缺陷的全面掌握，研究中国航空航天力量的发展及对美国亚太战略、美国空军的影响，该所每年举办年会，2016 年年会主题为"中国航空航天力量投射发展与实践"。

陆军研究部（Army Research Division）之下设置阿罗约中心（Arroyo Center），中心成立于 1982 年，是美国陆军唯一政府资助的研发中心，由美国陆军阿罗约中

---

① Center for Strategic and International Studies.Programs[EB/OL]. https://www.csis.org/top-programs[2017-02-27].

② 美国兰德公司 [EB/OL]. http://wiki.mbalib.com/wiki/ 美国兰德公司 [2017-03-28].

③ RAND Corporation.About the RAND Corporation[EB/OL]. https://www.rand.org/about.html[2017-02-27].

心政策委员会（the Arroyo Center Policy Committee）监管，该委员会在陆军部助理部长和陆军副参谋长共同领导下对阿罗约中心提供全面指导，审查年度方案、批准研究项目。

国家安全研究部（National Security Research Division）之下设置国防研究所（National Defense Research Institute），承担来自国防部长办公室、联合参谋部、联合作战司令部、海军陆战队、海军部等部门研究任务，主要研究国家防务政策、战略问题等，国防研究所下设国际安全与防御政策中心、情报政策中心等五个中心。

亚太政策中心（Center for Asia Pacific Policy）主要关注涉及亚洲、美国与亚洲关系的政策研究，下设唐氏美中关系研究所（由唐仲英基金会捐助成立）。

兰德公司研究中国军事与安全问题的专家有：亚太政策中心高级政治学家施道安（Andrew Scobell）、亚太政策中心副主任斯科特·哈罗德（Scott Warren Harold）、高级政治科学家迈克尔·蔡斯（Michael S. Chase）、高级国际与防务研究员蒂莫西·希思（Timothy R. Heath）、高级国际与防务研究员科特斯·库珀（Cortez A. Cooper）、政策分析师莱尔·莫里斯（Lyle Morris）、兼职高级研究员龚培德（David C. Gompert）等。

兰德公司 65% 的收入来源于军方、国防部及联邦政府。兰德还有一个规模庞大的图书馆，有 35000 多册书籍和大量的期刊。计算中心配有完善的计算机设备和各种软件包，并配备一支 130 多人的技术队伍。官网发布有会议记录、公司出版物、听证会证词、外部出版物、专著、研究报告等，网址：http://www.rand.org/。

3. 布鲁金斯学会（Brookings Institution）

布鲁金斯学会成立于 1916 年，总部位于华盛顿，连续多年被宾夕法尼亚大学《全球智库报告》列为全球智库排行榜第一位，主要研究领域为全球政治、外交、安全政策及经济发展等议题。现任学会主席为美国前副国务卿斯特普·塔尔博特（Strobe Talbott），董事会联合主席为大卫·鲁宾斯坦（David M. Rubenstein）与约翰·桑顿（John L. Thornton）。对中国军事议题有所研究的下属机构包括东亚政策研究中心、约翰·桑顿中国中心、21 世纪安全与情报中心等。

东亚政策研究中心（Center for East Asia Policy Studies, CEAP）成立于 1998 年，初称东北亚政策研究中心，后改为现名。研究主要聚焦于中国、台海、东南亚、朝鲜半岛、日本等国家或地区及美国东亚政策等。该中心每年邀请 8 名来自东亚地区的学者从事为期 4 个月的访问研究。主要研究人员有：中心主任卜睿哲，高级研究员乔纳森·波拉克（Jonathan D. Pollack）、廖振杨（Joseph Chinyong Liow）、米雷娅·索利斯（Mireya Solís）[1] 等。[2]

约翰·桑顿中国中心（John L. Thornton China Center）成立于2006年，主要研究中国外交、安全、能源、经济政策及内政问题等。约翰·桑顿中国中心中国军事和安全问题研究专家有，主任李成（Cheng Li），高级研究员李侃如（Kenneth Lieberthal）、杰弗里·贝德（Jeffrey Bader）、卜睿哲（Richard C. Bush Ⅲ）、杜大伟（David Dollar）、乔纳森·波拉克，客座高级研究员柯庆生（Thomas J. Christensen）等。2006年布鲁金斯学会与清华大学联合创办清华—布鲁金斯公共政策研究中心。

21世纪安全与情报中心（Center for 21st Century Security and Intelligence）。主要研究未来数十年会影响安全政策的关键问题，如防务政策、网络安全、军控与防扩散、情报、非洲安全等方面的新挑战。研究中国军事和安全问题的专家有中心主任、高级研究员迈克尔·欧汉隆（Michael E. O'Hanlon）等人。

学会经费主要来源于，学会创始人罗伯特·布鲁金斯创立的专项基金，一些基金会、大公司及个人的捐款，政府资助，出版物收入，以及其他一些投资收入等。网址：https://www.brookings.edu/。

4. 新美国安全中心（CNAS）

新美国安全中心于2007年成立，位于华盛顿。创始人为美国前助理国务卿库尔特·坎贝尔（Kurt Campbell）和前国防部副部长米歇尔·弗卢努瓦（Michèle Flournoy），研究人员大多有军方背景。奥巴马任期内曾将该中心多人延揽入阁，被媒体称为"奥巴马时期军事事务上的首选智库（go-to think tank）"，"当新美国安全中心说话时，人们都在听"。[3] 主要研究领域包括战略与国家治理、国防战略与评估、技术与国家安全、地区和国家等议题，近几年中国军事议题上主要关注中国军事力量崛起、海洋战略、网络战力量、核力量等方面。[4] 对中国军事与安全问题有所研究的下属机构包括：亚太安全项目（Asia-Pacific Security program）、防务战略与评估项目（Defense Strategies and Assessments program）、技术与国家安全项目（Technology and National Security program）等。中国军事研究专家主要有：高级顾

---

① 米雷娅·索利斯是日本问题研究专家，对国际关系、亚太问题也有研究。

② Brookings Institution.About US[EB/OL]. https://www.brookings.edu/about-us/[2017-02-27].

③ Carlos Lozada. Setting Priorities for the Afghan War[N/OL]. http://www.washingtonpost.com/wp-dyn/content/article/2009/06/05/AR2009060501967.html [2017-03-19].

④ 从巍瀚. 新美国安全中心对华军事研究探析 [J]. 青年科学月刊，2014(7):138.

问兼亚太安全项目高级主任帕特里克·克罗宁（Patrick M. Cronin）、罗伯特·盖茨高级研究员埃尔布里奇·科尔比（Elbridge Colby）、高级研究员兼防务战略与评估项目主任杰瑞·亨德里克斯（Jerry Hendrix）、兼职研究员艾小磊（Alexander Sullivan，又译亚历山大·沙利文）、兼职高级研究员理查德·韦茨（Richard Weitz）、亚太安全项目研究员柯海瑞（Harry Krejsa）等。[①] 中心官网主要发布研究报告、国会听证会证词、专家评论文章等。网址：https://www.cnas.org/。

5. 卡内基国际和平研究院（Carnegie Endowment for International Peace，原称基金会）

卡内基国际和平研究院于 1910 年成立，总部位于华盛顿，在北京、莫斯科、布鲁塞尔、新德里、贝鲁特等地设有清华－卡内基全球政策中心（Carnegie-Tsinghua Center for Global Policy）、卡内基莫斯科中心、卡内基欧洲中心、卡内基印度中心、卡内基中东中心。研究院被中国社会科学院 2015 全球智库排行榜列为榜首。院长为美国前常务副国务卿威廉·伯恩斯（William J. Burns），副院长是包道格（Douglas Paal），马秀丝（Jessica Mathews）曾任院长 18 年。研究院主要下设亚洲、核政策、俄罗斯与欧亚、网络空间政策倡议、南亚、中东、能源与气候等几大项目。关注的中国安全类议题包括中国的安全政策、军事力量发展、区域安全、台海问题、防核扩散和军备控制、中美安全关系等。研究中国军事和安全问题的专家主要有，包道格，亚洲项目高级研究员史文（Michael Swaine），亚洲项目非常驻高级研究员方艾文（Evan A. Feigenbaum）、顾德明（François Godement）、麦艾文（Even S. Medeiros），清华－卡内基全球政策中心主任韩磊（Paul Haenle），南亚项目高级研究员阿什利·特利斯（Ashley Tellis）等。[②]

研究院出版《外交政策》双月刊、《卡内基中国透视》月刊（*China Insights*），不定期出版政策简报、问题简报、工作报告等。建有"中国名人录"（China Vitae）信息库和搜索平台，录入超过 5000 名中国政治、军事、教育、商业、媒体等领域知名人物基本信息，并及时更新新任命或新出现的名人，网址：http://chinavitae.com/。研究院官网网址：http://carnegieendowment.org/。清华－卡内基全球政策中心网址：http://carnegietsinghua.org/?lang=zh#。

---

① Center for a New American Security.Experts[EB/OL]. https://www.cnas.org/experts[2017-02-27].

② Carnegie Endowment for International Peace.Official Site[EB/OL]. https://carnegieendowment.org/ [2017-02-27].

6.外交关系委员会（CFR，又译外交关系协会）

外交关系委员会于 1921 年成立，总部位于纽约，华盛顿设有办公室。委员会采取会员制，现有会员 4900 多名，包括高级政府官员、著名学者、企业高管、知名记者、律师等。[①] 主席为国务院前政策规划主任理查德·哈斯（Richard N. Haass）。外交关系委员会下设大卫·洛克菲勒研究项目（David Rockefeller Studies Program），主攻美国对外关系、外交政策研究，对美国对外政策具有重要影响力。对中国军事与安全问题有所研究的专家有：中国研究高级研究员拉特纳（Ely Ratner）、高级研究员兼亚洲研究主任易明（Elizabeth C. Economy）、数字化与网络空间政策项目主任史国力（Adam Segal）、美国外交政策高级研究员罗伯特·布莱克威尔（Robert D. Blackwill）等。该委员会出版《外交事务》双月刊，网址 http://www.cfr.org/。

7.大西洋理事会（Atlantic Council）

大西洋理事会成立于 1961 年，由美国北约理事会、大西洋研究会美国委员会、大西洋协会公司等合并而成，属于总部设在巴黎的大西洋研究会和大西洋条约协会设在美国的机构，主席为弗雷德里克·坎普（Frederick Kempe）。该理事会下设布伦特·斯考克罗夫特国际安全中心、南亚中心、非洲中心等研究机构，主要研究领域为国际政治、经济和安全问题。[②] 关注中国军事与安全议题的专家有，高级研究员兼亚太未来规划项目执行主任魏欧林（Olin Wethington）、布伦特·斯考克罗夫特国际安全中心高级研究员罗伯特·曼宁（Robert Manning）、非洲中心主任彼得·潘（J. Peter Pham）等。大西洋理事会出版《大西洋共同体新闻》（月刊）、《大西洋共同体季刊》以及专题研究报告。网址：http://www.cfr.org/。

8.战略与预算评估中心（CSBA）

该中心于 1995 年成立，位于华盛顿，主席为前助理国防部长帮办托马斯·曼肯（Thomas Mahnken），主要通过净评估、战争推演、情景开发等手段研究、评估国家安全战略、防务政策规划、未来战争、军事力量、防务预算、资源配置、情报事务、国际战略等，其中包括对华政策和军事战略、中国军事威胁、中美未来战争推演等，曾最早提出对华"空海一体战"概念。中心研究人员规模不大，大多是美国防部、国务院、国家安全委员会的前高级职员、退伍军官等，与防务、安全部门

---

① Council on Foreign Relations.About CFR[EB/OL]. https://www.cfr.org/about[2017-03-16].

② 美国大西洋理事会 [EB/OL]. http://www.cssn.cn/st/st_gwst/201402/t20140217_965672.shtml [2016-10-19].

关系密切，资金主要来源于国防部等委托课题收入。中心前主席安德鲁·克雷宾涅维奇（Andrew F. Krepinevich）、高级分析师蒂莫西·沃尔顿（Timothy Walton）等人对中国军事与安全问题有所关注。网址：www.csbaonline.org。①

9. 卡托研究所（Cato Institute）

卡托研究所于 1977 年成立，总部位于华盛顿，经费主要来源于个人捐款，侧重公共政策、贸易、外交、安全等领域问题研究。国防和外交政策高级研究员特德·盖伦·卡彭特（Ted Galen Carpenter）对美国对华战略、中美关系、台海、朝鲜半岛、南海等问题有所研究。该研究所出版《卡托期刊》《政策报告》《卡托决策者手册》《卡托信函》等。网址：https://www.cato.org/。②

10. 哈佛大学肯尼迪政府学院贝尔福尔科学与国际事务中心（The Belfer Center for Science and International Affairs）

该中心成立于 1973 年，是哈佛大学肯尼迪政府学院的研究机构，下设外交与国际政治、国际安全等项目，研究领域涉及中国军事与安全问题的学者主要有中心主任、肯尼迪政府学院创始院长格雷厄姆·艾利森（Graham Allison），③ 国际安全项目主任兼《国际安全》总编辑史蒂芬·米勒（Steven E. Miller），网络安全计划非常驻成员张馨文（Amy Chang），原子管理项目高级研究员张辉（Hui Zhang）等。中心出版《国际安全》季刊（*International Security*）。网址：http://www.belfercenter.org/。④

11. 美国企业研究所（AEI）

美国企业研究所于 1943 年成立，位于华盛顿，全称美国企业公共政策研究所，总裁为亚瑟·布鲁克斯（Arthur Brooks）。该智库是美国著名保守派智库之一，与共和党及传统基金会、胡佛研究所等保守主义智库联系紧密，研究领域广泛涉及经济、外交、防务政策等，以及社会、政治、环境等问题，下设的亚洲研究项目，对中国军事与安全问题、台海问题、朝鲜半岛问题等比较关注。⑤ 研究中国军事问题的专家主要有亚洲研究项目主任卜大年（Dan Blumenthal）、高级研究员约翰·博尔

---

① Center for Strategic and Budgetary Assessments.Official Site[EB/OL]. https://csbaonline.org/ [2017-05-16].

② Cato Institute.Official Site[EB/OL]. https://www.cato.org/[2017-05-16].

③ 格雷厄姆·艾利森著有《注定一战：美国和中国能避免落入修昔底德陷阱吗？》（*Destined For War: Can America and China Escape Thucydides's Trap*? Houghton Mifflin Harcourt. 2017）。

④ The Belfer Center for Science and International Affairs.Official Site[EB/OL].http://www.belfer-center.org/[2017-05-16].

⑤ 肖欢、陈晴，美国智库的中国军情研究——以美国企业研究所为例 [J]. 亚太安全与海洋研究，20166(3)。

顿（John Bolton）、日本研究中心主任迈克尔·奥斯林（Michael Auslin）、外交和防务政策研究员迈克尔·马扎（Michael Mazza）等。研究所出版《对外政策与防务评论》双月刊。网址：http://www.aei.org。

12. 传统基金会（Heritage Foundation）

传统基金会成立于 1973 年，总部位于华盛顿，是美国最具影响力的保守派智库之一，被认为首次提出"中国威胁论"，与台湾联系十分密切。[①]1977—2013 年会长为佛纳（Edwin J. Feulner），现任会长为前美国参议员吉姆·德明特（Jim DeMint，又译狄敏特）。研究范围主要侧重政策理论基础研究，研究领域广泛涵盖政治、外交、经济、安全、军事各方面。凯瑟琳与谢尔比·卡洛姆·戴维斯国家安全与对外政策研究院（简称戴维斯国际研究院）是该基金会安全与对外政策问题的核心研究部门，下属亚洲研究中心（1983 年成立）、国防中心对中国军事与安全问题有一定研究。相关研究人员包括：亚洲研究中心主席佛纳、亚洲研究中心主任瓦尔特·洛曼（Walter Lohman）、中国政治与安全问题高级研究员成斌（Dean Cheng）、埃里森对外政策中心高级研究员彼得·布鲁克斯（Peter Brookes）、东北亚问题高级研究员布鲁斯·柯林纳（Bruce Klingner）等。该基金会出版《政策评论》季刊（*Policy Review*）、《国家安全记录》月刊（*National Security Record*）。网址：http://www.heritage.org/。[②]

13. 美国进步中心（CAP）

美国进步中心成立于 2003 年，位于华盛顿，前身为 1989 年成立的美国民主党政策机构"美国进步政策研究所"，现在仍是民主党智囊团，在克林顿、奥巴马政府时期影响较大，现任总裁为希拉里·克林顿首席政策顾问尼拉·坦登（Neera Tanden）。该中心研究范围涵盖能源、国家安全、经济、教育、医疗等广泛领域，美国对华政策、中国军事问题也是其研究内容之一，曾对奥巴马时期美国对华政策产生了间接影响。[③]国家安全与国际政策组东亚与东南亚项目主任布莱恩·哈定（Brian Harding）、高级研究员鲁迪·德里奥（Rudy DeLeon）等人对中美关系、亚太安全有一定研究。网址：https://www.americanprogress.org/。[④]

① 钱皓. 美国传统基金会与冷战后的"中国威胁论"[J]. 国际论坛，2006(6).

② Heritage Foundation.Official Site[EB/OL]. http://www.heritage.org/[2017-05-16].

③ 刘心怡. 美国新智库及其对华战略研究 [D]. 北京：外交学院，2015.

④ Center for American Progress.Official Site[EB/OL]. https://www.americanprogress.org/[2017-05-16].

14. 伍德罗·威尔逊国际学者中心（Woodrow Wilson International Center for Scholars，简称威尔逊中心）

伍德罗·威尔逊国际学者中心成立于 1968 年，位于华盛顿，主要是一个国际学者对话平台，拥有庞大的国际访问学者项目，现任总裁为简·哈曼（Jane Harman）。中心主要研究议题包括冷战史、网络安全、能源、全球治理、国家安全、核武器等；下设亚洲项目、基辛格中美关系研究所、数字化未来项目、冷战国际史项目等。基辛格中美关系研究所创始主任芮效俭（J. Stapleton Roy）、主任戴博（Robert Daly）等人在研究中对中国军事与安全问题有所涉及。中心发布《威尔逊季刊》（*Wilson Quarterly*）和《中美关系月报》（*The Month in U.S.-China Relations*）。网址：https://www.wilsoncenter.org/。①

15. 詹姆斯顿基金会（Jamestown Foundation）

一些苏联、东欧国家高官②到美国后，美国在 1984 年建立该基金会用于帮助他们出版图书等，向当时共产主义阵营传播特殊信息。基金会自称其信息传播对东欧与苏联极权主义的解体做出了直接贡献。③至今仍致力于发布关于苏联地区、高加索、中亚及中国的信息，研究欧亚地区冲突、恐怖主义、基地组织等。现任主席为高加索及中亚问题专家格伦·霍华德（Glen Howard）。该基金会每年举办中国防务与安全研讨会。④研究中国军事及安全问题的人员有中国项目研究员兼《中国简报》编辑彼得·伍德（Peter Wood）、中国项目研究员彼得·马蒂斯（Peter Mattis）、高级研究员林和立（Willy Wo-Lap Lam）等。其主要出版物包括《中国简报》（*China Brief*）、《欧亚每日观察》（*Eurasia Daily Monitor*）、《恐怖主义观察》（*Terrorism Monitor*）。网址：https://jamestown.org/。

16. 哈德逊研究所（Hudson Institute）

哈德逊研究所成立于 1961 年，位于华盛顿，主要研究防务、国际关系、经济、技术、医疗等问题，下设美国海权中心、哈德逊政治研究所、中国战略中心、政治军事分析中心等机构。中国军事研究代表性学者有中国战略中心主任白邦

---

①　Woodrow Wilson International Center for Scholars.Official Site[EB/OL]. https://www.wilsoncenter.org/[2017-05-16].

②　注：包括苏联高级外交官、联合国副秘书长阿卡蒂·舍甫琴科（Arkady Shevchenko）及罗马尼亚情报高官扬·米哈伊·帕切帕（Ion Pacepa）等人。

③　The Jamestown Foundation. About Us[EB/OL]. https://jamestown.org/about-us/ [2017-04-08].

④　Updated – Sixth Annual China Defense and Security Conference[EB/OL]. https://jamestown.org/event/updated-sixth-annual-china-defense-and-security-conference/[2017-04-10].

瑞（Michael Pillsbury）、美国海权中心主任塞斯·克罗普西（Seth Cropsey）、政治军事分析中心主任理查德·韦茨（Richard Weitz）、高级研究员亚瑟·赫曼（Arthur Herman）、美国海权中心副主任布莱恩·麦格拉斯（Bryan McGrath）等。网址：https://www.hudson.org/。[①]

17. 2049 计划研究所（Project 2049 Institute）

2049 计划研究所成立于 2008 年，位于华盛顿。该所创办者及现任所长是曾任负责东亚和太平洋事务的助理国务卿帮办薛瑞福（Randall Schriver）。该研究所主要研究亚洲问题，包括美国的亚洲联盟体系、亚太安全、非传统安全、台海问题、两岸关系、中国军力发展等。该所对美国对台政策、美台关系有一定影响力，薛瑞福曾被马英九授予勋章，美台商会会长韩儒伯（Rupert Hammond-Chambers）、台湾前防务部门负责人杨念祖、民进党"立委"萧美琴等重要政治人物均为该所国际顾问委员会成员，[②]下设中国军事发展与美日联盟项目、日本全球介入与美日合作项目、台湾地区访问学者项目、台湾地区交流项目、韩中论坛、缅甸转型倡议等。中国军事问题专家包括薛瑞福、执行董事石明凯（Mark A. Strokes）、研究员易思安（Ian Easton）等。网址：http://project2049.net/。[③]

18. 东西方研究所（EWI）

东西方研究所（East West Institute）与夏威夷的东西方研究中心（East-West Center，EWC）是两个不同的智库。东西方研究所成立于 1980 年，初称东西方安全研究所，总部位于纽约，在布鲁塞尔、莫斯科、伊斯坦布尔、华盛顿、旧金山、达拉斯设有办公室。所长为美国前驻巴基斯坦大使卡梅伦·蒙特（Cameron Munter），热衷于通过举办二轨、一轨半外交、国际会议协商国际冲突问题。全球安全、战略互信建立、区域安全三大支柱（Pillar）研究领域下，设置网络安全全球合作、亚太、中东与北非、俄罗斯与美国、阿富汗重联、经济安全等项目。高级副所长方大为（David Firestein）、高级研究员伯克希尔·米勒（J. Berkshire Miller）及中国、东亚与美国项目前主任郭品芬（Piin-Fen Kok）等人专注于中美关系、东亚安全、中日关系、台湾问题、朝鲜半岛等问题研究；副所长布鲁斯·麦康奈尔（Bruce W. McConnell）、教授级研究员格雷格·奥斯丁（Greg Austin）、高级研究员

---

① Hudson Institute.Official Site[EB/OL]. https://www.hudson.org/[2017-05-16].

② 曹升生. 专注台海关系的美国新智库"2049 计划研究所"[J]. 南通大学学报·社会科学版，2013(5).

③ Project 2049 Institute.Official Site[EB/OL]. http://project2049.net/[2017-05-16].

弗朗茨－斯蒂芬·加迪（Franz-Stefan Gady）对中美网络关系、中国网络空间政策、网络安全战略、网络力量有深入研究。网址：https://www.eastwest.ngo/。①

19. 海军分析中心（CNA）

海军分析中心成立于 1942 年，初称美国海军反潜作战行动研究小组，1962 年与海军脱钩创建独立组织，位于纽约州罗切斯特大学内，被称为美国海军的"兰德公司"。该中心现任总裁为凯瑟琳·麦格雷迪（Katherine A.W. McGrady），执行副总裁为马克·盖斯（Mark B. Geis），研究领域主要聚焦于海军战略、战役战术、作战评估、海军工业设施、资源配置及反潜技术、战术等问题，下设先进技术与系统分析部（ATSA）、战略研究中心、中国研究部、海军陆战队项目、作战评估组（OEG）、资源分析部、特种作战项目。中国研究部重点研究中国的安全与军事、经济、能源、海上力量、军队改革等问题，多数研究人员曾在中国生活、工作或学习。②军事咨询委员会（Military Advisory Board）成员及研究人员大多为退役军官。中国军事研究专家主要有副总裁兼中国研究部主任冯德威（David M. Finkelstein）、中国研究部副主任玛丽安妮·基夫利安 - 怀斯（Maryanne Kivlehan-Wise）、研究科学家包克文（Kevin Pollpeter）、研究分析师托马斯·比克福特（Thomas J. Bickford）、研究科学家丹尼尔·哈特尼特（Daniel M. Hartnett）、中国反恐问题高级分析师谭睦瑞（Murray Scot Tanner）、高级研究科学家艾莉森·考夫曼（Alison A. Kaufman）、柯瑞杰（Roger Cliff）、高级研究员麦德伟（Michael McDevitt）等。经费来自联邦政府资助及与海军部门、国防部的研究合同收入。网址：https://www.cna.org/。③

20. 防务分析研究所（Institute for Defense Analyses, IDA）

防务分析研究所成立于 1956 年，总部位于弗吉尼亚州亚历山德里亚，但下属研究中心分处弗吉尼亚州、马里兰州、新泽西州等地，现任所长为前国防部副部长朱思九（David S. C. Chu），前国家情报总监、退役海军上将丹尼斯·布莱尔（Dennis Blair）及前空军参谋长拉里·韦尔奇上将（Larry D. Welch）曾任所长，对华资深外交官傅立民（Charles Freeman）曾任该所理事。该研究所主要通过科学技术手段研究国家安全、战略、军事资源、作战、情报、通信等问题，在系统与分析中心、科

① EastWest Institute.Official Site[EB/OL]. https://www.eastwest.ngo/[2017-05-16].

② 童真 . 走进美国海军分析中心 [EB/OL]. http://www.mod.gov.cn/opinion/2015-11/20/content_4629294.htm [2017-05-16].

③ Center for Naval Analyses.Official Site[EB/OL]. https://www.cna.org/[2017-05-16].

学与技术政策研究所、通信与信息处理中心三大机构下分别设置多个研究部；经费来自联邦政府及军方资助，主要为国防部、参谋长联席会议、联合作战司令部、国家安全局、国土安全部、能源部等服务。网址：http://ida.org/。①

21. 国家利益中心（Center for the National Interest, CNI）

国家利益中心前身为成立于 1994 年的尼克松中心（Nixon Center），2011 年改称国家利益中心，总部位于华盛顿，是著名保守派智库之一。该中心总裁为迪米特里·西梅斯（Dimitri K. Simes），主要研究能源安全、战略、中美关系、美俄关系、美日关系、区域安全等问题，下设中国与太平洋、国际安全、区域安全、美俄关系等项目。对中国军事与安全问题有所研究的专家包括中国与太平洋项目高级主任华莱士·格雷格森（Wallace C. Gregson）、防务研究主任哈利·卡齐亚尼斯（Harry J. Kazianis）等。中心出版《国家利益》（*The National Interests*）双月刊，发布大量中国军事问题研究文章，在学界具有广泛影响力。网址：https://cftni.org/。②

22. 史汀生中心（Stimson Center）

史汀生中心全称亨利·史汀生中心，成立于 1989 年，位于华盛顿，是典型的军事与安全类智库，专注于区域安全、跨国安全、全球治理、大规模杀伤性武器控制等国际安全问题研究，对台海问题、中国崛起、中国与周边国家冲突、水资源竞争、中美防务关系、中俄关系等有一定研究；下设传统防务、东亚、东南亚、中东、环境安全、粮食安全、太空安全、大规模杀伤性武器控制等项目。对中国军事与安全问题有所研究的专家有东亚安全项目主任兼杰出研究员容安澜（Alan D. Romberg）、高级研究员孙云（Yun Sun）、南亚项目与太空安全项目主任迈克尔·克雷庞（Michael Krepon）、湄公河政策计划杰出研究员理查德·科朗宁（Richard Cronin）等。网址：https://www.stimson.org/。③

23. 美中经济与安全评估委员会（USCC）

美中经济与安全评估委员会成立于 2000 年，位于华盛顿，隶属于美国国会，负责监督、审查美中之间国家安全与贸易事务，并向国会提出立法建议。委员会设有 12 名委员，由参议院和众议院不同党派领袖任命，2017 年度报告周期内的主席为众议院民主党领袖南希·佩洛西的顾问卡罗琳·巴塞洛缪（Carolyn

---

① Institute for Defense Analyses.Official Site[EB/OL]. https://www.ida.org[2017-05-16].

② Center for the National Interest.Official Site[EB/OL]. https://cftni.org/[2017-05-16].

③ Stimson Center.Official Site[EB/OL]. https://www.stimson.org/[2017-05-16].

Bartholomew）。委员拉里·沃策尔（Larry Wortzel）、迈克尔·达尼斯（Michael R. Danis）分别对中国军事战略与军力部署、中国国防工业体系有深入研究。委员会每年发布年度报告，网址：https://www.uscc.gov/。①

24. 国家亚洲研究局（National Bureau of Asian Research, NBR）

国家亚洲研究局成立于 1989 年，总部在西雅图，华盛顿哥伦比亚特区设有办公室，现任总裁为理查德·艾林斯（Richard J. Ellings）。研究领域包括影响美国与亚洲关系的战略、政治、经济、全球化、能源等问题，下设政治与安全事务研究组、战略亚洲项目、东北亚研究中心、国际政策中心等，研究中国军事与安全问题的专家主要有高级副总裁兼华盛顿办公室主任甘浩森（Roy Kamphausen）、高级顾问谭俊辉（Travis Tanner）、战略亚洲项目研究主任阿什利·特利斯（Ashley J. Tellis）等。该研究局资金来自基金会、企业、政府部门、机构、个人等，出版《战略亚洲》（*Strategic Asia*）年度评估、《亚洲政策》（*Asia Policy*）半年刊，不定期发布《国家亚洲研究局分析》（*NBR Analysis*）简报。网址：http://www.nbr.org/。②

25. 亚太安全研究中心（APCSS）

亚太安全研究中心成立于 1995 年，位于夏威夷火奴鲁鲁，全称丹尼尔·井上（Daniel K. Inouye）③亚太安全研究中心，是国防部下属五个区域安全研究中心之一，通过对亚太地区安全事务进行研究，与亚太国家安全事务从业人员沟通以及人员培训，支持国防部和太平洋司令部的政策目标，主任为海军陆战队退役少将詹姆斯·哈特塞尔（James Hartsell），研究工作主攻亚太安全事务、美国亚太政策、亚太各国军事问题、区域安全热点问题等。该中心亚历山大·吴翁（Alexander Vuving）、杰佛里·里夫斯（Jeffrey Reeves）、莫汉·马利克（J. Mohan Malik）等教授对中国崛起、中国对周边国家的安全影响、南海问题，及中印、中蒙、中美关系等有一定研究，网址：http://apcss.org/。④

26. 陆军战争学院战略研究所（SSI, USAWC）

陆军战争学院战略研究所位于宾夕法尼亚州陆军卡莱尔军营，现任所长为道

①　U.S.-China Economic and Security Review Commission.Official Site[EB/OL]. https://www.uscc.gov[2017-05-16].

②　National Bureau of Asian Research.Official Site[EB/OL]. http://www.nbr.org/[2017-05-16].

③　丹尼尔·井上是日裔美国人，日语名字是井上建（Inouye Ken）。他是第一位日裔美国众议员、参议员，曾任美国参议院临时议长，是美国历史上官阶最高的亚裔政治家。

④　Daniel K. Inouye Asia-Pacific Center for Security Studies.Official Site[EB/OL]. https://apcss.org/[2017-05-16].

格拉斯·拉夫里斯（Douglas C. Lovelace），主要研究全球安全、区域安全、国家安全政策、军事战略、陆军转型等问题，下设战略研究与分析研究部、区域战略研究部、学术交流项目。该所每年与美国国家亚洲研究局等机构联合举办解放军研究学术年会并出版论文集，每年发布《陆军关键战略问题清单》（*Key Strategic Issues List*），主要的中国军事问题专家有研究教授赖大卫（David Lai）等人，网址：http://ssi.armywarcollege.edu/。[①]

27. 海军战争学院中国海事研究所（CMSI, USNWC）

海军战争学院的主要研究部门为海战研究中心（Center for Naval Warfare Studies），该中心下设战略与战役研究系、作战模拟系、斯托克顿国际法研究中心等机构，而战略与战役研究系设有中国海事研究所、俄罗斯海事研究所、网络冲突研究中心等，其中主要研究中国军事问题的机构为中国海事研究所。该所成立于 2006 年，位于罗得岛州纽波特，专注于中国海洋战略、海洋政策、海军军力发展、技术与装备、海洋法、海洋产业发展、海上贸易、能源安全等问题研究，所长为彼得·达顿（Peter Dutton）教授，其他主要研究人员有战略学教授艾立信（Andrew S. Erickson）、副教授莱尔·戈德斯坦（Lyle J. Goldstein）、战略学教授吉原恒淑（Toshi Yoshihara）、助理教授孔适海（Isaac B. Kardon）等，每年召开关于中国海洋问题的年会，有时邀请中国学者参会。[②] 海战学院出版《海军战争学院评论》季刊（*Naval War College Review*），中国海事研究所不定期发布《中国海事研究》（*China Maritime Study*），网址：https://usnwc.edu/Research---Gaming/China-Maritime-Studies-Institute.aspx。[③]

28. 国防大学战略研究所（INSS, NDU）

该所成立于 1984 年，位于华盛顿特区莱斯利·麦克奈尔堡，下设战略研究中心、技术与国际安全政策中心、大规模杀伤性武器研究中心、非正规作战与特种作战研究项目、中国军事事务研究中心（Center for the Study of Chinese Military Affairs）等研究机构。中国军事事务研究中心现有 1 名杰出研究员（distinguished

---

① U.S. Army War College.Strategic Studies Institute[EB/OL]. http://ssi.armywarcollege.edu/ [2017-05-16].

② 2007 年 12 月 5—6 日，美国海军战争学院中国海事研究所举办主题为"界定与中国的海洋伙伴关系"的第三届年会，邀请杨毅、苏浩等 7 名中国军地学者赴美参会。该会议的论文集已翻译出版，名为《中国、美国及 21 世纪海权》，北京：海军出版社，2014 年。

③ U.S. Naval War College.China Maritime Studies Institute[EB/OL]. https://usnwc.edu/Research---Gaming/China Maritime-Studies-Institute.aspx[2016-12-27].

research fellow）、1 名研究员和 4 名访问研究员。中心主任孙飞（Phillip C. Saun-ders, 又译为菲利普·桑德斯）、研究员乔尔·伍斯诺（Joel Wuthnow）等人对中国军事问题研究颇深。该所不定期发布《中国战略透视》（*China Strategic Perspectives*），网址：http://inss.ndu.edu/。[①]

29. 胡佛研究所（Hoover Institution）

胡佛研究所成立于 1919 年，初称胡佛战争图书馆，以收集和"战争、革命与和平"相关的历史文献与藏书闻名于世，后逐渐同时启动研究工作，改称为胡佛战争、革命与和平研究所，简称胡佛研究所。该所为斯坦福大学下属机构但相对比较独立，总部设在斯坦福大学内，华盛顿特区设有办公室，现任所长托马斯·吉利根（Thomas W. Gilligan），主要研究经济、能源、社会、外交、安全、历史等问题，安全类议题包括地区安全、防务政策、网络安全、国际组织、恐怖主义等。下设北极安全倡议、外交政策与大战略工作组、国家安全与技术及法律工作组、伊斯兰教与国际秩序工作组等。研究领域涉及当代中国军事与安全问题的专家有前海军作战部长加里·拉夫黑德（Gary Roughead）、北极安全工作组执行主任大卫·斯雷顿（David Slayton）等。该所发布《中国领导观察》（*China Leadership Monitor*）季刊，网址：http://www.hoover.org/。[②]

30. 斯坦福大学弗里曼·斯伯格里国际问题研究所（Freeman Spogli Institute for International Studies，FSI）

该研究所于 1987 年成立，是中国问题研究重镇，现任所长为斯坦福大学教授、胡佛研究所高级研究员迈克尔·麦克福尔（Michael A. Mcfaul），下设国际安全与合作中心（CISAC）、亚太研究中心（APARC）及民主、发展与法治中心等 12 个中心及项目。知名政治学者弗朗西斯·福山（Francis Fukuyama），前北约驻阿富汗联军司令、前驻阿富汗大使艾江山（Karl W. Eikenberry）等人均为该所高级研究员或主管。该研究所研究领域广泛涉及国家治理、民主与发展、安全及亚洲、欧洲、拉丁美洲等方面，对中国军事与安全问题有所研究的学者有荣誉教授约翰·刘易斯（John W. Lewis）、亚太研究中心研究员冯稼时（Thomas Fingar）、美国 – 亚洲安全倡议主任艾江山、国际安全与合作中心研究员薛理泰（Xue Litai）等，网址：

---

① U.S. National Defense University.Institute for National Strategic Studies[EB/OL]. https://inss.ndu.edu[2017-05-16].

② Hoover Institution.Official Site[EB/OL]. http://www.hoover.org/[2017-05-16].

http://fsi.stanford.edu/。[①]

31. 加州大学全球冲突与合作研究所（IGCC, UC San Diego）

加州大学全球冲突与合作研究所于 1982 年成立，隶属于加州大学圣迭戈分校全球政策与战略学院，主要通过结合社会科学与实验室科学，研究国际安全、大国竞争、区域安全、核扩散、网络安全、恐怖主义、环境变化、自然资源竞争等问题，设有东北亚与中东事务二轨交流项目。现任所长张太铭（Tai Ming Cheung）及前所长谢淑丽（Susan L. Shirk）分别对中国国防科技、东北亚安全有深入研究，网址：http://igcc.ucsd.edu/。[②]

32. 哈佛大学费正清中国研究中心（Fairbank Center for Chinese Studies）

哈佛大学费正清中国研究中心成立于 1955 年，是海外中国学研究的重镇，隶属哈佛大学，初称东亚研究中心，后为纪念中心首任主任、著名"中国通"费正清（John K. Fairbank）而改称费正清中国研究中心，现任主任为宋怡明（Michael Szonyi），研究范围涉及中国的政治、经济、外交、历史、社会领域及两岸关系、少数民族问题、安全战略、战略文化等，下设中国与世界、台湾地区研究、中国历史、商业与经济、艺术与文化等研究项目。中心研究员陆伯彬（Robert S. Ross）、江忆恩（Alastair Iain Johnston）、戈迪温（Stephen Goldstein）等人分别对中国防务政策、战略文化与大战略、台海问题有深入研究，网址：http://fairbank.fas.harvard.edu/。[③]

33. 防务集团（Defense Group Inc.）

防务集团于 1987 年成立，总部位于华盛顿，在美国多地设有办公室，创办者为前助理国防部长詹姆斯·韦德（James P. Wade），至今仍是董事会主席兼 CEO。公司主要向国防、安全、能源、情报等政府部门提供分析、研发、技术、评估等服务，专业领域包括美国战略与政策、情报、新技术、软件工程、大规模杀伤性武器、脆弱性评估及国土安全、特种作战等，与美国国防部、国家安全委员会、中情局等关系紧密，能为美国政府提供机密情报分析。该公司情报研究与分析中心（Center for Intelligence Research and Analysis）设有东亚项目、中国项目。防务集团

---

① Stanford University.Freeman Spogli Institute for International Studies[EB/OL]. http://fsi.stanford. edu/[2017-05-16].

② University of California San Diego.Institute on Global Conflict and Cooperation[EB/OL]. https:// igcc.ucsd.edu[2017-05-16].

③ Harvard University.Fairbank Center for Chinese Studies[EB/OL]. http://fairbank.fas.harvard.edu/ [2017-05-16].

网络与情报部门高级副主席兼情报研究与分析中心主任毛文杰（James Mulvenon）、高级分析师肯尼斯·艾伦（Kenneth W. Allen）、情报分析师乔·麦克雷诺兹（Joe McReynolds）、项目副主任丹尼尔·奥尔德曼（Daniel Alderman）等人对中国军事战略、解放军信息化与联合作战、网络战、电子战、解放军后勤、中美军事关系等有深入研究，网址：https://defensegroupinc.com/。[①]

（二）专家

容安澜（Alan D. Romberg）

容安澜是史汀生中心东亚项目主任兼杰出研究员，长期在国务院任职，任政策规划司副主任（1994—1998 年）、公共事务助理国务卿帮办及国务院副发言人（1981—1985 年）、日本事务办公室主任等职，并外派至中国台湾和香港，曾任外交关系委员会亚洲研究高级研究员（1985—1994 年）、海军部长特别助理（1999—2000 年）。容安澜是台湾问题专家，专注于两岸关系、台海问题、美国对台政策、东海问题、半岛问题、中美关系等研究。[②]

江忆恩（Alastair Iain Johnston）

江忆恩是哈佛大学政府学院国际关系学教授、费正清中国研究中心执行委员会委员，研究范围涉及社会化理论、中国战略文化、中国外交、东亚国际关系、国际安全等多个领域，[③] 代表作是《文化现实主义：中国历史中的战略文化与大战略》（*Cultural Realism: Strategic Culture and Grand Strategy in Chinese History*），认为中国有"以战争换和平"和强烈现实政治色彩的战略文化，未来随着中国实力增强，中国通过武力解决安全威胁和领土争端的意愿将更强烈。[④]

艾小磊（Alexander Sullivan，又译亚历山大·沙利文）

艾小磊是乔治城大学在读博士（2015 入学）、新美国安全中心亚太安全项目兼职研究员，中文流利，曾任新美国安全中心亚太安全项目研究人员（2013—2015 年），研究领域包括中美关系、海上安全、区域军事现代化、中国对中亚的安全政策、美国联盟体系、能源问题等。[⑤]

---

①　Defense Group Inc.Official Site[EB/OL]. https://defensegroupinc.com/[2016-11-28].

②　Stimson Center.Alan D. Romberg[EB/OL]. https://www.stimson.org/staff/alan-romberg[2016-11-28].

③　江忆恩 [EB/OL]. 中国智库网，http://www.chinathinktanks.org.cn/expert/detail/id/1057[2017-04-10].

④　Alastair Iain Johnston. *Cultural Realism: Strategic Culture and Grand Strategy in Chinese History*[M]. Princeton, N.J.: Princeton university, 1996.

⑤　Center for a New American Security.Alexander Sullivan[EB/OL]. https://www.cnas.org/people/alexander-sullivan[2016-11-28].

张馨文（Amy Chang）

张馨文是哈佛大学贝尔福尔科学与国际事务中心网络安全计划（Cyber Security Project）非常驻成员，精通中、英语，曾任美国众议院外交委员会亚太小组幕僚长（2015—2016 年）、新美国安全中心研究员（2014—2015 年）等职，专业领域包括中国网络安全战略、解放军现代化、军事技术、反恐政策，及中美关系、亚太安全等。①

安德鲁·克雷宾涅维奇（Andrew F. Krepinevich, Jr.）

安德鲁·克雷宾涅维奇是战略与预算评估中心名誉主席兼杰出高级研究员、海军作战部长执行专家组（Chief of Naval Operations Executive Panel）成员，美军退役陆军中校，曾任战略与预算评估中心主席（1995—2015 年）、国防部净评估办公室高级职员、国防部长顾问、国家情报委员会顾问等，高度关注中国军事力量现代化、对华军事战略与未来可能的中美军事冲突等问题。②

艾立信（Andrew S. Erickson, 又译安德鲁·埃里克森）

艾立信是海军战争学院战略与战役研究系战略学教授、中国海事研究所创所成员、哈佛大学费正清中国研究中心副研究员、外交关系委员会成员、《华尔街日报》中国问题专栏"中国实时报"（China Real Time Report）撰稿专家，精通汉语、日语，曾在美国驻华大使馆、美国驻香港领事馆、美国国务院、白宫工作，主要研究中国海洋战略、安全政策、海上力量、国防科技、造船工业，东亚安全、中美关系等，2010 年与美国莱斯大学能源研究中心研究员加布里埃尔·柯林斯（Gabriel Collins）联合创办"洞察中国"网站（China SignPost），2012 年获美国国家亚洲研究局颁发的首届"埃利斯·乔菲中国人民解放军研究奖"，代表性著作有《中国反舰弹道导弹的发展：主要推手、发展轨迹及战略含义》（*Chinese Anti-ship Ballistic Missile Development: Drivers, Trajectories, and Strategic Implications*）等。③

施道安（Andrew Scobell, 又译安德鲁·斯克贝尔）

施道安是兰德公司亚太政策中心高级政治学家，曾任美国陆军战争学院战略研究所副教授（1999—2007 年）。他是中国军事和安全问题著名专家，对中国军事指导思想、军力发展与运用、军民关系等有深入研究，出版《中国武力使用：超越长

---

① 孙瑶、遇安. 独家：希拉里·克林顿队伍中的中国专家们 [EB/OL]. http://www.uscnpm.com/model_item.html?action=view&table=article&id=10128 (2016-04-29)[2017-04-02].

② Wikipedia.Andrew F. Krepinevich,Jr[EB/OL].https://en.wikipedia.org/wiki/Andrew_Krepinevich[2017-03-21].

③ China SignPost.Official Site[EB/OL]. http://www.chinasignpost.com/[2017-04-14].

城与长征》（*China's Use of Force: Beyond the Great Wall and the Great March*）、《中国寻求安全的战略》（*China's Search for Security*）等著作，在世界智库解放军研究界比较活跃。①

安东尼·科德斯曼（Anthony H. Cordesman）

安东尼·科德斯曼是战略与国际研究中心阿莱·伯克战略讲座首席，曾任参议院军事委员会主席约翰·麦凯恩（John McCain）国家安全事务助理、国防部长办公室情报评估主任、国防部副部长助理等职。其研究领域广泛涉及中国、阿富汗、反恐、海湾地区、印度洋地区、国防工业与采购、能源、国际安全、军事平衡、战略评估、美国对外安全政策等。②

阿什利·特利斯（Ashley J. Tellis）

阿什利·特利斯是国家亚洲研究局顾问兼战略亚洲项目研究主任、卡内基国际和平研究院南亚项目高级研究员，曾任副国务卿高级顾问（2005—2008 年）、驻印度大使高级顾问、国家安全委员会总统特别助理、国家安全委员会战略规划与西南亚问题高级主任、兰德公司高级政策分析师等职。其专注于国际安全、防务、亚洲战略、南亚、东亚、美国亚洲政策、核武器、反恐，以及中国安全战略、军事崛起、军事现代化等问题。③

金骏远（Avery Goldstein）

金骏远是宾夕法尼亚大学政治学系国际政治与国际关系学教授、宾夕法尼亚大学当代中国研究中心主任、宾夕法尼亚大学克里斯托弗·布朗国际政治研究中心副主任、外交政策研究所高级研究员。他主要研究国家关系、战略与安全问题、中国政治、中美关系等，④ 著有《应对挑战：中国的大战略与国际安全》（*Rising to the Challenge: China's Grand Strategy and International Security*）等成果。

伯纳德·科尔（Bernard D. Cole）

伯纳德·科尔是美国国家战争学院教授、海军退役上校，曾在太平洋舰队指挥

---

① RAND.Andrew Scobell[EB/OL]. https://www.rand.org/about/people/s/scobell_andrew. html[2017-04-14].

② Center for Strategic and International Studies.Anthony H. Cordesman[EB/OL]. https://www.csis.org/people/anthony-h-cordesman[2017-04-14].

③ The National Bureau of Asian Research.Ashley J. Tellis[EB/OL]. http://www.nbr.org/research/activity.aspx?id=678[2017-04-14].

④ University of Pennsylvania.Avery Goldstein[EB/OL]. https://www.sas.upenn.edu/polisci/people/standing-faculty/avery-goldstein[2017-04-14].

护卫舰及驱逐舰中队，后任海军作战部长远征作战特别助理、国防大学国家战略研究所客座高级研究员等职。① 其专业领域为中国海军与海上安全、台海问题、南海问题、能源战略及海上战略、中美关系、亚太海上安全等，著有《中国的强国之路：舰船、石油和外交政策》（*China's Quest for Great Power: Ships, Oil and Foreign Policy*）、《海上长城：走向 21 世纪的中国海军》（*The Great Wall at Sea: China's Navy in the Twenty-First Century*）等。

葛来仪（Bonnie S. Glaser）

葛来仪是战略与国际研究中心亚洲问题高级顾问、中国力量项目主任、太平洋论坛高级研究员、澳大利亚罗伊研究所（Lowy Institute）非常驻研究员、亚太安全合作理事会（CSCAP）美国委员会董事、英国国际战略研究所会员、美国外交关系委员会成员；曾任美国国防部及国务院中国事务、东亚问题顾问；专注于中国、南海、台海、朝鲜半岛、亚太地缘政治与区域安全、中美关系、中美战略核互动等问题研究，在很多国际知名期刊、报纸上发表了大量关于亚洲安全、中国问题的论文、文章。②

马伟宁（Brendan S. Mulvaney）

马伟宁是美国兰德公司中国航空航天研究所（CASI）所长、中国人民大学重阳金融研究院外籍高级研究员，美国海军陆战队退役中校，曾任海军学院语言与文化系副主任（2013—2016 年），2002 年获圣地亚哥大学硕士学位，2003—2005 年在上海复旦大学学习获得国际关系博士学位。马伟宁对中国军事战略、"一带一路"倡议、军力部署、军事透明度及亚太安全等有深入研究。③

布莱恩·哈定（Brian Harding）

布莱恩·哈定是美国进步中心国家安全与国际政策组东亚与东南亚项目主任，曾任美国国防部长办公室亚太安全事务主任（2009—2013 年）、战略与国际研究中心东南亚与日本问题研究员等，主要研究美国亚太安全政策、亚太联盟体系、中美关系等问题。④

---

①　Linktank.expert[EB/OL]. https://dc.linktank.com/expert/bernard-cole[2017-04-14].

②　Center for Strategic and International Studies.Bonnie S. Glaser[EB/OL]. https://www.csis.org/people/bonnie-s-glaser[2017-04-14].

③　Linkedin.Brendan Mulvaney[EB/OL]. https://www.linkedin.com/in/brendanmulvaney[2017-04-14].

④　Linkedin.Brian Harding[EB/OL]. https://www.linkedin.com/in/brian-harding-99b33a6b[2017-04-14].

张克斯（Christopher K. Johnson，又译克里斯托弗·约翰逊）

张克斯是战略与国际研究中心高级顾问、弗里曼中国研究部首席讲座，曾任中情局中国问题高级分析师、国务院情报联络员，在 1996 年台海危机、1999 年中国驻南斯拉夫大使馆事件、2001 年中美撞击事件、2003 年 SARS 事件中发挥重要作用，研究领域包括中国、台海、东亚、防务与安全、地缘政治等。[①]

科特斯·库珀（Cortez A. Cooper Ⅲ）

科特斯·库珀是兰德公司国际政策高级分析师，中文流利，曾任美国科学应用国际公司（SAIC）东亚研究项目主任（2005—2009 年）、美国海军太平洋司令部联合情报中心高级情报分析师等职，专注于中国军事、中国台湾、弹道导弹、亚太安全、国际外交等问题研究。

辛西娅·沃森（Cynthia A. Watson）

辛西娅·沃森是伦敦政治经济学院硕士、美国圣母大学博士、美国国家战争学院战略学教授。沃森对中国在拉丁美洲军事活动等有深入研究。[②]

卜大年（Dan Blumenthal）

卜大年是美国企业研究所高级研究员兼亚洲研究项目主任，曾任美中经济与安全评估委员会前副主席、国会美中工作组学术咨询委员会成员，及国防部中国大陆、中国台湾、蒙古事务高级主任等职，研究专长包括中国大陆、中国台湾、东亚安全、中美关系等问题，约翰·霍普金斯大学高级国际问题研究院硕士、杜克大学法学院法学博士，曾在首都师范大学学习中文。[③]

丹尼尔·奥尔德曼（Daniel Alderman）

丹尼尔·奥尔德曼是美国防务集团项目副主任，曾任国家亚洲研究局某项目主任助理、研究员，对中国军民关系、解放军、东亚安全等问题有一定研究，他是乔治·华盛顿大学亚洲研究硕士，曾在清华大学、首都师范大学、贵州大学交流学习，通晓中文。[④]

[①] Center for Strategic and International Studies.Christopher K. Johnson[EB/OL]. https://www.csis.org/people/christopher-k-johnson[2017-04-14].

[②] National War College.Watson, Dr. Cynthia A. PhD[EB/OL]. https://nwc.ndu.edu/About/Faculty/ArticleView/Article/1314988/watson-dr-cynthia-a-phd/[2017-04-14].

[③] Linkedin.Dan Blumenthal[EB/OL]. https://www.linkedin.com/in/dan-blumenthal-9a139153[2017-04-14].

[④] Linkedin.Daniel Alderman[EB/OL]. https://www.linkedin.com/in/daniel-alderman-9bb968135/[2017-04-09].

方大为（David J. Firestein）

方大为是东西方研究所高级研究员兼高级副所长，通晓中文、俄语，主管"战略互信建立"倡议、二轨外交、亚太项目、俄美项目、美国与伊朗互信建立，曾在美国驻华大使馆、驻俄大使馆分别工作5年、4年，曾任美国公共外交咨询委员会执行副主任兼高级顾问等职，研究专长为中美关系、美俄关系、东亚安全、台海问题、南海问题等。①

赖大卫（David Lai）

赖大卫是陆军战争学院战略研究所亚洲安全研究教授，华裔，生于、长于中国，曾在空军战争学院任职，主要研究亚洲政治及军事问题、中国、朝鲜半岛、军政关系、战略文化、解放军、中美关系、美国亚太安全政策等。②

冯德威（David M. Finkelstein）

冯德威是美国海军分析中心副总裁兼中国研究部主任、美国陆军退役军官，曾任连长、营长、司令部参谋、国防部长中国事务顾问、参谋长联席会议主席顾问、西点军校教授等职；长年专注于中国军事及亚洲安全事务研究，近年来关注中国军事战略走向、解放军改革、军民关系等问题；毕业于西点军校、陆军战争学院。③

谢伟森（David S. Sedney）

谢伟森是战略与国际研究中心国际安全项目非常驻高级研究员、阿富汗美国大学（American University of Afghanistan）代理校长，曾任国防部阿富汗、巴基斯坦及中亚事务助理国防部长帮办（2009—2013年）、东亚事务助理国防部长帮办（2007—2009年）、驻华大使馆使团副团长（2004—2007年）等职。他的专业领域包括阿富汗、中国、巴基斯坦、亚太、中亚、反恐、军事与安全、防务战略、俄罗斯与欧亚等问题研究。④

沈大伟（David Shambaugh）

沈大伟是乔治·华盛顿大学政治学和国际关系学教授兼中国政策项目主任，国

---

① EastWest Institute.Promotion of David J. Firestein[EB/OL]. https://www.eastwest.ngo/idea/promotion-david-j-firestein[2017-04-14].

② Strategic Studies Institute.people[EB/OL]. http://ssi.armywarcollege.edu/pubs/people.cfm?authorID=525[2017-04-11].

③ Center for Naval Analyses.Our Leadership[EB/OL]. https://www.cna.org/about/leadership-bios[2017-04-14].

④ Center for Strategic and International Studies.David Samuel Sedney[EB/OL]. https://www.csis.org/people/david-samuel-sedney[2017-04-14].

际战略研究所、外交关系委员会成员，著名中国问题专家；曾任布鲁金斯学会外交政策研究项目客座高级研究员、伍德罗·威尔逊国际学者中心研究员、伦敦大学亚非学院教授等职，并曾在美国国务院、国家安全委员会任职；主要研究领域为中国内政、外交、防务、安全及亚洲地区国际关系等，著作颇丰，代表作有《中国的军事现代化：进程、问题与前景》（*Modernizing China's Military: Progress, Problems and Prospects*）等。[①]

卜思高（David Slayton）

大卫·斯雷顿是胡佛研究所研究员兼北极安全工作组执行主任、能源政策任务小组成员；美军退役海军中校、海军飞行员，曾在阿富汗、伊拉克等地服役；研究领域包括国家安全、能源、北极、亚太海上战略、中国海上安全战略、中美北极合作等。[②]

成斌（Dean Cheng）

成斌是美国传统基金会戴维斯国际研究院亚洲研究中心高级研究员，曾任科学应用国际公司（SAIC）、海军分析中心高级分析师、国会技术评估办公室（OTA）分析师；专注于中国政治与安全、东亚安全问题研究，关注中国安全与外交政策、军力发展、太空能力、国防科工体系等。[③]

卜思高（Dennis J. Blasko）

卜思高是美国退役陆军中校，中文流利，1992—1996 年任驻华陆军武官，曾在国防情报局、陆军部司令部、国防大学战争模拟中心等部门服役；研究范围广泛涉及中国军事现代化、解放军弱点与改革、军事战略、特种作战力量、国防工业，中国周边安全问题，以及国家安全、情报、国际安全、美国外交与安全政策等问题；著有《今日中国军队：传统与面向 21 世纪的转型》（*The Chinese Army Today: Tradition and Transformation for the 21st Century*）等。[④]

饶义（Denny Roy）

饶义是夏威夷东西方中心（East-West Center）高级研究员；曾任亚太安全研究

①　George Washington University.David Shambaugh[EB/OL]. https://elliott.gwu.edu/david-shambaugh[2017-04-11].

②　Hoover Institution.Commander David Slayton[EB/OL]. https://www.hoover.org/profiles/commander-david-slayton[2017-04-14].

③　Heritage Foundation.Dean Cheng[EB/OL]. https://www.heritage.org/staff/dean-cheng[2017-04-14].

④　Wilson Center.Dennis J. Blasko[EB/OL]. https://www.wilsoncenter.org/person/dennis-j-blasko[2017-04-14].

中心研究员（2000—2007 年）、海军研究生院教师（1998—2000 年）、澳大利亚国立大学战略与防务研究中心研究员、新加坡国立大学讲师等；专注于亚太安全、中国防务与安全事务研究，具体包括中国外交与安全政策、半岛核危机、中日关系、台海问题等；《龙的回归：中国的崛起和区域安全》(*Return of the Dragon: Rising China and Regional Security*）为其近期著作。[①]

米德伟（Derek Mitchell）

米德伟是美国奥尔布赖特石桥集团（ASG）顾问，2011 年任美国驻缅甸特别代表及政策协调官、2012 年成为美缅关系恢复后首任驻缅甸大使（2016 年任期满），此前任国防部亚太事务助理国防部长首席帮办（2009—2011 年）、战略与国际研究中心国际安全项目高级研究员（2001—2009 年）、国防部长办公室亚太事务特别助理（1997—2001 年）等职；[②]专业领域包括亚太安全、缅甸、东南亚、中国外交与安全政策、中国崛起与世界、台湾地区、中国军事现代化等；1988—1989 年在台湾任《中国邮报》编辑，1990 年夏在南京大学学习中文，中文流利，曾任凤凰卫视驻华盛顿高级记者。[③]

包道格（Douglas Paal）

包道格是卡内基国际和平研究院研究副院长，通晓中文、日语，曾任摩根大通国际副总裁（2006—2008 年）、"美国在台协会""台北办事处处长"（2002—2006 年）及国家安全委员会亚太事务主任、总统特别助理、驻中国及新加坡大使馆职员、中央情报局亚洲事务高级分析师等；主要研究领域为中国政治、外交与安全，台湾问题、两岸关系、东北亚与东南亚政治、外交与安全等。[④]

埃尔布里奇·科尔比（Elbridge Colby）

埃尔布里奇·科尔比是新美国安全中心罗伯特·盖茨高级研究员（Robert M. Gates Senior Fellow）、外交关系委员会成员，曾任海军分析中心全球战略事务分析师、国防小组（National Defense Panel）成员、国防部及国会政策顾问等，研究专

---

① The East-West Center.Denny Roy[EB/OL]. https://www.eastwestcenter.org/about-ewc/directory/denny.roy[2017-04-14].

② Albright Stonebridge Group.Derek Mitchell[EB/OL]. http://www.albrightstonebridge.com/team/derek-mitchell[2017-04-06].

③ 美国驻缅大使是个"中国通" 其太太为中国台湾人 [EB/OL].http://news.ifeng.com/world/detail_ 2012_07/13/15995907_0.shtml (2012-07-13)[2017-04-06].

④ 清华－卡内基全球政策中心 . 包道格 [EB/OL]. http://carnegietsinghua.org/experts/?fa=485 [2017-04-05].

长为防务战略、情报、核武器、传统军事力量、美国联盟体系、太空等相关议题，对中国战略动向、中美在核武器领域的互动等有所关注。①

伊丽莎白·维什尼克（Elizabeth Wishnick）

伊丽莎白·维什尼克是哥伦比亚大学维泽赫德东亚研究所研究员、蒙特克莱尔州立大学政治学与法学教授，曾任美国陆军战争学院中亚研究项目研究员；研究的议题包括中国的外交与安全政策、北极动向、粮食安全、中亚政策及中俄在中亚的竞争、东亚安全等；著有《中国的危机：关于石油、淡水、粮食的外交政策与安全后果》（*China's Risk: Foreign Policy and Security Consequences of Oil, Water and Food*）；耶鲁大学俄罗斯与东欧研究硕士、哥伦比亚大学政治学博士，汉语、俄语、法语流利。②

伊利·拉特纳（Ely Ratner）

伊利·拉特纳是美国外交关系委员会中国研究高级研究员，曾任美国副总统副国家安全事务助理，国务院有关中国问题、台湾问题、蒙古事务办公室职员；专注于中美关系、东亚区域安全、美国国家安全政策等问题研究。③

何理凯（Eric Heginbotham）

何理凯是麻省理工学院国际研究中心安全研究项目首席研究科学家，曾任兰德公司高级政治科学家、外交关系委员会亚洲事务高级研究员；研究专长包括中国防务与安全政策、日本防务与安全政策、亚洲国际关系、传统军事力量、核战略、美国亚洲政策等，代表作有兰德报告《美中军事计分卡》（*U.S.-China Military Scorecard*）、《中国不断发展的核威慑》（*China's Evolving Nuclear Deterrent*）等。何理凯是麻省理工学院政治学博士，中文、日语流利。④

方艾文（Evan A. Feigenbaum）

方艾文是卡内基国际和平研究院亚洲项目非常驻高级研究员，曾任美国国务院负责南亚事务的助理国务卿帮办（2007—2009 年）、负责中亚事务的助理国务卿帮

---

① Center for a New American Security.Elbridge Colby[EB/OL]. https://www.cnas.org/people/elbridge-colby[2017-04-14].

② Montclair State University.Elizabeth Wishnick[EB/OL]. http://www.montclair.edu/profilepages/view_profile.php?username=wishnicke[2017-04-12].

③ Center for a New American Security.Ely Ratner[EB/OL]. https://www.cnas.org/people/ely-ratner[2017-04-12].

④ MIT Center for International Studies.Eric Heginbotham[EB/OL]. https://ssp.mit.edu/people/eric-heginbotham[2017-04-14].

办（2006—2007 年）及副国务卿罗伯特·佐利克的中国问题顾问等职。方艾文在智库界曾任外交关系委员会高级研究员、欧亚集团理事和亚洲事务组负责人、肯尼迪政府学院中国安全研究项目主任、兰德公司中国问题咨询顾问等职；主要研究中国军事科技与军工体系、中美关系、亚太安全、印度、亚洲地缘政治及美国在东亚、中亚及南亚的政策等。[①]

李维亚（Evans J.R. Revere）

李维亚是布鲁金斯学会东亚政策研究中心客座高级研究员、奥尔布赖特石桥集团[②] 高级主任、美国顶尖亚洲专家之一，精通韩语、汉语、日语，专注于朝鲜半岛、中国、日本、东亚安全和外交等领域研究，拥有与朝鲜谈判丰富经验，曾任美国助理国务卿帮办、代理助理国务卿。[③]

麦艾文（Even S. Medeiros）

麦艾文是美国欧亚集团[④] 执行董事、亚洲事务主管，卡内基国际和平研究院亚洲项目非常驻高级研究员，曾任美国总统特别助理兼国家安全委员会亚洲事务高级主任（2013—2015 年）、兰德公司高级政治科学家（2002—2009 年），专注于中国外交与安全政策、中国国防工业、中国裁军政策、中美关系、东亚问题研究。[⑤]

加布里埃尔·柯林斯（Gabriel B. Collins）

加布里埃尔·柯林斯是美国莱斯大学贝克公共政策研究所能源研究中心能源与环境法规事务研究员，曾任海军战争学院战略研究教授，是中国海事研究所创所成员，主要研究中国能源安全政策、石油贸易、海上战略、海军现代化、造船业和自然资源、技术、中美海洋能源安全合作等问题，与人合著有《中国能源战略对海洋政策的影响》（*China's Energy Strategy: The Impact on Beijing's Maritime Policies*）等成果，2010 年与美国海军战争学院战略学教授艾立信（Andrew S. Erickson）联合创办"洞察中国"网站（China SignPost），2012 年创办"中国石油贸易商"网站

① 清华－卡内基全球政策中心. 方艾文 [EB/OL]. http://carnegietsinghua.org/experts/?fa=775 [2017-04-05].

② 奥尔布赖特石桥集团 (Albright Stonebridge Group)，是一家全球性商业战略顾问集团，由前美国政府高官建立，依靠前外交官的国外关系网为客户减小政治风险。

③ Brookings Institution.Evans J.R. Revere[EB/OL]. https://www.brookings.edu/experts/evans-j-r-revere/[2017-04-14].

④ 美国欧亚集团 (Eurasia Group) 是全球最大的政治风险咨询公司。

⑤ 孙瑶、遇安. 独家：希拉里·克林顿队伍中的中国专家们 [EB/OL]. http://www.uscnpm.com/model_item.html?action=view&table=article&id=10128 [2017-04-02].

（China Oil Trader）。[①]

加里·拉夫黑德（Gary Roughead）

加里·拉夫黑德是胡佛研究所杰出军事研究员兼北极安全工作组主席，胡佛研究所能源政策任务小组、外交政策与大战略工作组、军事历史与当代冲突工作组成员，美军退役海军上将，曾任海军作战部长（2007—2011 年）、舰队司令部司令（2007）、太平洋舰队司令（2005—2007 年）等要职。拉夫黑德转入智库后，研究领域涉及北极安全、亚太海上安全、军事战略、能源政策、美国军事应对等问题，对中国海上军事战略、中国在北极的动向、美国对华安全政策等有所关注。[②]

格雷格·奥斯丁（Greg Austin）

格雷格·奥斯丁是东西方研究所教授级研究员、澳大利亚新南威尔士大学网络安全教授，精通英语、法语、俄语，曾任国际危机组织高级分析师、东西方研究所副所长，主要研究网络安全、反恐、中国网络安全战略、中国对信息技术及网络战争的政策、乌克兰危机、俄罗斯等，出版《中国的网络政策》（*Cyber Policy in China*）等著作。[③]

哈利·卡齐亚尼斯（Harry J. Kazianis）

哈利·卡齐亚尼斯是国家利益中心高级研究员兼防务研究主任、《国家利益》执行编辑、英国诺丁汉大学中国政策研究所非常驻高级研究员，主要研究中国海上军事战略、南海问题、中国军事现代化、中美关系、美国对华军事战略等。[④]

易思安（Ian Easton）

易思安是 2049 计划研究所研究员、知名台湾问题专家，曾任日本国际事务研究所访问研究员（2013 年夏）、海军分析中心中国分析师（2011—2013 年）、2049 计划研究所研究员（2009—2011 年）、科技公司顾问等，主要研究台海问题、美国对台政策、中美关系、中国亚太军事战略、解放军军力、亚洲防务和安全问题等。[⑤]

---

① 安德鲁·S. 埃里克森、莱尔·J. 戈尔茨坦、卡恩斯·洛德. 中国走向海洋 [M]. 董绍锋、姜代超，译. 北京：海洋出版社，2015:314.

　　China SignPost.Official Site[EB/OL]. http://www.chinasignpost.com/[2017-04-14].

② Hoover Institution.Admiral Gary Roughead[EB/OL]. https://www.hoover.org/profiles/admiral-gary-roughead[2017-04-14].

③ EastWest Institute.Greg Austin[EB/OL]. https://www.eastwest.ngo/profile/greg-austin[2017-04-14].

④ Center for the National Interest.Harry J. Kazianis[EB/OL]. https://cftni.org/expert/harry-kazianis/[2017-04-14].

⑤ Project 2049 Institute.Staff[EB/OL]. https://project2049.net/people/[2017-04-14].

孔适海（Isaac B. Kardon）

孔适海是海军战争学院海战研究中心助理教授、中国海事研究所核心成员之一，精通中文、意大利语、西班牙语，曾任纽约大学法学院美国 - 亚洲法律研究所访问学者（2015—2016 年）、国防大学兼职研究员（2011—2015 年）、国防大学中国军事事务研究中心研究分析师（2009—2011 年），曾是南海研究院及台湾"中央研究院"访问学者，主要研究领域包括中国外交政策及海洋法、东亚海上争端、中国政治等。[①]

莫汉·马利克（J. Mohan Malik）

莫汉·马利克是亚太安全研究中心教授，曾任澳大利亚迪肯大学防务研究项目主任、亚太安全合作理事会（CSCAP）澳大利亚委员会委员，在澳大利亚联合参谋学院、防务学院任教，主要研究印太海上安全、中国崛起的影响、亚洲地缘政治、南海问题、核扩散及中印、中美关系等。[②]

雅克琳·迪尔（Jacqueline Newmyer Deal）

雅克琳·迪尔是远景战略集团（Long Term Strategy Group）总裁兼首席执行官、外交政策研究所（FPRI）高级研究员，曾任记者、投资分析师，对中国军事与安全问题的研究涉及中国参与长期战略竞争的策略与途径、中国对美国实力的评估、在印度洋的军事动向、军事改革与现代化、科技创新、能源安全战略、中国对未来安全环境的影响、中美关系等。[③]

毛文杰（James Mulvenon）

毛文杰 2007 年至今，任美国防务集团网络与情报部门高级副主席兼情报研究与分析中心主任，以及网络冲突研究协会（Cyber Conflict Studies Association）理事会主席，1995—2005 年任兰德公司政治科学家，曾在复旦大学学习中文，[④] 长期研究网络空间冲突、网络安全战略、防务研发与采购、网络战略武器及中国的信息

① Naval War College.Isaac B. Kardon, Ph.D.[EB/OL]. https://usnwc.edu/Faculty-and-Departments/Directory/Isaac-B-Kardon[2017-04-14].

② Asia-Pacific Center for Security Studies.J. Mohan Malik[EB/OL]. https://apcss.org/college/faculty/malik/[2017-04-14].

③ Foreign Policy Research Institute.Jacqueline Deal[EB/OL]. http://www.fpri.org/contributor/jacqueline-deal/[2017-04-14].

④ Linkedin.James Mulvenon[EB/OL]. https://www.linkedin.com/in/james-mulvenon-08b0891/[2017-04-15].

化革命、核力量运用、C⁴ISR 能力、军工体系、军政关系、军事智库 ① 等。

詹姆斯·霍姆斯（James R. Holmes）

詹姆斯·霍姆斯是海军战争学院战略与政策系教授、美海军退役军官，曾在军舰上服役，在多个海军学校任教职，2007 年进入海军战争学院，并曾在中国台湾、印度、日本、英国、法国、澳大利亚等多个国和地区智库机构访学、交流，也经常受邀在美国海军纪念活动演讲发言，专注于海洋战略问题，长期研究中国、印度、日本等大国海上战略及中美、中印、美日等大国海上安全关系等，与吉原恒淑合著《红星照耀太平洋：中国崛起与美国海上战略》（*Red Star over the Pacific: China's Rise and the Challenge to U.S. Maritime Strategy*）被列为美海军必读书目下发至部队。②

杰弗里·贝德（Jeffrey Bader）

杰弗里·贝德是布鲁金斯学会约翰·桑顿中心高级研究员、美中关系全国委员会理事会成员，中文、法语流利，曾任美国总统特别助理兼国家安全委员会亚洲事务高级主任（2009—2011 年）、布鲁金斯学会中国倡议主任及后续成立的约翰·桑顿中心首任主任（2005—2009 年）、美国驻纳米比亚大使（1999—2001 年）等职，专业领域包括亚洲事务、中国崛起的影响、中美关系、美国对华及亚洲政策、台海问题、南海问题等。③

杰弗里·里夫斯（Jeffrey Reeves）

杰弗里·里夫斯是亚太安全研究中心教授，曾任澳大利亚格里菲斯大学亚洲研究所研究员、高级防务研究中心（CADS）中国项目主任，并曾在北京大学、蒙古国学习、任教，主要研究东北亚安全、中国崛起对亚洲一些国家安全的影响、亚洲恐怖主义、蒙古、印太海上安全等问题，汉语、蒙语流利。④

乔·麦克雷诺兹（Joe McReynolds）

乔·麦克雷诺兹是美国防务集团情报研究与分析中心情报分析师，通晓中文、

---

① 毛文杰曾与季北慈合写《中国军事相关智库和研究所》（"Chinese Military-Related Think Tank and Research Institutions". *The China Quarterly*, No.171, Sep. 2002）。

② Naval War College.James R. Holmes[EB/OL]. https://usnwc.edu/Academics/Faculty/James-Holmes. aspx[2017-04-14].

③ Brookings Institution.Jeffrey A. Bader[EB/OL]. https://www.brookings.edu/experts/jeffrey-a-bader/ [2017-04-14].

④ Asia Pacific Foundation of Canada.Jeffrey Reeves[EB/OL]. https://www.asiapacific.ca/about-us/ senior-staff/jeffrey-reeves[2017-04-14].

日语，曾就职于外交关系委员会和太平洋国际政策协会，对中国网络战、网络作战力量、国防科技发展、信息技术领域军民融合及中美网络安全关系有深入研究。[①]

乔尔·伍斯诺（Joel Wuthnow）

乔尔·伍斯诺是国防大学战略研究所中国军事事务研究中心研究员、乔治城大学安全研究项目兼职副教授，曾在海军分析中心、普林斯顿大学、布鲁金斯学会从事中国分析及学术研究，专注于中国外交与安全事务、中国军事问题、中美关系、东亚战略发展等，近年来研究议题包括中国军事改革、中国海上安全战略、雅鲁藏布江—布拉马普特拉河流域水资源竞争、台海问题、南海问题等。[②]

约翰·科斯特洛（John Costello）

约翰·科斯特洛是闪点技术公司（Flashpoint Technology Inc.）网络与东亚问题高级分析师、"新美国"智库（New America）网络安全研究员，通晓中文，曾任防务集团情报研究与分析中心研究分析师（2014—2016 年）、国家安全局分析师（2010—2014 年），专注于中国电子战、信息战、网络战、军事技术研发、军队改革、战略支援部队等方面的研究。[③]

约翰·科贝特（John F. Corbett, Jr.）

约翰·科贝特是森特拉科技公司（CENTRA Technology, Inc.）分析主任、美国陆军退役上校，曾任驻华陆军武官，专注于中国军事、台湾问题、亚洲防务与安全等问题研究。

谭慎格（John Tkacik, Jr.）

谭慎格是国际评估与战略中心（IASC）高级研究员兼未来亚洲项目主任、资深中国事务及台湾问题专家，中文流利，曾任美国国务院官员，长期被派驻至台湾、北京、广州等地，2001—2009 年任传统基金会亚洲研究中心高级研究员。[④]

约翰·刘易斯（John W. Lewis）

约翰·刘易斯是斯坦福大学弗里曼·斯伯格里国际问题研究所（FSI）国际安全与合作中心（CISAC）联合创办者、荣誉教授，曾在康奈尔大学、美国国家科学

① The Jamestown Foundation.Joe McReynolds[EB/OL]. https://jamestown.org/analyst/joe-mcreynolds/[2017-04-14].

② Institute for National Strategic Studies.Wuthnow, Joel[EB/OL]. https://inss.ndu.edu/Media/Biographies/Article-View/Article/651908/wuthnow-joel/[2017-04-14].

③ Linkedin.John Costello[EB/OL]. https://www.linkedin.com/in/john-costello-275166109/[2017-04-12].

④ Right Web.John Tkacik, Jr.[EB/OL]. https://rightweb.irc-online.org/profile/jr-john-tkacik/[2017-04-14].

院、美中关系全国委员会工作，担任过劳伦斯国家实验室、国防部、参议院情报特别委员会、国会技术评估办公室等部门的顾问，早年曾安排新中国第一批学者赴美，专业领域包括中国政治与军事、中国核战略与核武器、中美关系、东亚安全、东北亚问题等。[①]

乔纳森·波拉克（Jonathan D. Pollack）

乔纳森·波拉克是布鲁金斯学会东亚政策研究中心、约翰·桑顿中国中心高级研究员，美国海军战争学院教授，国家亚洲研究局研究员，曾任约翰·桑顿中国中心主任、美国海军战争学院战略研究部主席、兰德公司政治科学部主席及高级顾问，专注于东亚国际政治与安全、中国政治—军事战略、中美关系、朝鲜半岛、美国亚太战略等领域研究。[②]

艾江山（Karl W. Eikenberry）

艾江山是斯坦福大学弗里曼·斯伯格里国际问题研究所亚太研究中心（APARC）研究员兼美国–亚洲安全倡议主任、美国退役陆军中将，曾任驻阿富汗大使（2009—2011 年）、北约军事委员会副主席（2007—2009 年）、北约驻阿富汗联军司令（2005—2007 年）、驻阿富汗军事合作办公室主任、太平洋司令部战略规划与政策主任、驻华武官助理及武官（1997—2000 年）等职，专业领域包括中国外交与安全政策、台海问题、中美关系及北约、阿富汗、中亚、亚太、反恐、民事—军事关系、美国亚太战略等。艾江山毕业于西点军校，曾在香港、南京学习中文及中国历史。[③]

李侃如（Kenneth G. Lieberthal）

李侃如是美国布鲁金斯学会荣誉高级研究员、美中关系全国委员会理事会成员，曾任布鲁金斯学会外交政策与全球经济与发展项目高级研究员（2009—2016 年）、约翰·桑顿中国中心主任（2009—2012 年）、密歇根大学政治学与商业管理教授、总统特别助理兼国家安全委员会亚洲事务高级主任（1998—2000 年）、密歇根大学中国研究中心（1986—1989 年）。李侃如也是著名中国问题专家，主要研究中国外交与安全、中美关系、能源安全、亚洲问题等。2014 年为纪念李侃如及一

---

① Center for International Security and Cooperation.John W. Lewis, PhD[EB/OL]. https://cisac.fsi.stanford.edu/people/john_w_lewis[2017-04-14].

② Brookings Institution.Jonathan D. Pollack[EB/OL]. https://www.brookings.edu/experts/jonathan-d-pollack/[2017-04-14].

③ Wikipedia.Karl Eikenberry[EB/OL]. https://en.wikipedia.org/wiki/Karl_Eikenberry[2017-04-14].

位捐赠者的贡献，密歇根大学中国研究中心被命名为李侃如与理查德·罗格尔中国研究中心。①

肯尼斯·艾伦（Kenneth W. Allen）

肯尼斯·艾伦是美国防务集团中国问题高级分析师、兰德公司中国航空航天研究所（CASI）中国问题高级分析师，通晓中文、俄语，美军退役军官，曾在空军服役 21 年，前驻华助理武官（1987—1989 年），入选美国国防情报局"驻外武官名人堂"，中国军事问题专家，主要研究中国空军、解放军组织人事、对外军事关系及军事外交等。②

包克文（Kevin Pollpeter）

包克文是海军分析中心研究科学家，曾任美国防务集团（DGI）高级分析师（2015—2016 年）、加州大学圣迭戈分校全球冲突与合作研究所中国创新与技术研究副主任（2013—2015 年）、美国防务集团东亚项目副主任（2007—2013 年），研究领域包括中国的太空战略与技术、军事技术、装备研发与采购、先进武器装备、军事现代化、军队体制编制、网络安全战略、中美关系等。③

克里斯汀·冈尼斯（Kristen Gunness）

克里斯汀·冈尼斯是美国洞察亚洲（Vantage Point Asia）公司 CEO、兰德公司中国事务兼职研究员，曾任美国海军亚太顾问组组长（2008—2012 年）、海军分析中心中国研究部项目主任等职。④

库尔特·坎贝尔（Kurt Campbell）

库尔特·坎贝尔是亚洲集团公司（The Asia Group, LLC）创办人、主席兼 CEO，新美国安全中心联合创办人、联合主席，哈佛大学贝尔福尔中心非常驻研究员。他曾任东亚与太平洋事务助理国务卿（2009—2013 年）、阿斯本战略集团（Aspen Strategy Group）主任、战略与国际研究中心高级副总裁兼国际安全项目主任、肯尼迪政府学院副教授、亚太事务助理国防部长帮办，专业领域包括国家安

① William Foreman. Center for Chinese Studies Named to Honor Rogel, Lieberthal[EB/OL]. http://record.umich.edu/articles/center-chinese-studies-renamed-honor-rogel-lieberthal (2014-05-15)[2017-04-12].

② Jamestown Foundation.Kenneth W. Allen[EB/OL]. https://jamestown.org/analyst/kenneth-allen/[2017-04-09].

③ Linkedin.Kevin Pollpeter[EB/OL]. https://www.linkedin.com/in/kevin-pollpeter-63871710/[2017-04-06].

④ The U.S.-China Economic and Security Review Commission.Mrs. Kristen Gunness[EB/OL]. https://www.uscc.gov/sites/default/files/Gunness%20BIO.pdf[2017-04-14].

全、外交政策、亚太再平衡、中国外交与安全政策等。①

拉里·沃策尔（Larry Wortzel，又译武尔兹）

拉里·沃策尔是美国国会美中经济与安全评估委员会委员（任期截至 2018 年 12 月 31 日）、著名中国军事问题专家、美国陆军退役上校，精通汉语，曾任驻华武官助理（1988—1990 年）、驻华武官（1995—1997 年）、陆军战争学院战略研究所所长（1997—1999 年）、传统基金会副总裁兼亚洲研究中心主任等职，专注于中国、亚太地区、情报、国家安全等研究，持续关注中国军事战略、解放军军力部署、核力量等问题，近期著作有《巨龙延伸：中国军力走向全球化》（*The Dragon Extends its Reach: Chinese Military Power Goes Global*）等。②

韩力（Lonnie D. Henley）

韩力是乔治·华盛顿大学兼职教授、国防情报局东亚事务情报官员、美国退役陆军中校，曾任国家情报总监办公室情报官员、森特拉科技公司高级分析师、乔治城大学安全研究项目教授，对中国防务与安全、战争控制与危机处理、台海问题、国防动员法律体系等有一定研究。他先后就读于西点军校、牛津大学、联合防务情报学院、哥伦比亚大学，通晓中文。③

莱尔·戈德斯坦（Lyle J. Goldstein，又译莱勒·古登斯坦、莱尔·戈尔茨坦）

莱尔·戈德斯坦是海军战争学院战略与战役研究系副教授兼中国海事研究所战略研究员，2006—2011 年任中国海事研究所首任所长，主要研究中国国防政策、核战略、海军装备、潜艇部队、海军作战问题、大规模杀伤性武器、军民关系等。④

石明凯（Mark A. Strokes）

石明凯是 2049 计划研究所执行董事、美空军退役军官，退役后在多家美国驻台湾地区大型公司任高管，中文流利，曾任负责国际安全事务的助理国防部长办公室有关中国问题、台湾问题、蒙古事务高级主任，战略与国际研究中心高级研究员，对解放军总部机关、火箭军、空军、太空、网络、情报力量及美国东亚联盟、台海

────────────

①　Wikipedia.Kurt M. Campbell[EB/OL]. https://en.wikipedia.org/wiki/Kurt_M._Campbell[2017-04-14].

②　Strategic Studies Institute.Dr. Larry M. Wortzel[EB/OL]. http://ssi.armywarcollege.edu/pubs/people.cfm?authorID=30[2017-04-14].

③　The U.S.-China Policy Foundation.Mr. Lonnie D. Henley[EB/OL]. http://www.uscpf.org/v2/policymakersprogram/biohenley.html[2017-04-14].

④　Naval War College.Lyle Jared Goldstein, Ph.D.[EB/OL]. https://usnwc.edu/Faculty-and-Departments/Directory/Lyle-Jared-Goldstein[2017-04-14].

问题有深入研究。[①]

马文·奥特（Marvin C. Ott）

马文·奥特是约翰·霍普金斯大学高级国际问题研究院教授级讲师、东南亚研究项目访问学者，曾任国家战争学院国家安全政策教授、国防大学国家战略研究所研究员、中央情报局东亚问题高级分析师、伍德罗·威尔逊国际学者中心亚洲项目研究员、卡内基国际和平研究院高级研究员等，专注于东南亚安全、南海、情报、技术评估、中美防务关系等问题研究。[②]

迈克尔·奥斯林（Michael Auslin）

迈克尔·奥斯林是美国企业研究所日本研究中心主任，通晓日语，曾任耶鲁大学助理教授及副教授（2000—2007 年）、耶鲁大学美日关系项目创会理事（2004—2007 年）、东京大学法律研究生院客座教授（2009 年）等职，主要研究东亚安全、日本、美日关系、中国军事现代化、南海争端等问题，著有《亚洲世纪的终结：最具活力地区的战争、停滞与危机》（*The End of the Asian Century: War, Stagnation, and the Risks to the World's Most Dynamic Region*）等。[③]

迈克尔·欧汉隆（Michael E. O'Hanlon）

迈克尔·欧汉隆是布鲁金斯学会外交政策项目主任，21 世纪安全与情报中心联合主任（Co-Director）、高级研究员，国际战略研究所会员，通晓中、英、日语，曾任中情局外部顾问委员会成员，专注于东亚安全、中国台湾、朝鲜半岛、导弹防御、军备条约及美国防务政策、军事战略与预算等问题研究。[④]

迈克尔·克雷庞（Michael Krepon）

迈克尔·克雷庞是史汀生中心联合创办人、高级研究员兼南亚项目与太空安全项目主任，曾在美国军备控制和裁军署、卡内基国际和平基金会工作，后任史汀生中心总裁兼 CEO（1989—2000 年）、弗吉尼亚大学教授（2001—2010 年），主要研究南亚核危机管理、美俄中太空竞赛、太空国家行为准则等问题。[⑤]

---

① Global Taiwan Institute.Mark A. Strokes[EB/OL]. http://globaltaiwan.org/mark-stokes/[2017-04-14].

② Johns Hopkins University.Marvin C. Ott[EB/OL]. https://www.sais-jhu.edu/marvin-ott[2017-04-14].

③ Wikipedia.Michael Auslin[EB/OL]. https://en.wikipedia.org/wiki/Michael_Auslin[2017-04-14].

④ Brookings Institution.Michael E. O'Hanlon[EB/OL]. https://www.brookings.edu/experts/michael-e-ohanlon/[2017-04-14].

⑤ Stimson Center.Michael Krepon[EB/OL]. https://www.stimson.org/staff/michael-krepon[2017-04-14].

麦德伟（Michael McDevitt，又译为迈克尔·麦克德维特）

麦德伟是海军分析中心战略研究高级研究员、海军退役少将，曾任航母舰队指挥官、国防部长东亚政策研究室主任、美国国家战争学院院长等职，主要研究领域包括印太海上安全、东亚海上争端、南海问题、中国海上战略、解放军海军军力发展、美国对华海上战略等。①

白邦瑞（Michael Pillsbury）

白邦瑞是哈德逊研究所高级研究员兼中国战略中心主任，长期从事中国军事问题研究，对中国的立场由鸽派转为鹰派，曾任中美经济与安全评估委员会高级研究顾问、国防部长办公室亚洲事务特别助理、副国防部长帮办、兰德公司分析师等职，研究专长为亚太安全、防务战略、美国对外安全政策、中国军事战略、中美安全关系、台海问题等，近期代表作有《百年马拉松——中国取代美国成为全球超级强国的秘密战略》（*The Hundred-Year Marathon: China's Secret Strategy to Replace America as the Global Superpower*）等。②

迈克尔·蔡斯（Michael S. Chase）

迈克尔·蔡斯是兰德公司高级政治科学家、约翰·霍普金斯大学高级国际问题研究院中国研究与战略研究部门副教授，专注于中国与亚太安全、中国军事现代化、中美关系、美国核政策与东亚战略遏制研究。③

史文（Michael Swaine）

史文是卡内基国际和平研究院亚洲项目高级研究员、美国政府亚洲安全问题咨询顾问。史文高中毕业于香港，大学开始一直主修中国历史、政治、外交、文化等，20 世纪 80 年代至今先后在兰德、卡内基从事中国和亚洲研究，是美国研究中国军事与安全问题顶级专家之一，1989—2001 年任职于兰德公司，曾任兰德公司高级政策分析师，2001 年后转入卡内基国际和平研究院；专注于中国国防与外交政策、台海问题、中美关系、亚太安全等问题研究，发表了大量专著、报告、期刊

---

① 　Wilson Center.Michael McDevitt[EB/OL]. https://www.wilsoncenter.org/person/michael-mcdevitt [2017-04-09].

② 　Hudson Institute.Michael Pillsbury[EB/OL]. https://www.hudson.org/experts/ 724-michael-pillsbury[2017-04-15].

③ 　RAND.Michael S. Chase[EB/OL]. https://www.rand.org/about/people/c/chase_michael_s.html [2017-04-15].

文章等成果。①

谭睦瑞（Murray S. Tanner）

谭睦瑞是海军分析中心中国战略与安全问题高级分析师、中国国内安全问题著名专家，曾任西密歇根大学政治学教授、兰德公司高级政治科学家，专注于中国的国内安全、社会动荡、维稳、反恐、法治、情报、决策体制、新兴国家利益、对外军事关系及台海问题等。②

帕特里克·克罗宁（Patrick M. Cronin）

帕特里克·克罗宁是新美国安全中心高级顾问兼亚太安全项目高级主任，曾任美国国防大学国家战略研究所高级主任兼中国军事事务研究中心主任、英国国际战略研究所研究主任、战略与国际研究中心高级副总裁兼研究主任、美国国际开发署官员、美国和平研究所研究主任、海军分析中心高级分析师，专注于亚太安全及美国防务、外交政策等，对中国军事动向、西太平洋海上安全、朝鲜半岛等有所研究。③

韩磊（Paul Haenle）

韩磊是清华—卡内基全球政策中心的主任，曾任美国国家安全委员会有关中国问题、台湾问题和蒙古事务主任（2007—2009 年），退役陆军中校，曾在德国、韩国、科威特服役，后两次被派驻美国驻中国大使馆，对中美关系、南海问题、朝鲜半岛问题、两岸关系、中国外交关系、国际安全挑战等颇有研究。④

彼得·达顿（Peter Dutton）

彼得·达顿是美国海军战争学院战略研究教授兼中国海事研究所所长、美军退役海军军官，曾任部队法律顾问、军事法官，主要研究中国对主权和国际海洋法的认识、东海与南海国际海洋法问题、美国对华政策、东亚海洋争端、亚太安全、海

————————

① 余东晖. 中评重磅专访：美知名战略学者史文 [EB/OL]. 中国评论新闻网，http://bj.crntt. com/doc/1041/6/6/6/104166659_4.html?coluid=93&kindid=7950&docid=104166659&mdate=0323001502 [2016-12-20].

② The U.S.-China Economic and Security Review Commission.Dr. Murray Scot Tanner[EB/OL]. https://www.uscc.gov/sites/default/files/Murray%20Scot%20Tanner_Bio.pdf[2017-04-09].

③ Center for a New American Security.Patrick M. Cronin[EB/OL]. https://www.cnas.org/people/ patrick-m-cronin[2017-04-12].

④ Carnegie–Tsinghua Center for Global Policy.Paul Haenle[EB/OL]. https://carnegietsinghua.org/ experts/?fa=490[2017-04-12].

上战略等。①

彼得·马蒂斯（Peter Mattis）

彼得·马蒂斯是詹姆斯顿基金会中国项目研究员，曾任詹姆斯顿基金会《中国简报》编辑（2011—2013 年），并曾任职于美国政府及国家亚洲研究局，对中国国家安全战略、军事改革、战略动向、军事力量、周边冲突、中美关系等有广泛研究。②

彼得·伍德（Peter Wood）

彼得·伍德是詹姆斯顿基金会中国项目研究员兼《中国简报》编辑，中文流利，曾任美国企业研究所防务问题研究员，对中国军事战略、军事力量体系、军队体制、对外军事关系、军力部署等各类问题有广泛研究。③

孙飞（Phillip C. Saunders，又译菲利普·桑德斯）

孙飞是国防大学国家战略研究所杰出研究员、中国军事事务研究中心主任，曾任该所战略研究中心研究主任（2010—2012 年）、美国蒙特利国际研究学院东亚防扩散项目主任（1999—2003 年）等职，专注于中国军事、亚太安全、台海问题、中美关系、核政策、导弹防御等问题研究，出版《解放军对中国国家安全决策的影响》（*PLA Influence on China's National Security Policymaking*，与施道安等合著）等著作，精通德语，汉语流利。④

柯罗夫（Ralph A. Cossa，又译拉夫·科萨）

柯罗夫是战略与国际研究中心理事兼太平洋论坛主席、美国空军退役上校，曾任美太平洋司令部司令特别助理、国防大学国家战略研究所战略研究副主任，专长包括中国问题、朝鲜半岛问题、亚太安全、地缘政治、国家安全事务，及美国亚太、近东、南亚安全政策等，政策研究与实践经验超过 40 年。⑤

---

①　U.S. Naval War College.Peter Alan Dutton[EB/OL]. https://usnwc.edu/Faculty-and-Departments/Directory/Peter-Alan-Dutton[2017-04-12].

②　The Jamestown Foundation.Peter Mattis[EB/OL]. https://jamestown.org/analyst/peter-mattis/[2017-04-12].

③　The Jamestown Foundation.Peter Wood[EB/OL]. https://jamestown.org/analyst/peter-wood/[2017-04-12].

④　Institute for National Strategic Studies.Saunders, Phillip C.[EB/OL]. https://inss.ndu.edu/Media/Biographies/Article-View/Article/571484/phillip-c-saunders/[2017-04-12].

⑤　Pacific Forum.Ralph A. Cossa[EB/OL]. https://www.pacforum.org/people/ralph-cossa[2017-04-12].

薛瑞福（Randall Schriver）

薛瑞福是 2049 计划研究所创办者及现任所长、战略与国际研究中心高级研究员，曾在美国海军任情报官，1997—1998 年在美国国防部负责与中国军方日常交流工作，期间几次在美驻华使馆短期任职，2003—2005 年任负责东亚和太平洋事务的助理国务卿帮办，主要研究台海问题、中国军队、中美关系、东亚安全及美国与日本、韩国、台湾地区等的盟友体系等。①

卜睿哲（Richard C. Bush Ⅲ）

卜睿哲是布鲁金斯学会高级研究员、东亚政策研究中心主任、约翰·桑顿中国中心高级研究员及辜振甫暨辜严倬云台湾研究讲座首席（The Chen-Fu and Cecilia Yen Koo Chair in Taiwan Studies），曾任"美国在台协会""理事主席兼常务董事"（1997—2002 年）、国家情报委员会委员兼东亚国家情报官，专注于台海问题、中美关系、美台关系、香港等领域研究，著有《一山二虎——中日关系的现状与亚太局势的未来》（*The Perils of Proximity: China-Japan Security Relations*）、《未知的海峡——两岸关系的未来》（*Uncharted Strait: The Future of China-Taiwan Relations*）、《中国阴影下的香港：与巨人相处》（*Hong Kong in the Shadow of China：Living with the Leviathan*）等著作。卜睿哲生于 1947 年，1960—1965 年在香港学习生活。②

费学礼（Richard D. Fisher, Jr.）

费学礼是国际评估与战略中心（IASC）高级研究员，曾任安全政策中心高级研究员（2000—2004 年）、詹姆斯顿基金会高级研究员兼《中国简报》执行编辑、传统基金会亚洲研究中心主任（1998—1999 年）等职，对中国军事现代化、解放军军力发展、台海问题、亚洲军事平衡、美国在亚洲面临的挑战等均有一定研究。③

理查德·韦茨（Richard Weitz）

理查德·韦茨是哈德逊研究所高级研究员兼政治军事分析中心主任、新美国安全中心兼职高级研究员，曾在战略与国际研究中心、哈佛大学、国防部工作，研究领域包括亚太、东亚、欧亚等区域安全，恐怖主义与极端意识形态，军备控制与防扩散及美国外交与安全政策等，其研究涉及中国的军事力量及动向、大国军事关

① Wikipedia.Randall Schriver[EB/OL]. https://en.wikipedia.org/wiki/Randall_Schriver [2017-04-12].

② 中评独家：卜睿哲与中国的不解之缘 [EB/OL]. http://www.crntt.com/doc/1035/4/4/9/103544972.html?coluid=189&kindid=8096&docid=103544972&mdate=1228093133 (2014-12-28)[2017-04-12].

③ The U.S.-China Economic and Security Review Commission.Richard D. Fisher, Jr.[EB/OL]. https://www.uscc.gov/sites/default/files/Fisher_Bio.pdf[2017-04-12].

系、核战略、军费开支等，通晓俄、法、德语。^①

戴博（Robert Daly）

戴博是伍德罗·威尔逊国际学者中心基辛格中美关系研究所主任。曾任美国马里兰大学美华中心主任（2007—2013 年）、南京大学 – 约翰斯·霍普金斯大学中美文化研究中心美方主任（2001—2007 年）、中国电视节目主持人及演员、美国驻华大使馆外交官（1986—1991 年），主要研究中美关系、美国对华政策、亚太安全、台湾问题、南海问题等，精通中文。^②

罗伯特·曼宁（Robert Manning）

罗伯特·曼宁是大西洋理事会布伦特·斯考克罗夫特国际安全中心高级研究员，曾任国家情报总监办公室高级战略分析师（2010—2012 年）、国家情报委员会长期能源与区域 / 全球事务主任（2008—2010 年）、外交关系委员会亚洲研究主任（1997—2001 年）、助理国务卿顾问、国防部长办公室顾问等职，主要研究中国、亚洲安全、能源、朝核等问题。^③

陆伯彬（Robert S. Ross）

陆伯彬是哈佛大学费正清中国研究中心研究员、波士顿学院政治学教授、麻省理工学院安全研究项目高级顾问、外交关系委员会成员，曾在中国外交学院、清华大学、北京大学做访问交流，主要研究中国安全与防务政策、外交政策、民族主义及中美关系、东亚安全等，著有《中国安全政策：框架、实力与政治》（*Chinese Security Policy: Structure, Power, and Politics*）等。^④

柯瑞杰（Roger Cliff，又译罗杰·克里夫）

柯瑞杰是海军分析中心高级研究科学家，曾任大西洋理事会国际安全中心高级研究员（2013—2016 年）、2049 计划研究所高级研究员（2011—2013 年）、兰德公司政治科学家（1997—2011 年）、国防部长办公室战略发展助理（1999—2001 年）等职，专注于中国军事条令、训练、国防工业、东亚安全、美国亚太政策等问题研究。^⑤

①　Hudson Institute.Richard Weitz[EB/OL]. https://www.hudson.org/experts/433-richard-weitz [2017-04-12].

②　Wilson Center.Robert Daly[EB/OL]. https://www.wilsoncenter.org/person/robert-daly[2017-04-12].

③　Atlantic Council.Robert A. Manning[EB/OL]. https://www.atlanticcouncil.org/about/experts/list/robert-a-manning[2017-04-12].

④　Boston College.Robert S. Ross[EB/OL]. https://www.bc.edu/bc-web/schools/mcas/departments/political-science/people/faculty-directory/robert-ross.html[2017-04-12].

⑤　LinkedIn.Roger Cliff[EB/OL]. https://www.linkedin.com/in/roger-cliff-789268118[2017-04-12].

甘浩森（Roy Kamphausen）

甘浩森是国家亚洲研究局高级副总裁兼华盛顿办公室主任、美军退役陆军军官，曾任国防部长办公室中国、台湾地区、蒙古事务首席主任，参谋长联席会议主席中国战略顾问，驻华大使馆武官等，研究专长包括解放军、中美防务关系、东亚安全、美国亚太安全政策、台海问题等，著有关于中国军事与台湾问题多部著作，代表作有《中国人民解放军 2025》（*The Chinese People's Liberation Army in 2025*），早年曾在国防语言学院及中国首都师范大学学习中文，汉语流利。[①]

斯科特·哈罗德（Scott warren Harold）

斯科特·哈罗德是兰德公司政治科学家兼亚太政策中心副主任，曾任外交关系委员会成员、布鲁金斯学会约翰·桑顿中国中心研究员，专注于中国、台海、日本、朝鲜半岛、东南亚、东亚安全和国际关系研究，早年获哥伦比亚大学政治学硕士、博士学位，汉语流利。[②]

塞斯·克罗普西（Seth Cropsey）

塞斯·克罗普西是哈德逊研究所高级研究员兼美国海权中心主任，曾任海军副部长帮办、助理国防部长帮办、美国国际广播局（IBB）局长、传统基金会亚洲研究中心主任等职，研究专长为外交与安全政策、防务战略、安全联盟、恐怖主义与极端意识形态等，对美国对华政策、中美关系、中美潜在海上冲突、中国海上战略、解放军军力发展、美国对台军售等也有一定研究。[③]

戈迪温（Stephen Goldstein）

戈迪温是哈佛大学费正清中国研究中心台湾研究项目召集人、史密斯学院教授，对台湾问题、两岸关系、中美关系、中国内政外交等有深入研究，与两岸官方、学术界接触密切。[④]

谢淑丽（Susan L. Shirk）

谢淑丽是美国加州大学圣迭戈分校全球政策与战略学院 21 世纪中国项目讲座

① The National Bureau of Asian Research.Roy D. Kamphausen[EB/OL]. https://www.nbr.org/people/roy-kamphausen/[2017-04-12].

② RAND.Scott W. Harold[EB/OL]. https://www.rand.org/about/people/h/harold_scott_w.html [2017-04-12].

③ Hudson Institute.Seth Cropsey[EB/OL]. https://www.hudson.org/experts/530-seth-cropsey [2017-04-12].

④ Fairbank Center for Chinese Studies.Stephen Goldstein[EB/OL]. https://fairbank.fas.harvard.edu/profiles/steven-goldstein/[2017-04-12].

教授、全球冲突与合作研究所前所长、外交关系委员会成员，曾于 1993 年创办东北亚合作对话会（NEACD），并联合中俄日韩相关智库机构举办至今，1971 年得到周恩来总理接见，[①] 主要研究中国政治、中美关系、东北亚安全、台海问题、南海问题等问题。

蒲淑兰（Susan M. Puska）

蒲淑兰是美国卡纳瓦国际（Kanava International）公司总裁兼 CEO，美国退役女陆军上校，曾任美国防务集团高级分析师（2006—2011 年）、驻华陆军副武官（2001—2003 年）、陆军战争学院国家安全与战略系亚洲研究主任（1999—2000 年）、陆军副部长帮办办公室亚太部门主管（1996—1999 年）、驻华陆军武官助理（1992—1994 年）等职，[②] 蒲淑兰于 1988 年至今一直研究中国军事与安全问题，内容涉及国家安全、解放军建设与改革、军力发展、军事后勤等各方面，代表作有《下一代的中国人民解放军》（*People's Liberation Army After Next*）等。

张太铭（Tai Ming Cheung）

张太铭是加州大学圣迭戈分校全球政策与战略学院副教授兼全球冲突与合作研究所所长，曾长期在中国及东亚国家担任记者及政治风险评估顾问，分析中国及东亚防务与安全问题，主要研究中国国防科技与创新、国防经济、军事后勤、防务透明度及东亚安全、网络安全等问题，代表作有《打造中国军事实力：评价创新的新框架》（*Forging China's Military Might: A New Framework for Assessing Innovation*）等，他是伦敦国王学院战争研究系博士。[③]

傅泰林（Taylor Fravel）

傅泰林是麻省理工学院政治学副教授兼国际研究中心安全研究项目成员、中国军事问题专家，主要研究中国的军事战略、领土及海洋争端、南海问题、区域外交、核姿态等，著有《强边安邦——中国在解决领土争端中的合作与冲突》（*Strong Borders, Secure Nation: Cooperation and Conflict in China's Territorial Disputes*）。[④]

---

① 孙瑶、遇安 . 独家：希拉里·克林顿队伍中的中国专家们 [EB/OL]. http://www.uscnpm.com/ model_item.html?action=view&table=article&id=10128 (2016-04-29)[2017-04-02].

② Strategic Studies Institute.Colonel Susan M. Puska[EB/OL]. http://www.strategicstudiesinstitute. army.mil/pubs/people.cfm?q=111[2017-04-16].

③ Institute on Global Conflict and Cooperation.Tai Ming Cheung[EB/OL]. https://igcc.ucsd.edu/ people/research-directors/tai-ming-cheung.html[2017-04-12].

④ MIT Political Science.Taylor Fravel[EB/OL]. https://polisci.mit.edu/people/m-taylor-fravel [2017-04-13].

冯稼时（Thomas Fingar，又译托马斯·芬格）

冯稼时是斯坦福大学弗里曼·斯伯格里国际问题研究所亚太研究中心研究员，曾任美国国家情报第一副主管兼国家情报委员会主席（2005—2008 年）、负责情报与研究事务的助理国务卿（2004—2005 年）、助理国务卿帮办（1994—2003 年）等职，研究领域包括国际安全、亚太安全、核武器、军备控制，中国外交与安全政策、核战略、军事现代化、国防工业、与美国关系等。①

托马斯·比克福德（Thomas J. Bickford）

托马斯·比克福德是美国海军分析中心中国安全事务项目组高级研究科学家，曾任威斯康辛大学奥什科什分校副教授（1995—2006 年）。他的研究侧重于中国海上战略、国家安全政策、内部安全、与邻国关系，以及中国军政、军民关系等。②

柯庆生（Thomas J. Christensen）

柯庆生是普林斯顿大学伍德罗·威尔逊学院教授兼中国与世界项目主任、布鲁金斯学会约翰·桑顿中国中心客座高级研究员、外交关系委员会终身成员，曾在康奈尔大学和麻省理工学院任教职，2003 年加入普林斯顿大学，2006—2008 年任负责中国大陆、台湾、香港、蒙古事务的助理国务卿帮办，主要研究国际安全、东亚国际关系、台海问题、中国外交等领域问题，近期代表作为《中国的挑战：影响一个崛起大国的选择》（*The China Challenge: Shaping the Choices of a Rising Power*）。③

吉原恒淑（Toshi Yoshihara）

吉原恒淑是海军战争学院战略学教授、中国海事研究所成员，曾任空军战争学院战略系客座教授、兰德公司分析师、企业研究所研究员，主要研究中国海军战略、解放军海军现代化、朝鲜半岛问题、日本防务、两岸关系等，代表作有《红星照耀太平洋：中国崛起与美国海上战略》（*Red Star over the Pacific: China's Rise and the Challenge to U.S. Maritime Strategy*）等。④

---

① Freeman Spogli Institute for International Studies.Thomas Fingar[EB/OL]. https://aparc.fsi.stanford. edu/people/thomas_fingar[2017-04-13].

② LinkedIn.Thomas Bickford[EB/OL]. https://www.linkedin.com/in/thomas-bickford-5b39a87 [2017-04-13].

③ Princeton University.Thomas J. Christensen[EB/OL]. http://wws.princeton.edu/faculty-research/ faculty/tchriste[2017-04-13].

④ Naval War College.Toshi Yoshihara[EB/OL]. https://www.usni.org/author/toshi-yoshihara [2017-04-13].

谭俊辉（Travis Tanner）

谭俊辉是国家亚洲研究局高级顾问、十万强基金会（The 100000 Strong Foundation）高级副主席兼首席运营官，曾任国家亚洲研究局东北亚研究中心主任、国家利益中心中国研究项目副主任，研究领域包括东北亚区域安全，以及中国外交与安全、解放军、台湾政治、台海问题等，早年在南京学习，中文流利。①

瓦尔特·洛曼（Walter Lohman）

瓦尔特·洛曼是美国传统基金会戴维斯国际研究院高级研究员兼亚洲研究中心主任，曾任美国—东盟商会高级副主席、参议院政策助理等，主要研究领域为东南亚问题、台海问题及美国与韩国、日本、澳大利亚、台湾地区联盟关系等。②

威廉·默里（William S. Murray）

威廉·默里是美国海军战争学院海战研究中心战略与战役研究系副教授、中国海事研究所成员，曾在核潜艇服役，后任美国战略司令部作战参谋，2003 年以海军少校军衔退役，研究专长为中国核潜艇力量、海上战略、亚太海上冲突等，著有《中国新核潜艇力量与中国能源战略》（*China's New Nuclear Submarine Force and China's Energy Strategy*）等成果。③

薛理泰（Xue Litai）

薛理泰 1984 年至今任斯坦福大学弗里曼·斯伯格里国际问题研究所国际安全与合作中心研究员，1979—1984 年任香港《明报》（中国版）主编及资料室主任，专注于东北亚安全、台海冲突、核扩散、中国国家安全政策、核战略、军事现代化、军事科技等问题研究，著有《盛世危言：远观中国大战略》等。④

孙云（Yun Sun）

孙云是史汀生中心东亚项目高级研究员、布鲁金斯非洲增长倡议（Africa Growth Initiative）非常驻研究员，曾任国际危机组织中国事务分析师，研究领域包括中国外交与安全政策、国家安全决策流程、与周边国家安全关系、与缅甸关系、

---

① The National Bureau of Asian Research.Travis Tanner[EB/OL]. https://www.nbr.org/people/travis-tanner/[2017-04-13].

② The Heritage Foundation.Walter Lohman[EB/OL]. https://www.heritage.org/staff/walter-lohman[2017-04-13].

③ Naval War College.William S. Murray[EB/OL]. https://usnwc.edu/Faculty-and-Departments/Directory/William-S-Murray[2017-04-13].

④ Center for International Security and Cooperation.Xue Litai[EB/OL]. https://cisac.fsi.stanford.edu/people/xue_litai[2017-04-13].

与非洲关系及中美在非洲合作、中美关系等。①

二、欧洲智库及专家

（一）智库

1.英国国际战略研究所（IISS）

英国国际战略研究所于 1958 年成立，总部位于伦敦，在新加坡、华盛顿、巴林等地设有亚洲、美国、中东办公室，是研究安全与军事问题的世界权威智库、欧洲研究中国安全与战略问题顶尖机构，在全世界范围内吸收数千名会员，收取少量会费，所长是约翰·齐普曼（John Chipman），研究领域侧重地区冲突、防务分析、全球事务、主要大国关系、跨国威胁、核不扩散及裁军等，亚洲办公室执行主任赫胥黎（Tim Huxley）、亚太安全高级研究员钟伟伦（William Choong）、高级研究员亚历山大·尼尔（Alexander Neill）、未来冲突与网络安全项目主任奈杰尔·因克斯特（Nigel Inkster）② 等对中国军事与安全问题有专门研究。该所每年在新加坡主办"香格里拉对话"——亚洲安全年会，出版年度《军事平衡》（*Military Balance*）、《战略调查》（*Strategic Survey*）、《亚太区域安全评估》（*Asia-Pacific Regional Security Assessment*），双月刊《生存：全球政治与战略》（*Survival: Global Politics and Strategy*），网址：https://www.iiss.org/。③

2.英国皇家三军防务研究所（RUSI，又译皇家联合军种国防研究所）

英国皇家三军防务研究所在滑铁卢一战成名的惠灵顿公爵的倡议下于 1831 年成立，位于伦敦，在卡塔尔、布鲁塞尔、日本、内罗毕设有分支机构，现任所长是卡琳·冯·希普尔（Karin von Hippel），研究领域包括军事科学、国际与国内安全、恐怖主义、冲突与战争、气候变化、金融安全等各类军事与安全议题，下设国际安全研究、军事科学、扩散与核政策等部门及亚洲研究、网络安全、恐怖主义、核问题等项目，中国军事与安全问题研究专家有国际安全研究部主任潘睿凡（Raffaello Pantucci）、军事科学部主任彼得·罗伯茨（Peter Roberts）、亚太问题研究分析师维尔·鲁文（Veerle Nouwens）等。该所出版《皇家三军防务研究所期刊》（*RUSI Journal*）、《皇家三军防务研究所防务系统》（*RUSI Defence Systems*）等，网

① Stimson Center.Yun Sun[EB/OL]. https://www.stimson.org/staff/sun[2017-04-13].

② 奈杰尔·因克斯特著有《中国的网络力量》（*China's Cyber Power*）等成果。

③ The International Institute for Strategic Studies.Official Site[EB/OL]. https://www.iiss.org/ [2017-04-15].

址：https://rusi.org/。①

3. 英国查塔姆学会（Chatham House）

英国查塔姆学会于 1920 年成立，又称皇家国际事务研究所（Royal Institute of International Affairs），总部在伦敦查塔姆大厦，所长是罗宾·尼布赖特（Robin Niblett），主要研究能源、环境与资源治理、国际经济、国际安全、地区研究和国际法等领域问题，下设能源、环境与资源部，国际安全部，国际经济部，区域研究与国际法部。区域研究与国际法部分为非洲、美洲、亚洲、欧洲、中东与北非、俄罗斯与欧亚地区、国际法等项目；副所长亚当·沃德（Adam Ward）及亚洲项目副研究员曾锐生（Steve Tsang）、比尔·海顿（Bill Hayton）、米歇尔·麦丹（Michal Meidan）对东亚安全、中国安全与中国台湾、南海与东南亚、能源政策有所研究。该学会出版《国际事务》（*International Affairs*）、《今日世界》（*The World Today*）、《网络政策期刊》（*Journal of Cyber Policy*）；网址：https://www.chathamhouse.org。②

4. 欧洲对外关系委员会（ECFR）

欧洲对外关系委员会于 2007 年成立，总部位于伦敦，在布鲁塞尔、柏林、巴黎、罗马、马德里、华沙、索菲亚 7 个欧洲国家首都设有办公室。委员会成员包括欧盟成员国及候选国现任和前任政要、商界领袖、学者、记者等，主席是马克·莱昂纳德（Mark Leonard），下设亚洲与中国、欧洲力量、中东与北非等研究项目，亚洲与中国项目主任顾德明（François Godement）、亚洲与中国项目副主任杜懋之（Mathieu Duchâtel）等人对中国军事与安全问题有深入研究，出版《中国分析》（*China Analysis*）双月刊，网址：http://www.ecfr.eu。③

5. 欧洲改革中心（CER）

欧洲改革中心于 1996 年成立，位于伦敦，中心主任为查尔斯·格兰特（Charles Grant），主要研究欧盟内部改革、跨大西洋关系、欧洲外交与防务政策、欧俄关系、欧中关系等，议题包括英国与欧盟、难民与申根危机、俄罗斯与欧洲安全、欧中关系等。查尔斯·格兰特（Charles Grant）、外交政策主任伊恩·邦德（Ian Bond）对中国崛起、欧中关系、中俄关系等有专门研究。网址：https://cer.org.uk。④

---

① Royal United Services Institute.Official Site[EB/OL]. https://rusi.org/[2017-04-15].
② Chatham House.Official Site[EB/OL]. https://www.chathamhouse.org/[2017-04-15].
③ European Council on Foreign Relations.Official Site[EB/OL]. https://www.ecfr.eu[2017-04-15].
④ Centre for European Reform.Official Site[EB/OL]. https://cer.org.uk[2017-04-15].

6. 英国伦敦大学亚非学院中国研究所（SCI，SOAS）与台湾研究中心（CTS）

亚非学院中国研究所是欧洲最大的中国问题研究机构，研究议题十分广泛，包括中国与世界、美国、欧洲、亚洲、中东、非洲的关系，中国崛起的影响，水资源与粮食安全，能源与气候，政治、经济、社会、历史与文化，大中华区互动等，现任所长为曾锐生（Steve Tsang）教授，罗伯特·艾什（Robert Ash）任教授级研究员。该所网址：https://www.soas.ac.uk/china-institute/，亚非学院出版《中国季刊》（*China Quarterly*）。[①]

亚非学院 1999 年设立台湾研究项目，后成立台湾研究中心，目前该中心设置全世界除中国以外唯一台湾研究硕士学位。每年在欧洲各国轮流举办欧洲台湾研究协会（EATS）年会，台湾研究中心创办者为罗伯特·艾什（Robert Ash）教授，现任主任罗达菲（Dafydd Fell），研究议题广泛涉及台湾政治、经济、文化等各领域，对安全议题、两岸关系也有一定关注。网址：https://www.soas.ac.uk/taiwanstudies/。[②]

7. 法国国际关系研究所（IFRI）

法国国际关系研究所于 1979 年成立，总部位于巴黎，在布鲁塞尔设有办公室，董事会主席兼所长为蒂耶里·蒙布里亚尔（Thierry de Montbrial），下设亚洲、安全、能源等研究中心及撒哈拉以南非洲、防务研究，土耳其与中东等研究项目。亚洲研究中心是法国研究中国安全问题顶尖机构，主任为倪雅玲（Françoise Nicolas）。亚洲中心设有中国、南亚与印度、日本与法国对话等研究项目。中国项目主任范文丽（Alice Ekman）及亚洲研究中心研究员约翰·西曼（John Seaman）、席琳·帕戎（Céline Pajon）等人对中国外交与安全政策、中国能源安全、中国在非洲影响力、中日安全关系等有深入研究，出版《国外政治》（*Politique étrangère*）季刊等刊物。资金来源于法国政府、公司及国际基金会。网址：http://www.ifri.org/fr。[③]

8. 欧盟安全研究所（EUISS）

欧盟安全研究所是在 2002 年成立的欧盟研究机构，领导亚太安全合作理事会欧盟委员会（CSCAP EU）工作总部位于巴黎，在布鲁塞尔设有联络办公室。2016 年与中国现代国际关系研究院在布鲁塞尔联合举办"欧盟—中国战略对话 2016"，

---

① University of London.China Institute[EB/OL]. https://www.soas.ac.uk/china-institute/[2017-04-15].

② University of London.Centre of Taiwan Studies[EB/OL]. https://www.soas.ac.uk/taiwanstudies/ [2017-04-15].

③ Institut français des relations internationales.Official Site[EB/OL]. http://www.ifri.org/fr [2017-04-15].

解放军派出多家大单位研究人员参加。该所所长安东尼奥·米西罗利（Antonio Missiroli）兼任亚太安全合作理事会欧盟委员会主席。高级分析师伊娃·佩吉索娃（Eva Pejsova）、高级副分析师范文丽（Alice Ekman）、初级分析师雅各布·邦德（Jakob Bund）等对东亚海上争端、中国安全事务与台湾、中国在非洲影响力等研究深入。网址：http://www.iss.europa.eu/home/。[①]

9. 法国国际与战略关系研究所（IRIS）

法国国际与战略关系研究所于 1991 年成立，总部在巴黎，里尔设有办公室，与法国国防部等政府机构及国际组织关系密切，创始人及现任所长为帕斯卡·博尼法斯（Pascal Boniface），主要研究安全、防务、新危机、防务技术与工业、国际力量平衡等问题及欧洲、美洲、撒哈拉以南非洲、亚洲等区域事务，设有亚太研究项目。研究主任让－文森·布里赛（Jean-Vincent Brisset）、亚洲问题研究主任奥利维尔·吉拉德（Olivier Guillard）、高级研究员巴泰勒米·库尔蒙（Barthélémy Courmont）对中国军事、台海问题、亚太安全、法国在亚洲的安全作为等问题颇有研究。[②] 该所 2014 年与其他智库发起成立欧洲对华智库网络（European Think-tank Network on China, ETNC）[③]。网址：http://www.iris-france.org/。

10. 法国现代中国研究中心（CFEC）

法国现代中国研究中心于 1991 年成立，总部在中国香港，是法国外交部下属 27 个海外研究中心之一，1994 年设立台北分部，2011 年在北京设立中法研究中心。CFEC 现任主任为埃里克·弗洛伦斯（Eric Florence）。该中心研究领域广泛涉及中国政治、经济、外交、社会、安全、文化及中国香港、台湾等各方面。研究中国军事与安全问题的研究人员有研究员高敬文（Jean-Pierre Cabestan）、副研究员迈克尔·科尔（J. Michael Cole）、研究员兼台北分部主任高格孚（Stéphane Corcuff）等对中国安全政策及台湾问题、东北亚军事问题、台海地缘政治、东海及南海争端等有一定研究。该中心出版《中国视角》（*China Perspectives*）季刊，有法语、英语

---

①　European Union Institute for Security Studies.Official Site[EB/OL]. http://www.iss.europa.eu/ [2017-04-15].

②　Institut de Relations Internationales et Stratégiques.Official Site[EB/OL]. http://www.iris-france.org/ [2017-04-15].

③　该平台吸纳了欧洲研究中国问题的主要智库和专家，旨在促进欧洲各国就中欧关系及对华双边政策进行沟通交流，自下而上推动信息共享，以更全面视角扩展中欧关系；已在布鲁塞尔、马德里、柏林、布达佩斯等地召开定期会议。详细信息参见：https://www.ifri.org/en/european-think-tank-network-china-etnc。

版本，常发表中国安全问题文章。该中心的网址：http://www.cefc.com.hk/。[1]

11. 德国国际与安全事务研究所（German Institute for International and Security Affairs）

德国国际与安全事务研究所由德国科学与政治基金会（SWP）于 1965 年创立，总部位于柏林，布鲁塞尔设有办公室，下设欧盟与欧洲、国际安全、亚洲、美洲、中东与非洲等 8 个研究部，所长为沃尔克·珀特斯（Volker Perthes）。亚洲研究部重点分析东北亚、东南亚、南亚地区安全问题，以及台海、朝鲜半岛、阿富汗等重点地区问题。亚洲研究部负责人汉斯·希尔佩特（Hanns Günther Hilpert）及高级研究员华玉洁（Gudrun Wacker）、国际安全研究部高级研究员迈克尔·保罗（Michael Paul）等人对中日安全关系与半岛核问题、中国海上安全与台湾问题、印太海上安全与阿富汗等有深入研究。网址：https://www.swp-berlin.org/en/。[2]

12. 德国全球与区域研究所亚洲研究所（GIGA Institute of Asian Studies）

德国全球与区域研究所亚洲研究所于 1956 年成立，位于汉堡，帕特里克·科勒纳（Patrick Köllner）为全球与区域研究所副总裁兼亚洲研究所所长。该研究所为欧洲研究亚洲问题的顶级机构之一，是德国亚洲研究协会（DGA）秘书处所在地，研究涉及亚洲各国及政治、经济、安全、社会等主要领域问题。研究员亚历山大·布里科夫（Alexandr Burilkov）对中国、俄罗斯、亚洲的军事及战略问题有一定研究。该所出版《当代中国事务》（*Journal of Current Chinese Affairs*）季刊。网址：https://www.giga-hamburg.de/en/giga-institute-of-asian-studies。[3]

13. 德国墨卡托中国研究中心（MERICS）

德国墨卡托中国研究中心于 2013 年成立，位于柏林，号称"五年内成为欧洲最大的中国问题研究机构"，[4] 是慕尼黑安全会议的学术伙伴，总裁为韩博天（Sebastian Heilmann，又译塞巴斯蒂安·海尔曼），研究领域包括中国政治、经济、社会及中欧反恐合作、中国新丝绸之路与欧洲、中国崛起的安全影响、欧洲对华政策等，下设国际关系、经济与技术、欧洲对华政策等研究项

① French Centre for Research on Contemporary China.Official Site[EB/OL]. http://www.cefc.com.hk/ [2017-04-15].

② Stiftung Wissenschaft und Politik.Official Site[EB/OL]. https://www.swp-berlin.org/en/[2017-04-15].

③ GIGA Institute of Asian Studies.Official Site[EB/OL]. https://www.giga-hamburg.de/en/ giga-institute-of-asian-studies[2017-04-15].

④ 青木、张倍鑫、曹思琦.起底欧洲最大"中国研究中心" 德学者：将"中国研究"政治化贻害无穷 [EB/OL]. http://world.huanqiu.com/exclusive/2017-03/10366867.html?cjvpv/75144 [2017-04-17].

目。欧洲对华政策项目负责人扬·加斯珀斯（Jan Gaspers）、研究员龙纳诚（Nabil Alsabah）、研究员卜约翰（Johannes Buckow）等人对中欧安全关系、中国网络安全和军队改革、中国国内安全与台湾问题等有一定研究。每月发布《中国更新》（*China Update*）。官网设有中文版，网址：https://www.merics.org/cn。①

14. 瑞典斯德哥尔摩国际和平研究所（SIPRI）

瑞典斯德哥尔摩国际和平研究所于1966年成立，总部位于斯德哥尔摩，是国际著名防务与安全类智库，下设区域与全球安全、武装冲突与冲突管理、军费开支与军备、军备控制与防扩散等一级项目，及中国与全球安全、丝绸之路经济带与欧盟—中国安全合作等二级项目。研究人员来自全世界，所长按规定必须是非瑞典人，现任所长为英国曼彻斯特大学教授丹·史密斯（Dan Smith）。中国与全球安全项目主任司乐如（Lora Saalman）、研究员周珈宜（Jiayi Zhou）、研究员理查德·吉亚西（Richard Ghiasy）、副研究员富勒·豪斯肯斯（Fleur Huijskens）等人对中国核武器与对外安全政策、中欧安全关系、丝绸之路经济带的安全影响、中国海外公民保护、中日海上问题等议题有所研究。该研究所建有全球性大型数据库，如国际关系与安全趋势数据库、多边和平行动数据库、军费支出数据库、军工业数据库、武器转让数据库等。每年出版《斯德哥尔摩国际和平研究所年鉴：军备、裁军与国际安全》（*SIPRI Yearbook: Armaments, Disarmament and International Security*），译有中文版。官网网址：https://www.sipri.org/。②

15. 比利时国际危机组织（ICG）

比利时国际危机组织于1995年成立，总部在比利时布鲁塞尔，分析师及雇员分布在四大洲50多个受危机影响的国家和地区，分支机构设置地点因危机爆发情况而有所变动，目前在华盛顿特区、纽约、伦敦、喀布尔、比什凯克、伊斯坦布尔、加德满都、首尔等地设有办公室或办事处，旨在通过实地调查研究、发起倡议等活动缓解矛盾和冲突，董事长兼首席执行官为让－马里－格诺（Jean-Marie Guéhenno）。该组织在北京、首尔、东京、河内、马尼拉等地的办事处常出台关于中日安全关系、半岛危机、台海、南海、新疆等议题的研究报告，部分报告译有中文版，发布《危机观察》（*CrisisWatch*）月报。网址：https://www.crisisgroup.org/。③

① Mercator Institute for China Studies.Official Site[EB/OL]. https://www.merics.org/cn[2017-04-15].

② Stockholm International Peace Research Institute.Official Site[EB/OL]. https://www.sipri.org/ [2017-04-15].

③ International Crisis Group.Official Site[EB/OL]. https://www.crisisgroup.org/[2017-04-15].

16. 瑞士日内瓦安全政策中心（GCSP）

瑞士日内瓦安全政策中心于 1995 年在瑞士联邦政府倡议下成立，位于日内瓦，一度被纳入北约架构，现为拥有 51 个成员国[①]的国际基金会，该中心基金委员会主席为弗朗索瓦·海斯伯格（François Heisbourg），主任为克里斯蒂安·都赛（Christian Dussey），主要从事国际安全行政培训与相关问题研究，下设领导力、危机与冲突管理，地区发展，新安全挑战，地缘政治与全球未来等项目。该中心常常举办涉及中国军事与安全问题的讨论会，与中国国际战略学会关系密切。高级外交顾问阿兰·归德蒂（Alain Guidetti）、政府研究员（Government Fellow）詹姆斯·法内尔（James Fanell）等人研究领域涉及中国军事议题。网址：http://www.gcsp.ch/。[②]

17. 荷兰国际关系研究所（Clingendael）

荷兰国际关系研究所于 1983 年成立，位于荷兰海牙，主席为保罗·范德海登（Paul van der Heijden）教授，下设研究院和培训学院，分别负责研究和培训工作，研究范围包括全球发展、地缘政治、国际安全、冲突管理、欧盟、外交、战略前瞻、移民等。该所主办的网络平台"克林根达尔亚洲论坛"（Clingendael Asia Forum）上经常发布关于亚洲（包括中国）安全、中欧关系等问题的文章或报告。高级研究员弗兰斯－保罗·范德普滕（Frans-Paul van der Putten）等人关注中国军事问题。网址：https://www.clingendael.nl/。[③]

（二）专家

亚当·沃德（Adam Ward）

亚当·沃德是英国查塔姆学会（皇家国际事务研究所）副所长。曾长期在国际战略研究所任职，先后任东亚安全高级研究员（2001—2005 年），美国办公室执行主任（2005—2009 年）、研究主任（2009—2017 年），专注于国际安全、中国崛起与亚洲安全、中国外交与安全政策、美国外交与安全政策等问题研究。[④]

阿兰·归德蒂（Alain Guidetti）

阿兰·归德蒂是瑞士日内瓦安全政策中心地区发展项目高级外交顾问，曾任瑞士外交部资深外交官、瑞士驻北京大使馆公使等职，研究领域包括亚太安全、东亚

---

① 中国于 2010 年加入基金委员会。

② The Geneva Centre for Security Policy.Official Site[EB/OL]. http://www.gcsp.ch/[2017-04-15].

③ Clingendael Institute.Official Site[EB/OL]. https://www.clingendael.nl/[2017-04-15].

④ Chatham House.Adam Ward[EB/OL]. https://www.chathamhouse.org/expert/adam-ward [2017-04-16].

海上争端、丝绸之路经济带、中美竞争等。①

亚历山大·尼尔（Alexander Neill）

亚历山大·尼尔是英国国际战略研究所亚洲办公室（香格里拉对话会）亚太安全高级研究员、中国项目负责人，最早在英国政府从事亚太安全方面工作，其中借调至美国国防部 3 年，2005—2013 年任英国皇家三军防务研究所亚洲研究项目主任，研究领域包括中国战略与安全问题、亚洲安全、南海问题、反恐、遏制战略、军事现代化等。②

范文丽（Alice Ekman，又译爱丽丝·埃克曼）

范文丽是法国国际关系研究所研究员兼中国项目主任、巴黎政治学院副教授、亚太安全合作理事会欧盟委员会成员、欧盟安全研究所（EUISS）高级副分析师，曾任清华大学及台湾师范大学访问学者、法国驻华使馆研究员，常在中国及东亚地区从事研究工作，专注于中国的外交与安全政策、在非洲影响力、中欧反恐合作，及台湾地区、韩国相关研究。③

巴泰勒米·库尔蒙（Barthélémy Courmont）

巴泰勒米·库尔蒙是法国国际与战略关系研究所高级研究员、里尔天主教大学教授、法国知名中国问题专家，研究领域包括中国崛起及对周边的影响、解放军现代化、中国与其他大国的关系、软实力战略、中国学等，④ 对亚太安全、战略与核问题、美国再平衡战略也有研究。⑤

查尔斯·格兰特（Charles Grant）

查尔斯·格兰特 1998 年至今一直担任欧洲改革中心主任，曾长期在《经济学人》（*The Economist*）杂志社工作，后成为该杂志防务事务编辑，对中国崛起、中

①　Geneva Centre for Security Policy.Mr Alain Guidetti[EB/OL]. https://www.gcsp.ch/News-Knowledge/Experts/Staff/Mr-Alain-Guidetti[2017-04-16].

②　The International Institute for Strategic Studies.Alexander Neill[EB/OL]. https://www.iiss.org/people/asia-pacific/alexander-neill[2017-04-16].

③　Institut français des relations internationales.Alice Ekman[EB/OL]. https://www.ifri.org/en/about/team/alice-ekman[2017-04-16].

④　Barthélémy Courmont.All roads lead to Sinology[EB/OL]. http://www.chinadaily.com.cn/culture/2016-07/12/content_26051553.htm(2016-07-12)[2017-04-17].

⑤　Genesys Network.Barthélémy Courmont[EB/OL]. http://www.genesys-network.org/members/scholars/barthelemy-courmont/[2017-04-17].

欧关系、欧洲外交与安全政策等问题有深入研究。[①]

克里斯托弗·科克尔（Christopher Coker）

克里斯托弗·科克尔是英国伦敦政治经济学院国际关系学教授，曾在北约以及英国、美国、日本、新加坡等国多个军事学院或防务类智库任职或演讲，专业领域为安全、战争、英美外交政策等，著有《大国冲突的逻辑：中美之间如何避免战争》（*The Improbable War: China, the US and the logic of Great Power War*）、《未来战争》（*Future War*）等。[②]

伊娃·佩吉索娃（Eva Pejsova）

伊娃·佩吉索娃是欧盟安全研究所高级研究员、亚太安全合作理事会欧盟委员会协调员，曾在捷克外交部、法国总理办公室、亚洲—欧洲基金会（ASEF）任职，专注于东亚、海上安全、欧盟在亚洲的安全角色、日本等问题研究，关注东北亚岛屿争端（中日、韩日、俄日）、南海岛礁争端、海洋管辖权、地区合作机制等议题。[③]

顾德明（François Godement）

顾德明是法国著名中国问题专家、欧洲对外关系委员会高级政策研究员兼亚洲与中国项目主任、巴黎政治学院教授、法国亚洲中心（Asia Centre）研究员、卡内基国际和平研究院亚洲项目非常驻高级研究员、中欧学术网络顾问委员会成员，曾参与创办亚太安全合作理事会（CSCAP）欧盟委员会、法国亚洲中心。顾德明专注于中国及东亚战略、中欧关系、中国外交政策、东亚一体化、亚太安全、欧盟与东亚关系、法国在亚洲的安全角色等问题研究，[④]2009 年提出中国已成为欧盟"强劲的竞争对手"，欧盟应重新检讨对华政策，将"无条件接触"改为"互惠接触"，后被采纳。[⑤]

① Centre for European Reform.Charles Grant[EB/OL]. https://www.cer.eu/personnel/charles-grant[2017-04-16].

② London School of Economics and Political Science.Christopher Coker[EB/OL]. http://www.lse.ac.uk/IDEAS/people/bios/cokerChristopher.aspx[2017-05-03].

Geneva Centre for Security Policy.Prof Christopher Coker[EB/OL]. http://www.gcsp.ch/News-Knowledge/Experts/Guest-Experts/Coker-Prof-Christopher-Coker[2017-05-03].

③ European Union Institute for Security Studies.Eva Pejsova[EB/OL]. https://www.iss.europa.eu/author/eva-pejsova[2017-04-20].

④ European Council on Foreign Relations.François Godement[EB/OL]. https://www.ecfr.eu/profile/C30[2017-04-20].

⑤ 李轶海 . 国际著名智库研究 [M]. 上海：上海社会科学院出版社，2010:233。

弗兰斯－保罗·范德普滕（Frans-Paul van der Putten）

弗兰斯－保罗·范德普滕是荷兰国际关系研究所高级研究员，该所新丝绸之路论坛（New Silk Road Forum）编辑，专注于中国崛起、中国新丝绸之路战略、中国海外军事存在与维权行动、东亚安全等研究。①

华玉洁（Gudrun Wacker）

华玉洁是德国国际与安全事务研究所亚洲研究部高级研究员、亚太安全合作理事会欧盟委员会成员，曾任科隆俄罗斯、东欧与国际事务研究所研究员（1992—2000年）、德国蒂宾根大学中韩研究系研究员（1983—1992年），专注于中国、中欧关系、海上安全、东亚地缘安全、台海、欧台关系、防务与安全等问题研究。②

詹姆斯·法内尔（James E. Fanell）

詹姆斯·法内尔是瑞士日内瓦安全政策中心政府研究员（Government Fellow），美国退役海军上校，曾任太平洋舰队情报与信息作战主任③、第七舰队情报事务助理参谋长、海军情报办公室中国事务高级情报官、胡佛研究所国家安全事务研究员等职，专注于中国海军及海上行动、印－太海上安全、情报等问题研究。④

扬·加斯珀斯（Jan Gaspers）

扬·加斯珀斯是德国墨卡托中国研究中心欧洲对华政策项目负责人，曾任兰德公司政治分析师，并曾在欧洲安全与合作组织、欧盟驻联合国机构代表团、欧盟安全研究所和欧洲发展政策管理中心就职，主要研究中欧安全关系、跨大西洋对华政策、网络外交等问题。他先后在荷兰马斯特里赫特大学、英国埃塞克斯大学和剑桥大学学习国际关系和政治专业。

高敬文（Jean-Pierre Cabestan）

高敬文是法国现代中国研究中心研究员、香港浸会大学政治及国际关系学系教授兼系主任，曾任法国国家科学研究中心高级研究员（2003—2007年）、法国现代中国研究中心主任（1998—2003年）、法国现代中国研究中心台北分部主任

① Clingendael.Frans-Paul van der Putten[EB/OL]. https://www.clingendael.org/person/frans-paul-van-der-putten[2017-04-20].

② German Institute for International and Security Affairs.Gudrun Wacker[EB/OL]. https://www.swp-berlin.org/en/scientist-detail/gudrun-wacker/[2017-04-20].

③ 2014 年因其涉华言论有误被解职。参见：美国太平洋舰队上校情报官因涉华言论与五角大楼腔调不符被解职 [EB/OL]. http://world.people.com.cn/n/2014/1112/c1002-26011309.html [2017-05-04].

④ German Institute for International and Security Affairs.Gudrun Wacker[EB/OL]. https://www.swp-berlin.org/en/scientist-detail/gudrun-wacker/[2017-04-20].

（1994—1998 年），专注于中国政治、外交和安全政策、台海问题、亚洲分离主义等研究。①

让 – 文森·布里赛（Jean-Vincent Brisset）

让 – 文森·布里赛是法国国际与战略关系研究所研究主任、法国空军退役准将，主要研究亚洲、中国崛起与军事事务、亚太安全、国际关系、中法关系等问题。他毕业于航空学院、空战高等学院，曾在法国东方语言文化学院、台北大学学习中文，在北京生活 3 年。②

周珈宜（Jiayi Zhou）

周珈宜是瑞典斯德哥尔摩国际和平研究所中国与全球安全项目研究员、战略与国际研究中心太平洋论坛非常驻研究员，通晓英、汉、俄语，曾为美国空军做过中美核关系方面的政策分析，专业领域包括中国、"一带一路"、苏联地区区域安全、战略核关系、粮食安全、暴力分离主义、地缘经济等。③

约翰·西曼（John Seaman）

约翰·西曼是法国国际关系研究所亚洲研究中心研究员，注重亚洲地缘政治、能源、资源问题，中国的能源与稀土政策、外交与安全政策，以及欧洲对东亚的认知、美国亚太战略等问题研究。④

凯·穆勒（Kay Möller）

凯·穆勒是德国国际与安全事务研究所前高级研究员，对中国军事及战略问题、西太平洋安全、东南亚、海上恐怖主义等有深入研究。

司乐如（Lora Saalman，又译为罗拉·萨尔曼）

司乐如是瑞典斯德哥尔摩国际和平研究所中国与全球安全项目主任兼高级研究员，曾任卡内基国际和平研究院核政策项目驻北京研究员、清华大学兼职教授、威斯康星核军备控制研究项目研究员、印度观察家研究基金会和美国詹姆斯·马丁防扩散研究中心访问研究员等职，研究专注于中国网络安全政策、核战略、先进传统武器发展，以及中国与美、俄、印大国安全关系，中国对核裁军与中美军控关系的

① Jean-Pierre CABESTAN 高敬文 香港浸会大学政治及国际关系学系主任 [EB/OL]. 新华网，http://sg.xinhuanet.com/2013-06/30/c_124933193.htm(2013-06-30)[2017-04-20].

② Institut des Relations Internationales et Stratégiques.Jean-Vincent Brisset[EB/OL]. http://www.iris-france.org/experts/jean-vincent-brisset/[2017-04-20].

③ SIPRI.Jiayi Zhou[EB/OL]. https://www.sipri.org/about/bios/jiayi-zhou[2017-04-20].

④ Institut Français des Relations Internationales.John Seaman[EB/OL]. https://www.ifri.org/en/a-propos/equipe/john-seaman[2017-04-20].

态度等。①

杜懋之（Mathieu Duchâtel）

杜懋之是欧洲对外关系委员会高级政策研究员兼亚洲与中国项目副主任，曾任斯德哥尔摩国际和平研究所高级研究员兼驻北京代表（2011—2015 年）、法国亚洲中心研究员（2007—2011 年）、亚洲中心驻台北副研究员（2004—2007 年），专注于中国外交与安全政策、台湾问题与台海问题、中欧关系、亚洲海上安全、东北亚问题等，著有《有力的臂膀：中国保护海外公民及资产》（*China's Strong Arm, Protecting Citizens and Assets Abroad*）等。杜懋之曾在上海复旦大学、台湾政治大学、北京大学学习或担任访问学者，时间长达 9 年，通晓中、英、法语。②

迈克尔·克夫里格（Michael Kovrig）

迈克尔·克夫里格是国际危机组织东北亚问题高级顾问，中文流利，曾任加拿大驻北京外交官、联合国开发计划署联络专员、荣鼎咨询（Rhodium Group）中国分析师，专注于东北亚安全与多边外交、中国、日本、朝鲜半岛、南海问题等。③

迈克尔·保罗（Michael Paul）

迈克尔·保罗是德国国际与安全事务研究所国际安全研究部高级研究员，曾任该所研究员、研究秘书处负责人等职，研究领域包括阿富汗、中国、南海问题、中美海上关系、印太海上安全、北约与亚洲关系、防务与安全政策等。④

彼得·罗伯茨（Peter Roberts）

彼得·罗伯茨是英国皇家三军防务研究所军事科学部主任兼高级研究员、朴茨茅斯大学战略学访问讲师、退役皇家海军军官，23 年军队生涯中曾在世界多地服役，在英军、美军、北约中均有丰富经历，专业领域包括海权、C4ISR、海上安全、海军武器系统、网络战等，对中国海军、亚太海上冲突有一定研究。⑤

潘睿凡（Raffaello Pantucci，又译拉菲洛·潘图奇）

潘睿凡是英国皇家三军防务研究所国际安全研究部主任、观中社（Young

---

①　SIPRI.Dr Lora Saalman[EB/OL]. https://www.sipri.org/about/bios/dr-lora-saalman[2017-04-21].

②　European Council on Foreign Relations.Mathieu Duchâtel[EB/OL]. https://www.ecfr.eu/profile/C405[2017-04-21].

③　International Crisis Group.Michael Kovrig[EB/OL]. https://www.crisisgroup.org/who-we-are/people/michael-kovrig[2017-04-21].

④　German Institute for International and Security Affairs.Michael Paul[EB/OL]. https://www.swp-berlin.org/en/scientist-detail/michael-paul/[2017-04-21].

⑤　Royal United Services Institute.Peter Roberts[EB/OL]. https://rusi.org/people/roberts-0[2017-04-21].

China Watchers）^①的联合创办人，曾任上海社会科学院访问学者（2009—2013年）、国际战略研究所副研究员（2006—2010年）、战略与国际研究中心副研究员（2003—2006年）等职。他也是反恐问题专家，研究专长为中亚、中国、阿富汗、反恐问题，对中国"一带一路"、中国在中亚及阿富汗的利益及影响力、中英关系、中欧关系、中印及中巴关系等颇有研究。^②

雷姆·科特维格（Rem Korteweg）

雷姆·科特维格是荷兰国际关系研究所（The Clingendael Institute）"世界范围的欧洲"项目负责人，曾任欧洲改革中心高级研究员（2013—2017年）、海牙国际战略研究中心战略分析师（2008—2012年）、荷兰外交部对外政策顾问等职，研究领域涉及中欧关系、欧洲在东亚的安全角色、南海问题等。^③

理查德·吉亚西（Richard Ghiasy）

理查德·吉亚西是瑞典斯德哥尔摩国际和平研究所中国与全球安全项目研究员，曾任阿富汗战略研究所（AISS）研究员、阿富汗驻华大使馆非常驻分析师等，研究领域涉及中国外交与安全政策、"一带一路"、中国—阿富汗关系、地缘战略等。^④

萨斯基娅·希伯尔（Saskia Hieber）

萨斯基娅·希伯尔是慕尼黑大学绍尔兄妹（Geschwister Scholl）政治学研究所亚洲政治讲师、政治教育学院（图青）助理教授，曾任国际与安全事务研究所研究员，专注于中国军事与能源安全、亚太地区国际政治、美国—亚洲关系、大国安全关系等问题研究。^⑤

曾锐生（Steve Tsang）

曾锐生是英国查塔姆学会（皇家国际事务研究所）亚洲项目副研究员、伦敦大学亚非学院中国研究所所长；曾任诺丁汉大学当代中国研究院教授兼院长

---

① 该团体由年轻的中国问题学者组成，自2010年成立后逐步扩展，至今在北京、上海、香港、伦敦、纽约、柏林、新加坡、布鲁塞尔等地拥有3000余名成员，致力于通过交流互动培养下一代中国问题精英观察家。

② Raffaello Pantucci：英国皇家联合军种国防研究所国际安全研究中心主任、高级研究员 [EB/OL]. 中国智库网，http://www.chinathinktanks.org.cn/expert/detail/id/1092[2017-04-03].

③ LinkedIn.Rem Korteweg[EB/OL]. https://www.linkedin.com/in/rem-korteweg-7428993/[2017-04-21].

④ SIPRI.Richard Ghiasy[EB/OL]. https://www.sipri.org/about/bios/richard-ghiasy[2017-04-21].

⑤ Geschwister-Scholl-Institut für Politikwissenschaft.Curriculum Vitae Dr.Saskia Hieber[EB/OL]. http://www.gsi.uni-muenchen.de/personen/lehrbeauftragte/hieber/cv-hieber_dt_neu.pdf[2017-04-16].

（2014—2016 年）、诺丁汉大学中国政策研究所所长（2011—2014 年）、牛津大学圣安东尼学院亚洲研究中心主任，主要研究中国和平崛起战略、军事力量与安全、国际关系，中国台湾问题、中国香港等。[①]

斯坦·唐纳森（Stein Tønnesson）

斯坦·唐纳森是挪威奥斯陆和平研究所（PRIO）研究教授，曾任瑞典乌普萨拉大学东亚和平研究项目主任（2011—2016 年）、美国和平研究所高级研究员（2010—2011 年）、奥斯陆和平研究所所长（2001—2009 年）、奥斯陆大学教授、北欧亚洲研究所研究教授等职，主要研究东亚安全、东南亚、越南、南海争端、中越南海冲突等问题。[②]

赫胥黎（Tim Huxley）

赫胥黎是英国国际战略研究所亚洲办公室执行主任，曾任国际战略研究所亚太安全高级研究员（2003—2007 年）、英国赫尔大学讲师及东南亚研究中心主任（1989—2002 年）等职，主要研究东南亚、亚太区域的政治、防务、安全、国际关系、联盟问题，及东南亚国家对华外交、防务政策等。赫胥黎领导每年香格里拉对话会会务组织工作。[③]

薇尔乐·鲁文（Veerle Nouwens）

薇尔乐·鲁文是英国皇家三军防务研究所亚太问题研究分析师，曾任欧盟对外事务部驻新加坡外交官（2014—2016 年）、香港中文大学研究助理（2009 年）、荷兰驻伊朗大使馆实习生、"台湾民主基金会"实习生（2005 年）等职。[④] 薇尔乐·鲁文主要研究亚太地缘政治、中国外交与安全政策、台海、海上安全、东盟等问题。[⑤]

钟伟伦（William Choong）

钟伟伦是英国国际战略研究所亚洲办公室（香格里拉对话会）亚太安全高级研

[①]　Chatham House.Professor Steve Tsang[EB/OL]. https://www.chathamhouse.org/expert/steve-tsang[2017-04-21].

[②]　Peace Research Institute Oslo.Stein Tønnesson[EB/OL]. https://www.prio.org/People/Person/?x=3478[2017-04-21].

[③]　The International Institute for Strategic Studies.Tim Huxley[EB/OL]. https://www.iiss.org/people/asia-pacific/tim-huxley[2017-04-21].

[④]　LinkedIn.Veerle Nouwens[EB/OL]. http://www.linkedin.com/in/veerle-nouwens-07736a1a/?ppe=1[2017-04-21].

[⑤]　Royal United Services Institute.Veerle Nouwens[EB/OL]. https://rusi.org/people/nouwens[2017-04-21].

究员，曾任新加坡《海峡时报》记者、时评作者，2013 年进入国际战略研究所新加坡办公室工作，对南海争端、日本迈向正常化国家之路、亚洲安全问题、美国亚洲政策等有一定研究。①

三、俄罗斯智库及专家

（一）智库

1. 俄罗斯科学院世界经济与国际关系研究所（Институт мировой экономики и международных отношений）

俄罗斯科学院世界经济与国际关系研究所于 1956 年成立，位于莫斯科，是俄罗斯综合实力最强智库之一，与俄罗斯决策层沟通密切，所长为俄罗斯科学院院士邓金（Дынкин Александр Александрович），主要从事国际经济、政治、外交、安全、战略等领域基础理论和应用研究，下设国际安全中心、亚太研究中心、国际政治问题研究中心等 21 个机构。国际安全中心主任阿列克谢·阿尔巴托夫（Арбатов Алексей Георгиевич）、副所长兼亚太研究中心主任瓦西里·米赫耶夫（Михеев Василий Васильевич）、亚太研究中心中国经济与政治研究室主任谢尔盖·卢科宁（Луконин Сергей Александрович）等对中国军事与安全问题有一定研究。该研究所出版《世界经济与国际关系》（Мировая экономика и международные отношения）月刊、《通往和平与安全之路》（Пути к миру и безопасности）期刊等。网址：http://www.imemo.ru/。②

2. 俄罗斯科学院远东研究所（Институт дальнего востока）

俄罗斯科学院远东研究所于 1966 年成立，位于莫斯科，研究范围包括中国、日本、朝鲜、韩国、越南等国，以及东北亚、中亚、东南亚，以及苏联和俄罗斯与它们的关系，下设俄中关系研究与预测中心、中国社会经济研究中心、日本研究中心、朝鲜半岛研究中心、东北亚战略问题与上海合作组织研究中心、越南与东盟研究中心等，所长兼东北亚战略问题与上海合作组织研究中心主任谢尔盖·卢贾宁（Лузянин Сергей Геннадьевич）、中国社会经济研究中心副主任帕维尔·卡缅诺夫（Каменнов Павел Борисович）、高级研究员瓦西里·卡申（Кашин Василий

① The International Institute for Strategic Studies.William Choong[EB/OL]. https://www.iiss.org/people/asia-pacific/william-choong[2017-04-21].

② IMEMO.Official Site[EB/OL]. https://www.imemo.ru/[2017-04-15].

鲍里索维奇）等人对中国军事与安全问题有一定研究。该研究所出版《远东问题》（Проблемы дальнего востока）双月刊、《日本研究》（Японские исследования）季刊、《中华人民共和国：政治、经济、文化年鉴》（Раздел Китайской Народной Республики:Политика, экономика, культура）等。网址：http://www.ifes-ras.ru/。①

3. 外交与国防政策委员会（Совет по внешней и оборонной политике，СВОП）

外交与国防政策委员会于 1992 年成立，位于莫斯科，与俄罗斯总统办公厅、国家杜马、联邦机构、军方关系密切。主席团主席是费奥多尔·卢基扬诺夫（Лукьянов Федор Александрович）、荣誉主席是普京重要顾问谢尔盖·卡拉加诺夫（Караганов Сергей Александрович），②该委员会下设俄罗斯战略、军队建设、俄罗斯与亚洲、俄美关系、俄罗斯与北约等项目，每年与俄相关媒体举办"瓦尔代"（Валдай）国际研讨会，在中国举办中俄分组会议。网址：http://www.svop.ru/。③

4. 卡内基莫斯科中心（Московский Центр Карнеги）

卡内基莫斯科中心成立于 1994 年，位于莫斯科，隶属卡内基国际和平研究院，现任主任是德米特里·特列宁（Дмитрий Витальевич Тренин），下设外交与安全政策、俄罗斯在亚太、防扩散等项目。对中国军事与安全问题有所研究的专家有德米特里·特列宁、"俄罗斯在亚太"项目主任亚历山大·加布耶夫（Александр Габуев）等。网址：http://carnegie.ru/。④

5. 俄罗斯战略研究所（Российский институт стратегических исследований）

俄罗斯战略研究所于 1992 年成立，总部位于莫斯科，在加里宁格勒、圣彼得堡、叶卡捷琳堡、符拉迪沃斯托克等地设有区域办事处，所长为米哈伊尔·弗拉德科夫（Михаил Ефимович Фрадков），主要从事国家安全、俄对外关系、及全球与地区军事、政治等问题研究，下设军事与政治研究中心、亚洲与亚太中心、独联体国家研究中心等。亚洲与亚太中心主任康斯坦丁·科卡列夫（Константин Анатольевич Кокарев）、高级研究员德米特里·波波夫（Дмитрий Сергеевич Попов）等人研究领域涉及中国军事问题。该研究所出版《国家战略问题》

① IFES RAS.Official Site[EB/OL]. http://www.ifes-ras.ru[2017-04-15].

② 赵会荣 . 俄罗斯科学院世界经济与国际关系研究所建设高端智库的经验 [J]. 俄罗斯学刊 . 2015(3).

③ SVOP.Official Site[EB/OL]. http://www.svop.ru[2017-04-15].

④ Carnegie Moscow Center.Official Site[EB/OL]. http://carnegie.ru/[2017-04-16].

（Проблемы национальной стратегии）期刊。网站：https://riss.ru/。①

6. 俄罗斯军事科学院（Академия военных наук Российской Федерации）

俄罗斯军事科学院于 1994 年成立，总部位于莫斯科，在圣彼得堡、斯摩棱斯克、白俄罗斯、加里宁格勒、阿穆尔州、堪察加、哈萨克斯坦等地设有区域办事处，现任院长为马赫穆特·加列耶夫（Гареев Махмут Ахметович）大将，下设国家安全、国防、防务建设、太空防御、海军、国际关系问题等研究部门。网址：http://www.avnrf.ru/。②

（二）专家

亚历山大·加布耶夫（Александр Габуев，Alexander Gabuev）

亚历山大·加布耶夫是卡内基莫斯科中心高级研究员兼"俄罗斯在亚太"项目主任，曾任俄罗斯《生意人报》副主编，研究重点包括俄罗斯对东亚与东南亚政策、中国政治与意识形态动向、中俄关系、中国与中亚邻国关系等。他是莫斯科国立大学中国历史硕士，通晓中文、英语、德语、俄语。③

阿列克谢·阿尔巴托夫（Арбатов Алексей Георгиевич，Alexei Arbatov）

阿列克谢·阿尔巴托夫是俄罗斯科学院世界经济与国际关系研究所国际安全中心主任，蒙特利国际研究学院防扩散研究中心、斯德哥尔摩国际和平研究所、俄罗斯外交与国防政策委员会等智库的董事会或理事会成员，曾任卡内基莫斯科中心防扩散项目主任、俄罗斯杜马国防委员会副主席、统一民主党副主席等职。他是全球安全、大国关系、战略稳定、裁军与防扩散、俄罗斯战略与军事问题等方面的专家，研究范围涉及中俄、中美战略与军事关系，中国的全球战略、军力发展等。④

德米特里·特列宁（Дмитрий Витальевич Тренин，Dmitri Trenin）

德米特里·特列宁是卡内基莫斯科中心主任兼外交与安全政策项目主任、俄罗斯退役上校，曾任俄罗斯科学院欧洲研究所高级研究员（1993—1997 年）、北约防务学院高级研究员（1993 年）、俄罗斯军事大学苏维埃军事研究所高级讲师（1986—1993 年）、苏联驻外军官等职，专注于俄罗斯外交与安全政策、中俄关系、美俄关

---

① RISS.Official Site[EB/OL]. https://riss.ru/[2017-04-16].

② ABH.Official Site[EB/OL]. http://www.avnrf.ru/[2017-04-16].

③ Carnegie Moscow Center.Alexander Gabuev[EB/OL]. https://carnegie.ru/experts/?fa=1017 [2017-04-16].

④ Wikipedia.Alexei Arbatov[EB/OL]. https://en.wikipedia.org/wiki/Alexei_Arbatov[2017-04-16].

系等研究。^①

德米特里·波波夫（Дмитрий Сергеевич Попов, Dmitry Popov）

德米特里·波波夫是俄罗斯战略研究所高级研究员，主要研究中亚、大国在中亚的互动、上海合作组织、中俄在中亚的安全合作、中国"一带一路"等。^②

帕维尔·卡缅诺夫（Каменнов Павел Борисович, Pavel Kamennov）

帕维尔·卡缅诺夫是俄罗斯科学院远东研究所中国社会经济研究中心副主任，曾任苏联驻华贸易代表团高级工程师、驻新加坡贸易代表处专家等职，专注于中国的防务政策、军事战略、国防工业、台湾问题及中俄军事技术合作等研究。^③

瓦西里·卡申（Кашин Василий Борисович, Vasily Kashin）

瓦西里·卡申是俄罗斯科学院远东研究所东北亚战略问题与上海合作组织研究中心高级研究员、俄罗斯战略与技术分析中心高级研究员，曾任俄新社驻北京办公室副主任，研究领域广泛涉及中国的全球与地区政策、国防科技与航空工业、军力发展与海外存在，以及上海合作组织、丝绸之路经济带等。^④

康斯坦丁·科卡列夫（Константин Анатольевич Кокарев, Konstantin Kokarev）

康斯坦丁·科卡列夫是俄罗斯战略研究所亚洲与亚太中心主任，研究范围包括东亚安全、中俄关系以及中国政治、外交与安全等。^⑤

谢尔盖·卢贾宁（Лузянин Сергей Геннадьевич, Sergey Luzyanin）

谢尔盖·卢贾宁是俄罗斯科学院远东研究所所长兼东北亚战略问题与上海合作组织研究中心主任，曾任远东研究所副所长、莫斯科国立国际关系学院俄罗斯—东盟关系研究中心主任、远东研究所俄中关系研究与预测中心副主任等职，研究领域包括中国内政与外交、中俄关系、亚太安全、蒙古、中亚、国际关系、全球治理等。^⑥

---

①　Wikipedia.Alexei Arbatov[EB/OL]. https://en.wikipedia.org/wiki/Alexei_Arbatov[2017-04-16].

②　Russian Institute for Strategic Studies.Dmitry Popov[EB/OL]. https://en.riss.ru/profile/riss-ural/[2017-04-16].

③　Институт Дальнего Востока.Каменнов Павел Борисович[EB/OL]. http://www.ifes-ras.ru/online-library/author/133[2017-04-16].

④　Институт Дальнего Востока.Кашин Василий Борисович[EB/OL]. http://www.ifes-ras.ru/online-library/author/59[2017-04-16].

⑤　Russian Institute for Strategic Studies.Konstantin Kokarev[EB/OL]. https://en.riss.ru/profile/kka/[2017-04-16].

⑥　Институт Дальнего Востока.Лузянин Сергей Геннадьевич[EB/OL]. http://www.ifes-ras.ru/online-library/author/25[2017-04-16].

亚历山大·卢金（Лукин Александр Владимирович, Alexander Lukin）

亚历山大·卢金是俄罗斯莫斯科国立国际关系学院东亚与上海合作组织研究中心主任、俄罗斯国立高等经济研究大学国际系主任、亚太安全合作理事会俄罗斯委员会成员、黑龙江省社会科学院名誉研究员。他曾就职于苏联外交部、苏联驻中国大使馆、苏联科学院东方学研究所、俄罗斯外交学院，并曾在北京大学、美国哈佛大学贝尔弗中心、布鲁金斯学会东北亚政策研究中心进修或访学，对中俄关系、上海合作组织、俄罗斯国际安全与合作等有深入研究。[①]

谢尔盖·卢科宁（Луконин Сергей Александрович, Sergey Lukonin）

谢尔盖·卢科宁是俄罗斯科学院世界经济与国际关系研究所亚太研究中心中国经济与政治研究室主任，主要研究中国经济与政治问题，对中国"一带一路"倡议、中俄在中亚的竞争与合作等有一定研究。[②]

瓦西里·米赫耶夫（Михеев Василий Васильевич, Vasily Mikheev）

瓦西里·米赫耶夫是俄罗斯科学院通讯院士、世界经济与国际关系研究所副所长兼亚太研究中心主任，通晓英语、俄语，曾任卡内基莫斯科中心亚洲安全项目主任、俄罗斯科学院远东研究所副所长、俄驻立陶宛大使馆政治处主任、俄驻朝鲜大使馆一等秘书等职。他对国际格局、中俄关系、中国、俄罗斯亚太战略与安全角色、东亚安全等有深入研究。[③]

四、日本智库及专家

（一）智库

1. 日本国际问题研究所（日本国際問題研究所，JIIA）

日本国际问题研究所于1959年成立，位于东京都，是亚洲顶级智库之一，隶属日本外务省，理事长兼所长由外务省高级外交官转任，会长则由日本财阀名流担任，现任所长兼理事长野上义二曾任外务省外务次官，研究领域包括亚太、东北亚、美欧俄、中东、非洲、安全、全球化等问题，下设多个研究部门，包括日本国内唯一的裁军与防扩散促进中心。研究顾问高木诚一郎（Seiichiro Takagi）及

① НИУ ВШЭ.Лукин Александр Владимирович[EB/OL]. https://www.hse.ru/staff/lukin[2017-04-16].

② IMEMO.Sergey Lukonin[EB/OL]. https://www.imemo.ru/en/about/persons/department/full?id=71[2017-04-16].

③ IMEMO.Vasily Mikheev[EB/OL]. https://www.imemo.ru/en/about/persons/department/full?id=9[2017-04-16].

主任研究员小谷哲夫（Tetsuo Kotani）、户崎洋史（Hirofumi Tosaki）等研究范围涉及中国的安全政策、海上安全、军备控制与核不扩散、中日安全关系等。①该研究所出版《国际问题》月刊，联合出版《日本战略研究所协会评论》。②网址：https://www2.jiia.or.jp。

2. 防卫省防卫研究所（防衛省防衛研究所，NIDS）

防卫省防卫研究所于 1952 年成立，最初称保安厅保安研修所，2007 年改为现名，是日本自卫队最高军事科研机构和高级干部教育培训机构，所长、副所长由防卫大臣任命，现任所长为中村范明，下设政策研究部、理论研究部、地域研究部、军事历史研究中心等机构，地域研究部设有中国研究室。该所文职人员与自卫队军官比例约 2 : 1，③中国军事问题研究人员主要有中国研究室长门间理良（Rira Momma）、美欧俄研究室长庄司智孝（Tomotaka Shoji）、亚非研究室长松浦吉秀（Yoshihide Matsuura）、东北亚研究室主任研究官饭田将史（Masafumi Iida）、亚非研究室主任研究官山口信治（Tetsuya Yano）、东北亚研究室主任研究官增田雅之（Masayuki Masuda）、中国研究室研究员桐山博文等。该研究所发行《NIDS 评论》（NIDS コメンタリー）、《防卫研究所纪要》（防衛研究所紀要）及《东亚战略概观》（東アジア戦略概観）、《中国安全战略报告》（中国安全保障レポート）等出版物。经费主要来自国家预算，网址：http://www.nids.mod.go.jp/。④

3. 东京财团（東京財団，The Tokyo Foundation）

东京财团于 1997 年成立，位于东京，现任理事长为星岳雄（Takeo Hoshi）。与日本防卫省、外务省等关系密切，许多防卫省、外务省、自卫队前官员或退役军官被财团聘为研究人员，⑤主要进行外交与安全、经济与社会安全、环境与社会基础设施等方面的政策研究与对外传播，下设的近代中国项目经常举办"中国观察"讨论会并发布相关成果。研究议题涉及中国军事与安全的研究人员有高级研究员神

---

①　The Japan Institute of International Affairs.Official Site[EB/OL]. http://www2.jiia.or.jp/[2017-04-17].

②　日本战略研究所协会（The Association of Japanese Institutes of Strategic Studies，AJISS）是日本国际问题研究所（JIIA）、世界和平研究所（IIPS）、和平·安全保障研究所（RIPS）三所智库组成的联合机构，不定期出版《日本战略研究所协会评论》。

③　日本神秘防卫机构曝光 策划对中国东海南海作战 [EB/OL]. http://mil.news.sina.com.cn/china/2016-05-18/doc-ifxsenvn7288041.shtml (2016-05-18)[2017-05-11].

④　National Institute for Defense Studies.Official Site[EB/OL]. http://www.nids.mod.go.jp/[2017-04-17].

⑤　张季风 . 强调深究问题本质的东京财团 [EB/OL]. http://www.cssn.cn/sf/201510/t20151008_2486326.shtml (2015-10-08)[2017-05-11].

保谦（Ken Jimbo）、政策研究协调主任兼研究员小原凡司（Bonji Ohara）等。该财团网址：https://www.tkfd.or.jp/。①

4. 世界和平研究所（世界平和研究所，IIPS）

世界和平研究所于1988年成立，位于东京，现任会长为前日本首相中曾根康弘，理事长为前日本防卫省事务次官佐藤谦，主要研究国际政治、安全、经济、能源、环境领域问题及日本相关政策，定期与美、韩、德等国及台湾地区智库机构举办双边、三边研讨会。当前研究项目有亚太战略环境变化与日本的应对、东亚海上安全、国际和平合作、中东乱局、网络战及日本政策等。主任研究员大泽淳（Jun Osawa）、主任研究员兼海上安全研究组长松本太等人研究成果涉及中国军事。该研究所出版《世界和平研究所季刊》、《亚太评论》半年刊，联合出版《日本战略研究所协会评论》。网址：http://iips.org/。②

5. 和平·安全保障研究所（平和·安全保障研究所，RIPS）

和平·安全保障研究所于1978年成立，位于东京，理事长为前防卫大学校长西原正，会长为富士通集团董事长山本正已，主要进行安全、外交、战略及政策研究，议题包括亚太安全环境、东亚安全、中国的情况与日本安全、日美同盟、半岛问题、危机管理等。旗下研究委员浅野亮（同志社大学教授）、香田洋二（原海上自卫队舰队司令官）、永岩俊道（原航空自卫队航空支援集团司令官）、村井友秀（东京国际大学国际战略研究所教授）、山口昇（原陆上自卫队陆将）等对中国军事、中日关系、东亚安全等有深入研究，出版《亚洲的安全保障》（アジアの安全保障）年报、《政策视角》，联合出版《日本战略研究所协会评论》。网址：http://rips.or.jp/。③

（二）专家

小原凡司（Bonji Ohara）

小原凡司是日本公益财团法人东京财团政策研究协调主任兼研究员，曾任防卫研究所研究员、海上自卫队第21航空队副司令官（旋翼）、防卫省海上幕僚监部情报组长、驻华海军武官（2003—2006年）、海上自卫队第101飞行队队长（旋翼）等职。他主要研究中国外交与安全政策、军事战略、解放军军力发展与军费开

---

① The Tokyo Foundation.Official Site[EB/OL]. https://www.tkfd.or.jp/[2017-04-17].

② Nakasone Peace Institute.Official Site[EB/OL]. http://iips.org/[2017-04-17].

③ Research Institute for Peace and Security.Official Site[EB/OL]. http://rips.or.jp/[2017-04-17].

支等。①

平松茂雄（Hiramatsu Shigeo）

平松茂雄是日本著名中国军事问题专家、日本杏林大学社会科学部教授、国家基本问题研究所评议员，曾任防卫研究所第 1 研究部第 3 研究室长、日本驻香港总领馆研究员。他的主要研究方向为中国的军事战略、军力发展、军费开支、海上利益拓展及东海争端、南海争端、台海问题、日美同盟等。平松茂雄极力鼓吹"中国军力扩张"。②

大泽淳（Jun Osawa）

大泽淳是日本世界和平研究所主任研究员，国家安全保障局政策顾问，曾任日本国家安全保障局参事官助理（2014—2016 年）、政策研究大学院大学客座研究员、美国布鲁金斯学会访问研究员、外务省综合外交政策局研究员、外务省国际情报统筹组织分析员等职，主要研究国际政治、战略评估、东亚安全、网络安全、中国网络战等问题。③

茅原郁生（Kayahara Ikuo）

茅原郁生是日本拓殖大学名誉教授、日本防卫学会理事、日本中国军事研究会会长，曾任拓殖大学国际开发学部教授（1999—2009 年）、防卫研究所第 2 研究部长、英国伦敦大学访问学者、陆上自卫队第 7 师团幕僚长等职，专注于中国军事与外交、东亚安全、地区冲突、中日关系等。代表作有《中国军力——2020 年预测》（中国の軍事力—2020 年の将来予測－）等。④

神保谦（Ken Jimbo）

神保谦是日本公益财团法人东京财团高级研究员、庆应义塾大学政策管理系副教授、佳能全球研究学院高级研究员，曾任外务省、防卫省、内阁府咨询专家，新加坡南洋理工大学拉惹勒南国际研究院访问研究员等，研究领域包括日本对华安全战略、中日关系、亚太安全、日本外交与安全政策等。⑤

---

①　The Tokyo Foundation.Bonji Ohara[EB/OL]. http://www.tokyofoundation.org/en/experts/ohara-bonji[2017-04-17].

②　Wikipedia. 平松茂雄 [EB/OL]. https://ja.wikipedia.org/wiki/ 平松茂雄 [2017-04-17].

③　Nakasone Peace Institute.Experts[EB/OL]. http://iips.org/experts/index.html[2017-04-17].

④　茅原郁生（かやはら いくお）[EB/OL]. https://www.kunidukuri-hitodukuri.jp/cbank/instructor/kayahara_ikuo.shtml[2017-04-17].

⑤　The Tokyo Foundation.Ken Jimbo[EB/OL]. http://www.tokyofoundation.org/en/experts/j/jimbo-ken[2017-04-17].

饭田将史（Masafumi Iida）

饭田将史是日本防卫省防卫研究所东北亚研究室主任研究官，曾任美国海军战争学院中国海事研究所访问学者、斯坦福大学东亚研究中心访问学者，专注于中国外交与安全政策、东亚安全、南海问题等研究。[1]

池上雅子（Masako Ikegami）

池上雅子是日本东京工业大学教授、普格瓦什科学与世界事务会议（Pugwash Conferences on Science and World Affairs）[2] 与会学者，曾任瑞典斯德哥尔摩大学政治学教授、斯德哥尔摩大学亚太研究中心主任（2001—2008 年）、夏威夷东西方研究中心研究员，研究领域包括东亚安全、台海问题、中国崛起、冲突预防与互信建立、军控与裁军、核遏制与核战略、防务问题决策、科技问题等。[3]

增田雅之（Masayuki Masuda）

增田雅之是日本防卫省防卫研究所东北亚研究室主任研究官，研究领域涉及中国的外交与安全政策、海洋战略与海上执法、维和行动及东亚国际关系、中日关系等。[4]

门间理良（Rira Momma）

门间理良是日本防卫省防卫研究所地域研究部中国研究室长、拓殖大学客座教授。曾任日本驻华大使馆研究员、日本交流协会台北事务所研究员等职。专注于中国大陆政治与军事、台湾政治与军事、台海问题、东海问题、东亚国际关系、解放军军史等研究。[5]

浅野亮（Ryo Asano）

浅野亮是日本同志社大学法学部政治学科教授、和平·安全保障研究所研究委员，曾任东京大学客座教授。研究领域包括安全保障、国际关系、中国政治与军

---

① The National Institute for Defense Studies.Masafumi Iida[EB/OL]. http://www.nids.mod.go.jp/research/profile/anzen/04-iida.html[2017-04-17].

② 普格瓦什科学与世界事务会议是东、西方科学家和学者参加的国际和平组织，旨在探讨和解决科学发展给人类带来的影响。

③ Masako Ikegami's Lab.Profile of Dr. Masako Ikegami[EB/OL]. http://www.ikegami-lab.mot.titech.ac.jp/[2017-04-17].

④ The National Institute for Defense Studies.Masayuki Masuda[EB/OL]. http://www.nids.mod.go.jp/research/profile/anzen/07-masuda.html[2017-04-17].

⑤ The National Institute for Defense Studies.Rira Momma[EB/OL]. http://www.nids.mod.go.jp/research/profile/anzen/22-monma.html[2017-04-17].

事、解放军军力、中日安全关系等。①

天儿慧（Satoshi Amako）

天儿慧是早稻田大学教授兼现代中国研究所②所长，曾任青山学院大学国际政治经济学部教授、共立女子大学国际文化学部教授、琉球大学副教授等职。研究领域广泛涉及当代中国政治、外交、军事及中国崛起的影响、亚洲国际关系、东亚安全等问题。③

高木诚一郎（Seiichiro Takagi）

高木诚一郎是日本国际问题研究所研究顾问、国际安全保障学会会长、亚太安全合作理事会日本委员会成员，曾任日本青山学院大学教授（2003—2011 年）、防卫研究所第二研究部部长（1999—2003 年）、埼玉大学教授等职，主要研究中国安全与外交政策、亚太国际关系、中日关系、日美关系、日本外交与安全政策等。④

小谷哲夫（Tetsuo Kotani）

小谷哲夫是日本国际问题研究所主任研究员、美国战略与国际研究中心特邀研究员、中国海洋大学日本研究所客座研究员、日本和平·安全保障研究所（RIPS）研究委员，曾任日本冈崎研究所研究员、海洋政策研究基金会研究员等，专注于日美同盟、地缘政治、海洋安全问题研究，对中国海上安全、中日海上安全关系等问题有所关注。⑤

山口信治（Shinji Yamaguchi）

山口信治是日本防卫省防卫研究所亚非研究室主任研究官，曾任防卫研究所教官、国际形势研究会兼职研究员、庆应义塾女子高等学校兼职讲师等职，专注于中

① Doshisha University.Ryo Asano[EB/OL]. https://kenkyudb.doshisha.ac.jp/rd/html/japanese/researchersHtml/104006/104006_Researcher.html[2017-05-11].

② 2012 年在日本政府支持下，以日本早稻田大学现代中国研究所为中心，联合庆应义塾大学东亚研究所当代中国研究中心、京都大学人文科学研究所等其他 8 家日本中国研究机构，建立中国研究学术网络，启动了"当代中国区域研究"项目，首期 5 年内的共同主题为"当代中国的跨学科研究——如何把握理解新兴大国"，意图研究中国发展方向，及"新的"中国对日本及世界的影响。早稻田大学现代中国研究所由天儿慧负责开展"中国'超级大国'化论的研究"子项目研究。参见：http://china-waseda.jp/chinese/, http://www.china-waseda.jp/wiccs/group.html [2017-05-11]。

③ China-waseda.Satoshi Amako[EB/OL]. http://china-waseda.jp/waseda/blog/amako/[2017-05-11].

④ The Japan Institute of International Affairs.Seiichiro Takagi[EB/OL]. http://www2.jiia.or.jp/CV/index.php?staff_takagi_seiichiro[2017-05-11].

⑤ The Japan Institute of International Affairs.Tetsuo Kotani[EB/OL]. http://www2.jiia.or.jp/CV/index.php?staff_kotani_tetso[2017-05-11].

国的政治与安全、海洋政策与海上安全、党军关系、现代史等问题研究。①

村井友秀（Tomohide Murai）

村井友秀是东京国际大学国际战略研究所教授，加入日本国际政治学会、国际安全保障学会、日本防卫学会等组织，曾任日本防卫大学国际关系项目主任、防卫大学教授，专注于东亚安全、中国军事、中国政治与外交、中日关系、日本安全等研究。他也是日本"中国威胁论"的最早提出者，代表作有《新·中国『脅威』論》（1990）、《中国在战争中的作用机制和日美同盟》（中国の戦争メカニズムと日米同盟の役割，2013）等。②

庄司智孝（Tomotaka Shoji）

庄司智孝是日本防卫省防卫研究所地域研究部美欧俄研究室长，专注于东南亚安全、南海问题、越南、中越关系等研究。③

香田洋二（Yoji Koda）

香田洋二是日本和平·安全保障研究所研究委员、日本海上自卫队退役海将（海军中将），曾任哈佛大学亚洲中心高级研究员、舰队司令官、佐世保地方总监、统合幕僚会议事务局局长等职，专注于中国海洋战略、日美安全保障体制、东亚安全、中日海上冲突、南海问题等研究。④

松浦吉秀（Yoshihide Matsuura）

松浦吉秀是日本防卫省防卫研究所地域研究部亚非研究室长，曾任中国研究室长、东北亚研究室长、内阁官房副长官助理等职，研究领域为东南亚、马来西亚与新加坡安全问题等。⑤

---

① The National Institute for Defense Studies.Shinji Yamaguchi[EB/OL]. http://www.nids.mod.go.jp/research/profile/anzen/033-yamaguchi.html[2017-04-17].

② Tokyo International University.Tomohide Murai[EB/OL]. https://tiu-op-prtl.tiu.ac.jp/kg/japanese/researchersHtml/150029/150029_Researcher.html[2017-05-11].

③ The National Institute for Defense Studies.Tomotaka Shoji[EB/OL]. http://www.nids.mod.go.jp/research/profile/anzen/06-syouji.html[2017-04-17].

④ 香田洋二 [EB/OL]. 日本网，http://www.nippon.com/cn/authordata/koda-yoji/[2017-05-11].

⑤ The National Institute for Defense Studies.Yoshihide Matsuura[EB/OL]. http://www.nids.mod.go.jp/research/profile/anzen/03-matsuura.html[2017-04-17].

五、印度智库及专家

（一）智库

1. 国防研究与分析研究所（Institute for Defence Studies and Analyses）

国防研究与分析研究所于 1965 年成立，位于新德里，是印度目前规模、影响力最大的战略和安全类智库，隶属于国防部，理事会主席由国防部长兼任，成员中很多是退役高级将领，所长为印度资深外交官贾扬特·普拉萨德（Jayant Prasad），主要研究南亚、东亚、东南亚、中亚等地域问题，以及国内外军事、核武器、海上安全、非传统安全威胁等议题。研究中国军事与安全问题的专家主要有中国与东亚项目主任苏吉特·杜达（Sujit Dutta）、东亚中心主管贾甘纳特·潘达（Jagannath P. Panda）、副研究员普拉蒂巴（M. S. Prathibha）、副研究员辛柏山（Prashant Kumar Singh）等。该所出版《战略分析》（*Strategic Analysis*）月刊及《防务分析杂志》（*Journal of Defence Studies*）。网址：http://www.idsa.in/。[①]

2. 印度三军协会（USI）

印度三军协会于 1870 年成立，位于新德里，拥有 13000 余名印军现役、退役军官会员，是印军方重要的智库和培训机构，3 名副赞助人（Vice Patron）为印度陆、海、空军的参谋长，会长为印军退役中将辛格（PK Singh），下设战略研究与模拟中心、武装力量历史研究中心、联合国维和研究中心，副会长兼战略研究与模拟中心主任夏尔马（BK Sharma），高级研究员沙拉德·特瓦尼（Sharad Tewari）、桑杰·库马尔（Sanjay Kumar）、桑迪普·德万（Sandeep Dewan），研究员拉杰什（MH Rajesh）等人对中国军事与安全问题有一定研究。该协会出版《三军协会期刊》（*USI Journal*）季刊，网址：http://usiofindia.org/。[②]

3. 中国研究所（ICS）

中国研究所于 1990 年成立，由 1969 年建立的中国研究小组发展而来，位于德里，所长为印度前驻华大使康特（Ashok K. Kantha），主要进行关于中国、东亚、印度政策等方面的研究，目前下设东亚、（中印孟缅）边境研究、中印对比研究等项目，对中国军事与安全问题有所研究的人员有荣誉研究员谢刚（Srikanth Kondapalli）、维仁德拉·维尔玛（Virendra Sahai Verma）、拉帕伊（M V Rappai），

---

① Institute for Defence Studies and Analyses.Official Site[EB/OL]. http://www.idsa.in/[2017-04-18].

② The United Service Institution of India.Official Site[EB/OL]. http://usiofindia.org/[2017-04-18].

研究员郑嘉宾（Jabin T. Jacob），副研究员策琳·冲祚·布提亚（Tshering Chonzom Bhutia）等，出版《中国评述》（*China Report*）季刊，网址：http://www.icsin.org/。[①]

4. 和平与冲突研究所（IPCS）

和平与冲突研究所于 1996 年成立，位于新德里，是印度知名安全类智库，所长为鲁伊·尼奥格（Ruhee Neog），下设核安全、南亚研究、中国研究、南亚武装冲突等项目，中国军事问题研究人员主要有创所所长迪班卡·巴纳吉（Dipankar Banerjee）、杰出研究员谢刚（Srikanth Kondapalli）、中国研究项目协调人特苏·辛格（Teshu Singh）等，网址：http://www.ipcs.org/。[②]

5. 观察家研究基金会（Observer Research Foundation）

观察家研究基金会成立于 1990 年，总部位于新德里，在孟买、金奈、加尔各答设有 3 个分支中心，基金会主任为桑乔伊·乔希（Sunjoy Joshi），下设安全研究所、国际关系中心、政治与治理中心、资源管理中心等机构，杰出研究员马诺吉·乔希（Manoj Joshi）、高级研究员拉杰斯瓦里·拉贾戈帕兰（Rajeswari Pillai Rajagopalan）等人研究领域涉及中国军事问题。该基金会发布《中国周刊》、《南海观察》，网址：http://www.orfonline.org/。[③]

6. 卡内基印度中心（Carnegie India）

卡内基印度中心于 2016 年成立，位于新德里，首任主任拉贾·莫汉（C. Raja Mohan），中心研究工作侧重于印度的政治经济改革、外交与安全政策、技术革新、国际关系等，拉贾·莫汉及研究分析师达莎娜·巴鲁阿（Darshana M. Baruah）等人研究中涉及中国军事议题，中心网址：http://carnegieindia.org/。[④]

（二）专家

夏尔马（BK Sharma）

夏尔马是印度三军协会副会长兼战略研究与模拟中心主任、印度陆军退役少将，曾任印度国防委员会高级成员、山地师指挥官、驻中亚武官、联合国军事观察员，专业领域包括战略净评估、情景建构与战略兵推及中国军事、"一带一路"倡议、中亚等。[⑤]

---

① Institute of Chinese Studies.Official Site[EB/OL]. http://www.icsin.org/[2017-04-18].

② Institute of Peace and Conflict Studies.Official Site[EB/OL]. http://www.ipcs.org/[2017-04-18].

③ Observer Research Foundation.Official Site[EB/OL]. http://www.orfonline.org/[2017-04-18].

④ Carnegie India.Official Site[EB/OL]. http://carnegieindia.org/[2017-04-18].

⑤ LinkedIn.BK Sharma[EB/OL]. https://www.linkedin.com/in/bk-sharma-7179b860[2017-04-19].

拉贾·莫汉（C. Raja Mohan）

拉贾·莫汉是卡内基印度中心主任、新加坡国立大学南亚研究所访问教授，曾任印度国家安全顾问委员会成员、观察家研究基金会高级研究员、国会图书馆亨利·基辛格讲座首席、尼赫鲁大学教授、新加坡南洋理工大学教授、《印度教徒报》外交编辑及驻华盛顿记者等职，专注于印度外交与安全政策、亚洲大国关系、中印关系、南亚与印度洋安全、军控等领域研究。①

达莎娜·巴鲁阿（Darshana M. Baruah）

达莎娜·巴鲁阿是卡内基印度中心研究分析师，曾任观察家研究基金会海上安全倡议初级研究员兼《南海观察》副编辑、澳大利亚国会研究员等职，研究涉及亚洲海上安全、印度海军战略、中印印度洋竞争、南海问题、印澳海上关系等议题。②

迪班卡·巴纳吉（Dipankar Banerjee）

迪班卡·巴纳吉是印度和平与冲突研究所导师（mentor），曾任和平与冲突研究所创所所长、美国和平研究所高级研究员、国防研究与分析研究所副所长、驻克什米尔步兵师师长等职，研究领域包括中印及印巴关系、军事互信建立措施、边界安全、中国安全与外交政策、裁军等。③

郑嘉宾（Jabin T. Jacob）

郑嘉宾是印度中国研究所研究员，曾任中国研究所所长助理、新加坡南洋理工大学拉惹勒南国际研究院访问研究员、印度和平与冲突研究所高级研究员、法国波尔多政治学研究所博士后，专注于中国与印度及南亚关系、中印边界、印度东北边境基础设施、"一带一路"倡议、印太安全等问题研究。④

贾甘纳特·潘达（Jagannath P. Panda）

贾甘纳特·潘达是印度国防研究与分析研究所研究员兼东亚中心主管，主要研究中印关系、中国外交与安全政策、中国军事、亚太安全平衡、东北亚安全、西藏

---

①　Carnegie India.C. Raja Mohan[EB/OL]. https://carnegieindia.org/experts/?fa=698[2017-04-19].

②　Carnegie India.Darshana M. Baruah[EB/OL]. https://carnegieindia.org/experts/?fa=1253 [2017-04-19].

③　Wikipedia.Dipankar Banerjee[EB/OL]. https://en.wikipedia.org/wiki/Dipankar_Banerjee_(general) [2017-04-19].

④　Institute of Chinese Studies.Jabin T. Jacob[EB/OL]. https://www.icsin.org/research-staff/faculty/ jabin-t-jacob[2017-04-19].

与泛喜马拉雅地区、"一带一路"倡议等。[①]

拉帕伊（M V Rappai）

拉帕伊是印度中国研究所荣誉研究员，曾任国防研究与分析研究所研究员，并曾就职于印度国防部。专业领域包括中国安全战略、中国共产党、中印关系、中印边境冲突、亚洲战略问题等。[②]

普拉蒂巴（M. S. Prathibha）

普拉蒂巴是印度国防研究与分析研究所副研究员，主要研究中国的核政策、战略与战争观、导弹防御、战略力量现代化及东亚安全、中美关系、中印关系等。[③]

马诺吉·乔希（Manoj Joshi）

马诺吉·乔希是印度观察家研究基金会杰出研究员、印度国家安全委员会顾问委员会委员、尼赫鲁大学访问教授、澳大利亚国立大学访问学者，曾长期担任政治、防务栏目记者、编辑，专业领域包括锡亚琴地区、巴基斯坦、中国、斯里兰卡相关问题，及中印关系、克什米尔与旁遮普的恐怖主义等。[④]

拉杰什（MH Rajesh）

拉杰什是印度三军协会研究员、印度退役海军中校，曾任基洛级潜艇指挥官，专注于中国在印度洋的军事战略、印度海上安全、印度洋等领域研究。[⑤]

辛柏山（Prashant Kumar Singh）

辛柏山是印度国防研究与分析研究所副研究员，多次在中国台湾地区相关学术机构访学、演讲，专注于中国外交与安全政策、中国军事战略与军事外交、中印关系、中国台湾等领域研究。[⑥]

拉杰斯瓦里·拉贾戈帕兰（Rajeswari Pillai Rajagopalan）

拉杰斯瓦里·拉贾戈帕兰是印度观察家研究基金会高级研究员兼核与太空政策倡议主管，曾任印度国家安全委员会秘书处主任助理、国防研究与分析研究所研究

---

① Institute for Defence Studies and Analyses.Jagannath P. Panda[EB/OL]. https://idsa.in/profile/jppanda[2017-04-19].

② Institute of Chinese Studies.M. V. Rappai[EB/OL]. https://www.icsin.org/honorary-fellows/faculty/m-v-rappai[2017-04-19].

③ Institute for Defence Studies and Analyses.M. S. Prathibha[EB/OL]. https://idsa.in/profile/msprathibha[2017-04-19].

④ Wikipedia.Manoj Joshi[EB/OL]. https://en.wikipedia.org/wiki/Manoj_Joshi[2017-04-19].

⑤ LinkedIn.MH Rajesh[EB/OL]. https://in.linkedin.com/in/rajesh-mh-b788a213[2017-04-19].

⑥ Institute for Defence Studies and Analyses.Prashant Kumar Singh[EB/OL]. https://idsa.in/profile/pksingh[2017-04-20].

主管、台湾中兴大学访问教授等职，研究专长主要有核与太空安全、东亚大国关系、中国军事战略及其影响、美国亚洲军事战略、军事技术出口管制等。①

沙拉德·特瓦尼（Sharad Tewari）

沙拉德·特瓦尼是印度三军协会高级研究员、印度退役空军上校，曾任联合国防参谋部净评估主任，专长为净评估、情景建构及中国、中印关系、南亚战略平衡等问题研究。②

谢刚（Srikanth Kondapalli）

谢刚是印度尼赫鲁大学中国研究教授、中国研究所荣誉研究员、和平与冲突研究所杰出研究员，印度著名中国军事专家，曾任尼赫鲁大学东亚研究中心主席、山东大学荣誉教授、国防研究与分析研究所研究员、台湾政治大学访问教授、中国人民大学博士后访问学者等，专注于中国军事、解放军、亚洲安全、中印安全问题研究。③

苏吉特·杜达（Sujit Dutta）

苏吉特·杜达是印度国防研究与分析研究所高级研究员兼中国与东亚项目主任、中印二轨对话中印名人小组成员，曾任印度报业托拉斯记者，主要研究中国外交与安全政策、中国崛起对南亚安全的影响、中印关系、亚洲安全等。④

特苏·辛格（Teshu Singh）

特苏·辛格是印度和平与冲突研究所中国研究项目协调人，主要研究印太海上安全、南海争端、中国外交政策、中国对印度洋安全的影响等。⑤

策琳·冲祚·布提亚（Tshering Chonzom Bhutia，又译次仁群宗）

策琳·冲祚·布提亚是印度中国研究所副研究员，曾任中国研究所访问学者、德国海因里希·伯尔基金会（Heinrich Böll Stiftung）印度办公室项目协调人等，主要研究领域包括谈判与冲突解决、西藏、中国—印度—尼泊尔关系、中印关系中的

———————

① LinkedIn.Rajeswari Pillai Rajagopalan[EB/OL]. https://in.linkedin.com/in/rajeswari-pillai-rajagopalan-a8a4379[2017-04-20].

② LinkedIn.Sharad Tewari[EB/OL]. https://in.linkedin.com/in/tewarisharad[2017-04-20].

③ Wikipedia.Srikanth Kondapalli[EB/OL]. https://en.wikipedia.org/wiki/Srikanth_Kondapalli [2017-04-20].

④ Institute for Defence Studies and Analyses.Sujit Dutta[EB/OL]. https://idsa.in/profile/sdutta [2017-04-20].

⑤ LinkedIn.Teshu Singh[EB/OL]. https://www.linkedin.com/in/teshu-singh-b9b4953b[2017-04-20].

西藏因素等。[①]

维仁德拉·维尔玛（Virendra Sahai Verma）

维仁德拉·维尔玛是印度中国研究所荣誉研究员、防务研究与分析研究所成员、西藏研究小组创始秘书长、印度陆军退役上校，被称为和平活动家，主要研究中印边境争端解决方案、印度洋海上安全、西藏问题解决方案、喜马拉雅区域问题、印巴关系等。[②]

六、其他国家和地区智库及专家

（一）新加坡智库及专家

1. 智库

（1）新加坡南洋理工大学拉惹勒南国际研究院（RSIS）

新加坡南洋理工大学拉惹勒南国际研究院于 2007 年成立，以新加坡首任外交部长拉惹勒南（S. Rajaratnam）的名字命名，位于新加坡，前身是 1996 年成立的新加坡国防与战略研究所。一些世界著名智库的中国军事专家曾在此深造或开展访问研究，现任院长为廖振杨（Joseph Chinyong Liow）。该研究院下设国防与战略研究所（IDSS）、政治暴力与恐怖主义研究国际中心、非传统安全研究中心等机构。其中国防与战略研究所下设中国、海上安全、军事转型、区域安全架构等项目。廖振杨、中国项目协调人李明江（Li Mingjiang）、军事转型项目协调人理查德·毕辛格（Richard A. Bitzinger）、中国项目助理教授胡江恩（Hoo Tiang Boon）等人对中国军事议题有一定研究，网址：http://www.rsis.edu.sg/。[③]

（2）新加坡国立大学李光耀公共政策学院（Lee Kuan Yew School of Public Policy，NUS）

新加坡国立大学李光耀公共政策学院是新加坡国立大学 2004 年成立的研究生院，为全球特别是亚太地区政府部门、企事业单位以及国际和地区组织培养了大量中高级管理者，院长是马凯硕（Kishore Mahbuban），下设政策研究所、亚洲与全

---

① Institute of Chinese Studies.Tshering Chonzom Bhutia[EB/OL]. https://www.icsin.org/research-staff/faculty/tshering-chonzom[2017-04-20].

② Institute of Chinese Studies.Virendra Sahai Verma[EB/OL]. https://www.icsin.org/honorary-fellows/faculty/virendra-sahai-verma[2017-04-20].

③ S. Rajaratnam School of International Studies.Official Site[EB/OL]. https://www.rsis.edu.sg[2017-04-21].

球化中心、亚洲竞争力研究所、水政策研究所，马凯硕、亚洲与全球化中心主任黄靖（Huang Jing）、亚洲研究教授白康迪（Kanti Prasad Bajpai）等人研究范围涉及中国军事与安全问题。该学院出版《全球化的亚洲》（*Global-is-Asian*）杂志，网址：https://lkyspp.nus.edu.sg/。[①]

（3）新加坡国立大学东亚研究所（EAI，NUS）

新加坡国立大学东亚研究所于 1997 年成立，董事会主席为王赓武教授，所长为郑永年教授。该所对东亚政治、外交、经济、安全，当代中国（包括港台地区）的政治、经济、外交、安全、社会发展，全球化与中国崛起，中国对东亚和世界的影响等有广泛、深入研究，研究范围涉及中国军事与安全问题的学者有郑永年、高级研究员黎楠（Li Nan）等。该所出版《东亚政策》（*East Asian Policy*）季刊、《国际中国研究杂志》（*China: An International Journal*）季刊，网址：http://www.eai.nus.edu.sg/。[②]

2. 专家

黄靖（Huang Jing）

黄靖是新加坡国立大学李光耀公共政策学院教授兼亚洲与全球化中心主任、李氏基金会中美关系教授、新华社资深海外经济分析师、中国国际战略基金会的海外顾问。曾任布鲁金斯学会约翰·桑顿中国中心高级研究员（2004—2007 年）、犹他州立大学政治学副教授及亚洲研究项目联合主任（1994—2004 年）、斯坦福大学亚太研究中心研究员（2002—2003 年）及哈佛大学、山东大学教师。研究领域包括中国政治、外交与安全政策、中国军事、军政关系、东亚安全、两岸关系、中美关系等。[③]

廖振杨（Joseph Liow Chin Yong）

廖振杨是新加坡南洋理工大学拉惹勒南国际研究院院长、美国布鲁金斯学会东北亚政策研究中心高级研究员兼首任李光耀东南亚研究讲座首席（Lee Kuan Yew Chair），主要研究东南亚政治、安全问题，中国与东南亚关系，亚太安全、东南亚伊斯兰问题等。他掌握英语、粤语、闽南语、印度尼西亚语、马来语、汉语普通话

---

① Lee Kuan Yew School of Public Policy.Official Site[EB/OL]. https://lkyspp.nus.edu.sg[2017-04-21].

② NUS East Asian Institute.Official Site[EB/OL]. https://research.nus.edu.sg/eai/[2017-04-21].

③ Lee Kuan Yew School of Public Policy.Huang Jing[EB/OL]. https://lkyspp.nus.edu.sg/our-people/faculty/huang-jing[2017-04-21].

等多种语言。①

白康迪（Kanti Prasad Bajpai）

白康迪是新加坡国立大学李光耀公共政策学院亚洲研究教授，曾任印度防务研究与分析研究所杰出研究员、尼赫鲁大学国际政治教授、牛津大学政治学与国际关系教授，曾在哥伦比亚大学、布鲁金斯学会、澳大利亚国防学院等任访问教授，专注于亚洲安全、印度外交政策与国家安全、中印关系、国际水资源冲突等问题研究，通晓英语、法语、印地语。②

马凯硕（Kishore Mahbuban）

马凯硕是新加坡国立大学李光耀公共政策学院教授、院长，著名学者，新加坡资深外交官，被称为"亚洲崛起代言人"，曾任新加坡常驻联合国代表、联合国安理会轮值主席等职，专业领域包括东盟与东南亚、亚洲安全、中印及中美关系、国际安全、新加坡国际关系、南海问题等，著有《新亚洲半球——势不可挡的全球权力东移》（*The New Asian Hemisphere: The Irresistible Shift of Global Power to the East*）等。③

李明江（Li Mingjiang）

李明江是新加坡南洋理工大学拉惹勒南国际研究院副教授兼国防与战略研究所中国项目协调人，主要研究中国与东盟关系、中美关系、亚太安全、南海争端、中国崛起及其影响等问题。④

黎楠（Li Nan）

黎楠是新加坡国立大学东亚研究所高级研究员，曾任海军战争学院战略与战役研究系教授、中国海事研究所成员、新加坡南洋理工大学国防与战略研究所中国项目协调人（2003—2006 年），主要研究中国的国家安全政策、军事战略、海上发展、军民关系、极地战略等问题。⑤

---

① S. Rajaratnam School of International Studies.Joseph Liow Chin Yong[EB/OL]. https://www.rsis.edu.sg/profile/joseph-liow-chin-yong/[2017-04-21].

② Lee Kuan Yew School of Public Policy.Kanti Prasad Bajpai[EB/OL]. https://lkyspp.nus.edu.sg/our-people/faculty/kanti-prasad-bajpai[2017-04-21].

③ Wikipedia.Kishore Mahbuban[EB/OL]. https://en.wikipedia.org/wiki/Kishore_Mahbubani[2017-04-21].

④ S. Rajaratnam School of International Studies.Li Mingjiang[EB/OL]. https://www.rsis.edu.sg/profile/li-mingjiang/[2017-04-21].

⑤ NUS East Asian Institute.Current Staff[EB/OL]. http://www.eai.nus.edu.sg/staff/current_staff.html[2017-04-21].

理查德·毕辛格（Richard A. Bitzinger，又译理查德·比青格）

理查德·毕辛格是新加坡南洋理工大学拉惹勒南国际研究院国防与战略研究所高级研究员兼军事转型项目协调人，曾任夏威夷亚太安全研究中心副研究教授、兰德公司分析师、大西洋理事会高级研究员等，主要研究领域包括亚太安全与防务、地区军队转型与军事现代化、国防工业、武器扩散、中国军事、南海问题等。[①]

郑永年（Zheng Yongnian）

郑永年是新加坡国立大学东亚研究所教授、所长，曾任英国诺丁汉大学中国政策研究所创所研究主任、新加坡国立大学东亚研究所高级研究员、北京大学政治与行政管理系讲师等职，研究领域十分广泛，主要包括民族主义与国际关系、国际与东亚安全、中国政治与外交、中国崛起与大国竞争、两岸关系等。[②]

（二）韩国智库及专家

1. 智库

（1）国立外交院外交事务与国家安全研究所（IFANS，KNDA）

国立外交院外交事务与国家安全研究所位于首尔，国立外交院曾于 1977 年被更名为国立外交事务与国家安全研究所，2012 年后外交事务与国家安全研究所成为外交院下属机构，所长为白芝娥（Paik Ji-ah），主要研究国防与统一、国际法、中等强国外交、经济与贸易等问题，下设中国研究、日本研究、国际法、外交历史研究四大中心，以及国家安全与统一研究系、亚太研究系、美国研究系等。副教授兼中国研究中心总干事崔宇善（Choi Wooseon）、研究教授李相淑（Lee Sang-sook）[③] 等人研究中涉及中国军事、中朝美关系等问题。该研究所不定期发布《IFANS 聚焦》及年度《IFANS 预测》，网址：http://www.ifans.go.kr/knda/ifans/eng/main/IfansEngMain.do。[④]

（2）韩国国家安保战略研究院（INSS）

韩国国家安保战略研究院源于 1977 年成立的国际事务研究所，位于首尔，理事长为金秉宽、院长为辛彦（Shin Un），主要研究国际政治经济、军事与国家安全

---

　　① 　Wikistrat.Richard Bitzinger[EB/OL]. https://www.wikistrat.com/experts/richard-bitzinger/[2017-04-21].

　　② 　Wikipedia.Zheng Yongnian[EB/OL]. https://en.wikipedia.org/wiki/Zheng_Yongnian[2017-04-21].

　　③ 　李相淑专注于朝鲜、中朝关系、中美朝战略三角等问题研究。

　　④ 　Institute of Foreign Affairs and National Security.Official Site[EB/OL]. http://www.ifans.go.kr/knda/ifans/eng/main/IfansEngMain.do[2017-04-22].

事务、朝鲜与半岛统一事务等，下设朝鲜体制研究室、统一战略研究室、东北亚战略研究室、新安保研究室，东北亚战略研究室室长朴炳光（Park Byeong-gwang）等人对半岛问题、中国军事等有深入研究。该院出版《东亚事务杂志》（*Journal of East Asian Affairs*）半年刊、《国家安全与战略》（*National Security and Strategy*）季刊等，网址：http://www.inss.re.kr/eng/index.htm。①

（3）韩国峨山政策研究所（the Asan Institute for Policy Studies）

韩国峨山政策研究所于 2008 年成立，位于首尔，院长为咸在凤（Hahm Chaibong），主要研究国家安全与外交政策、全球治理、地区问题、核、科技、国内事务等，每年举办"峨山中国论坛"，研究副院长兼首席研究委员崔刚（Choi Kang）成果中涉及中国军事与安全议题。该所发布《峨山论坛》（*The Asan Forum*）电子双月刊，网址：http://en.asaninst.org/。②

2. 专家

崔刚（Choi Kang）

崔刚是韩国峨山政策研究所研究副院长兼首席研究委员，国防部、统一部顾问，曾任韩国国立外交院规划与评估主任、外交事务与国家安全研究所所长、亚太安全合作理事会韩国委员会主席、国家安全委员会秘书处政策规划与协调高级主任、国防分析研究所（KIDA）研究委员等职，研究领域包括美韩联盟、朝鲜军事问题、朝韩关系、中国在半岛问题中的安全角色、危机管理、多边安全合作等。③

崔宇善（Choi Wooseon）

崔宇善是韩国国立外交院外交事务与国家安全研究所副教授兼中国研究中心总干事，曾任哈佛大学贝尔福尔科学与国际事务中心国际安全项目研究员，主要研究国际安全、东亚安全、中美关系等。④

黄载皓（Hwang Jaeho）

黄载皓是韩国外国语大学教授兼全球安保合作中心主任、韩国外交部咨询委员，曾任韩国国会及国防部咨询委员、韩国外国语大学国际研究系主任、国防分析

---

① Institute for National Security Strategy.Official Site[EB/OL]. http://www.inss.re.kr/eng/index. htm[2017-04-22].

② The Asan Institute for Policy Studies.Official Site[EB/OL]. http://en.asaninst.org/[2017-04-22].

③ Australian Institute of International Affairs.Choi Kang[EB/OL]. http://www.internationalaffairs.org. au/aiia-authors/choi-kang/[2017-05-10].

④ Institute of Foreign Affairs and National Security.Choi Wooseon[EB/OL]. http://ifans.go.kr/knda/ ifans/eng/faculty/FacultyOrgnztView.do[2017-05-10].

研究所安保战略研究中心研究委员、中国外交学院访问教授等职，主要研究中国外交与安全政策、中韩关系、东北亚安全、半岛事务等问题。[①]

朴炳光（Park Byeong-gwang）

朴炳光是韩国国家安保战略研究院东北亚战略研究室室长，研究领域包括朝鲜军事、半岛统一事务、中韩关系、中国军事、东北亚安全等。

尹锡俊（Yoon Sukjoon）

尹锡俊是韩国海洋战略研究所[②]高级研究委员、世宗大学防务系统工程系客座教授、韩国退役海军上校，研究范围包括东亚海上安全、东北亚安全、中国海洋战略、中韩军事关系、中韩海上边界与渔业争端等。[③]

（三）澳大利亚智库及专家

1. 智库

（1）澳大利亚洛伊国际政策研究所（Lowy Institute）

澳大利亚洛伊国际政策研究所 2003 年由富商弗兰克·洛伊（Frank Lowy）创办，位于悉尼，执行所长为迈克尔·富利洛夫（Michael Fullilove），下设全球问题、东亚、G20 研究中心、国际安全、西亚、美拉尼西亚[④]、民意调查等项目，及麦克阿瑟基金会亚洲安全计划、中国在太平洋地区的援助等研究计划。研究领域涉及中国军事与安全问题的专家有国际安全项目主任尤安·格雷厄姆（Euan Graham）、高级研究员山姆·罗格文（Sam Roggeveen）、非常驻研究员琳达·雅各布森（Linda Jakobson）、非常驻研究员葛来仪等。该研究所发布电子杂志《解读者》，网址：https://www.lowyinstitute.org/。[⑤]

（2）澳大利亚战略政策研究所（ASPI）

澳大利亚战略政策研究所于 2001 年成立，位于巴顿，理事会主席为澳大利亚前陆军参谋长肯尼斯·吉莱斯皮（Kenneth Gillespie），执行所长为澳前国防部副部

---

① Taiwan Center for Security Studies.Hwang Jaeho[EB/OL]. http://mcsstw.org/web/personal. php?people_id=39[2017-05-14].

黄载皓：韩国外国语大学全球安保合作中心主任 [EB/OL]. 环球网，https://m.huanqiu.com/r/ MV8wXzk4MDgxMzRfMTM0XzE0ODE2ODA2ODA= (2016-12-14)[2017-05-14].

② 韩国海洋战略研究所 1997 年成立，主要研究海上安全、国际法等领域问题，与美国、中国、日本、新加坡、澳大利亚、越南等国相关智库机构建有合作关系。

③ LinkedIn.sukjoon yoon[EB/OL]. https://www.linkedin.com/in/sukjoon-yoon-b4642552[2017-05-14].

④ 美拉尼西亚位于澳大利亚东北方向、西南太平洋的岛群。

⑤ Lowy Institute.Official Site[EB/OL]. https://www.lowyinstitute.org[2017-05-14].

长彼得·詹宁斯（Peter Jennings），下设国际项目、国际网络政策中心、反恐政策中心、边境安全项目及防务、战略与能力项目等。国际网络政策中心前主任托比亚斯·菲金（Tobias Feakin）①、高级分析师马尔科姆·戴维斯（Malcolm Davis）等人对中国网络安全政策、中国军事现代化等有所研究。该研究所设有"战略家"（The Strategist）专栏，网址：https://www.aspi.org.au/。②

（3）澳大利亚国立大学战略与国防研究中心（SDSC，ANU）及国家安全学院（National Security College）

战略与国防研究中心及国家安全学院都隶属于澳大利亚国立大学亚太学院，位于堪培拉。前者成立于 1966 年，主要研究亚太安全、澳大利亚防务、军事与战略问题等，设有亚太安全合作理事会澳大利亚委员会、研究生亚洲安全研究网络倡议等。约翰·布莱克斯兰（John Blaxland）任代理主任。教授季北慈（Bates Gill）、教授休·怀特（Hugh White）、研究主任兼教授吴翠玲（Evelyn Goh）、访问学者莱谢克·布津斯基（Leszek Buszynski）等人研究中国军事相关问题。该中心网址：http://sdsc.bellschool.anu.edu.au/。③

国家安全学院 2009 年由澳大利亚国家安全委员会和澳大利亚国立大学联合创办，现任院长为罗里·梅德卡尔夫（Rory Medcalf）。学术研究方面下设印尼上升项目、南海项目、网络空间项目及印太海上安全会议。罗里·梅德卡尔夫、讲师兼博导莱谢克·布津斯基（Leszek Buszynski）、副教授迈克尔·克拉克（Michael Clarke）、高级研究员大卫·布鲁斯特（David Brewster）等人研究中涉及中国军事问题。该学院网址：http://nsc.anu.edu.au/。④

2. 专家

季北慈（Bates Gill）

季北慈是澳大利亚国立大学亚太学院战略与国防研究中心亚太战略研究教授、英国皇家国际事务研究所（查塔姆学会）研究员、著名中国军事问题专家，曾任悉尼大学美国研究中心 CEO（2012—2015 年）、斯德哥尔摩国际和平研究所所长

---

① 比亚斯·菲金现任澳大利亚外交贸易部网络事务大使，长期研究网络安全、亚太各国网络政策、中国网络安全政策等。个人简介参见：https://rusi.org/event/asia-pacific-cyber-security. [2017-05-15]。

② Australian Strategic Policy Institute.Official Site[EB/OL]. https://www.aspi.org.au[2017-05-14].

③ Australian National University.Strategic & Defence Studies Centre[EB/OL]. http://sdsc.bellschool. anu.edu.au/[2017-05-14].

④ Australian National University.National Security College[EB/OL]. https://nsc.crawford.anu.edu. au[2017-05-14].

（2007—2012 年）、战略与国际研究中心费和中国研究讲座主任（2002—2007 年）、布鲁金斯学会东北亚政策研究中心主任（1998—2002 年）。研究领域涉及中国防务与安全、亚太安全、军控、防扩散、维和、军事科技及中美关系、美国亚洲政策等。①

吴翠玲（Evelyn Goh）

吴翠玲是澳大利亚国立大学亚太学院战略政策研究教授兼战略与国防研究中心研究主任，曾在伦敦皇家霍洛威大学、牛津大学、新加坡拉惹勒南国际研究院任教职，并曾在伍德罗·威尔逊中心、东西研究中心做访问学者，主要研究中美关系、东亚安全、中国崛起、东南亚应对大国战略、环境安全等问题。②

尤安·格雷厄姆（Euan Graham）

尤安·格雷厄姆是澳大利亚洛伊国际政策研究所国际安全项目主任、英国皇家三军防务研究所非常驻研究员，曾任新加坡南洋理工大学拉惹勒南国际研究院海上问题高级研究员、英国外交与联邦事务部研究分析师、英国驻平壤大使馆临时代办等职，主要研究亚洲战略与地缘政治、澳大利亚防务、海上安全，东北亚、东南亚、南海、东海等地区安全问题。③

休·怀特（Hugh White）

休·怀特是澳大利亚国立大学亚太学院战略与国防研究中心战略研究教授，曾任澳大利亚战略政策研究所首任所长（2001—2004 年）、国防部战略与情报事务副部长（1995—2000 年）、首相及国防部长高级顾问（1985—1991 年）、澳大利亚国家评估办公室情报分析师、报纸记者等职，长期专注于亚太地区及澳大利亚战略、防务与外交问题研究，对中国崛起、中国对亚太安全的影响、中澳关系、中美关系等也有深入研究。④

———————

① LinkedIn.Bates Gill[EB/OL]. https://www.linkedin.com/in/bates-gill-782143118/[2017-04-06].
Australian National University.Professor Bates Gill[EB/OL]. https://researchers.anu.edu.au/researchers/gill-rb?term=public%20policy[2017-04-06].

② Australian National University.Professor Evelyn Goh[EB/OL]. https://researchers.anu.edu.au/researchers/goh-cle[2017-04-06].

③ Lowy Institute.Euan Graham's Bio[EB/OL]. https://www.lowyinstitute.org/people/experts/bio/euan-graham[2017-04-06].

④ Australian National University.Professor Hugh White[EB/OL]. https://researchers.anu.edu.au/researchers/white-hj[2017-04-06].

莱谢克·布津斯基（Leszek Buszynski）

莱谢克·布津斯基是澳大利亚国立大学教授、国家安全学院讲师兼博导、战略与国防研究中心访问学者，曾任日本国际大学国际关系副教授、教授、学院院长及研究所所长，澳大利亚国立大学战略与国防研究中心高级研究员，新加坡国立大学政治系高级讲师等职，研究领域包括南海问题及其对澳大利亚安全环境的影响、中美关系、朝鲜半岛问题、中国海上战略等。[①]

琳达·雅各布森（Linda Jakobson）

琳达·雅各布森是澳大利亚"中国事务"（China Matters）[②]公司创始董事兼CEO、澳大利亚洛伊国际政策研究所非常驻研究员、悉尼大学美国研究中心客座教授，曾任洛伊国际政策研究所东亚项目主任（2011—2013年）、斯德哥尔摩国际和平研究所高级研究员兼中国与全球安全项目主任（2009—2011年）、芬兰国际事务研究所中国项目主任（1998—2009年）、山东经济学院教师、香港城市大学讲师、驻北京记者等职，主要研究中国的外交与安全政策、科技政策、决策、海上战略、北极战略、台湾问题及中澳关系、东北亚安全等。早年她曾在中国生活、工作22年，精通中文。个人网站：http://lindajakobson.com/。[③]

马尔科姆·戴维斯（Malcolm Davis）

马尔科姆·戴维斯是澳大利亚战略政策研究所高级分析师，曾任澳大利亚邦德大学中国－西方关系博士后研究员、英国联合指挥参谋学院防务问题讲师等职，专注于战略与能力建设、未来战争与军事技术、中国军事现代化与亚洲安全等问题研究。[④]

迈克尔·克拉克（Michael Clarke）

迈克尔·克拉克是澳大利亚国立大学亚太学院国家安全学院副教授、格里菲斯大学亚洲研究所研究员，研究领域包括新疆历史与政治、中亚地缘政治、中国西进

---

① Strategic & Defence Studies Centre.Leszek Buszynski[EB/OL]. http://sdsc.bellschool.anu.edu.au/experts-publications/experts/leszek-buszynski[2017-05-13].

② 澳大利亚"中国事务"公司是非盈利机构，主要研究中国崛起及其对澳大利亚的影响、澳大利亚对华政策、中澳关系等。网址：http://chinamatters.org.au/.

③ Linda Jakobson[EB/OL]. http://lindajakobson.com/[2017-04-21].

④ Australian Strategic Policy Institute.Malcolm Davis[EB/OL]. https://www.aspi.org.au/bio/malcolm-davis[2017-04-22].

政策、上海合作组织、核扩散及澳大利亚、美国防务与外交政策等。[①]

罗里·梅德卡尔夫（Rory Medcalf）

罗里·梅德卡尔夫是澳大利亚国立大学亚太学院国家安全学院院长，新南威尔士大学高级研究员兼澳大利亚—印度研究所副所长，布鲁金斯学会、洛伊国际政策研究所、澳大利亚皇家海军海权中心客座研究员，曾任洛伊国际政策研究所国际安全项目主任、澳大利亚国家评估办公室高级战略分析师、澳大利亚外交贸易部外事官员、媒体记者等职，研究领域包括印太海上安全与核问题、澳大利亚安全挑战、印度安全与印度洋、中国崛起、中印关系、核军控等。[②]

山姆·罗格文（Sam Roggeveen）

山姆·罗格文是澳大利亚洛伊国际政策研究所高级研究员兼数字化主任、澳大利亚国立大学战略与国防研究中心客座研究员，曾任澳大利亚国家评估办公室高级战略分析师、国防情报组织分析师、外交部军控政策研究人员，主要研究中国军事力量、无人机战争、美国政治与外交政策、新媒体、恐怖主义、澳大利亚外交与安全政策等。[③]

由冀（You Ji）

由冀是澳大利亚南威尔士大学社会科学学院副教授、澳门大学政府与公共管理系主任兼教授，专注于中国的政治、军事、周边安全、台海、民事—军事关系、军事转型与改革、外交政策等领域研究。[④]

袁劲东（Yuan Jingdong）

袁劲东是悉尼大学政府与国际关系系及国际安全研究中心副教授、悉尼大学中国研究中心学术成员，曾任美国蒙特利国际研究学院副教授兼东亚防扩散项目主任、新加坡国立大学东亚研究所访问研究员等职，研究领域包括中国安全与外交政策、中国军事、亚太安全、东北亚安全、南海问题、台海问题、上海合作组织、核

① Australian National University.Michael Clarke[EB/OL]. https://researchers.anu.edu.au/researchers/clarke-mx[2017-04-17].

② Australian National University.Rory Medcalf[EB/OL]. https://researchers.anu.edu.au/researchers/medcalf-r[2017-04-22].

③ Lowy Institute.Sam Roggeveen's Bio[EB/OL]. https://www.lowyinstitute.org/people/experts/bio/sam-roggeveen[2017-04-22].

④ University of Macau.You Ji[EB/OL]. https://www.arts.unsw.edu.au/about-us/people/you-ji/[2017-05-16].

不扩散，及中澳、中美、中印关系等。^①

（四）以色列智库及专家

1. 智库

以色列特拉维夫大学国家安全研究所（INSS）

以色列特拉维夫大学国家安全研究所前身是加菲战略研究中心，^②成立于 1977 年，2006 年改为现名，位于特拉维夫，也是中东地区顶尖智库之一，所长为阿莫斯·雅德林（Amos Yadlin），主要侧重军事安全与国际战略研究，下设军控与地区安全、网络安全、军事与战略事务、以巴关系、恐怖主义与低烈度冲突、中国－以色列等项目。中国－以色列项目主管马腾（Matan Vilnai）、高级研究员阿萨夫·俄里翁（Assaf Orion）等人研究中涉及中国军事或安全议题。该研究所发布电子出版物《INSS 洞察》（*INSS Insight*）、《网络、情报与安全》（*Cyber, Intelligence, and Security*）等，网址：www.inss.org.il。^③

2. 专家

阿萨夫·俄里翁（Assaf Orion）

阿萨夫·俄里翁是以色列特拉维夫大学国家安全研究所高级研究员、以色列国防军退役准将，曾任国防军总参谋部规划局战略规划主管（2010—2015 年）、情报部门官员等，主要研究国家安全与中东区域安全、中国与中东、中以关系、军事领导力、军事战略与准则等。^④

马腾（Matan Vilnai）

马腾是以色列特拉维夫大学国家安全研究所高级研究员兼中国－以色列项目主管、以色列国防军退役少将（以色列最高军衔为中将），曾任以色列驻中国大使（2012—2016 年）、国会议员、科学文化体育部长、安全内阁成员、国防部副部长、科技部长、国土防卫部长、国防军副总参谋长等职。他在 1976 年乌干达恩德培机场人质劫持事件中担任以色列营救行动副指挥官，专业领域包括中国与中东、中国

---

① University of Sydney.Jingdong Yuan[EB/OL]. https://sydney.edu.au/arts/ssps/staff/profiles/jingdong.yuan.php[2017-05-18].

② 该中心 1977 年成立时并未以加菲冠名，1983 年为纪念梅尔·加菲（Mel Jaffee）夫妇才更名为加菲战略研究中心。

③ Institute for National Security Studies.Official Site[EB/OL]. http://www.inss.org.il/[2017-05-14].

④ Institute for National Security Studies.Assaf Orion[EB/OL]. http://www.inss.org.il/person/orionassaf/[2017-05-15].

战略与外交政策、中以关系、中美关系等。①

伊扎克·希霍（Yitzhak Shichor）

伊扎克·希霍是以色列海法大学、希伯来大学荣誉教授，曾任海法大学教授、海法大学东亚研究系代理主席、希伯来大学政治学系及东亚研究系主席、希伯来大学哈里·杜鲁门促进和平研究所高级研究员及执行董事等职，研究领域涉及中国与中东国家军事关系、"一带一路"倡议、新疆安全与"泛突厥主义"、台海问题、中以关系、中华帝国史等。②

埃利斯·乔菲（Ellis Joffe）（1934—2010 年）

埃利斯·乔菲是以色列已故著名中国军事问题专家，1934 年出生在上海，1949 年回到以色列，曾任希伯来大学教授、特拉维夫大学客座教授、哈佛大学研究员、澳大利亚国立大学访问教授、牛津大学访问教授等职，代表作有《党与军队：中国军事组织的专业化与政治控制》（*Party and Army: Professionalism and Political Control in the Chinese Officer Corps*）、《毛泽东之后的中国军队》（*The Chinese Army after Mao*）等。③ 为纪念乔菲教授，2012 年美国中国军事研究界专门设立"埃利斯·乔菲奖"（Ellis Joffe Prize），用于评选奖励中国军事研究学者。

（五）越南智库及专家

1. 越南外交学院外交战略研究所（Viện Nghiên cứu Chiến lược Ngoại giao，Học Viện Ngoại Giao Việt Nam）与"东海"研究所（Viện Biển Đông）

越南外交学院由越南国际关系研究所在 2008 年升格成立，位于河内，出版《国际研究杂志》季刊，网址：http://www.dav.edu.vn/vi/。外交战略研究所与"东海"（即我南海）研究所为其下属机构，研究内容包括南海问题、中越海上安全关系、中越陆地边界线法律解决、美国因素的影响等。④ 外交战略研究所下设区域与外交政策研究中心、政治与安全研究中心等 4 个中心，所长为黄英俊（Hoàng Anh Tuấn）。"东海"（即我南海）研究所由外交战略研究所"东海"课题组于 2012 年升格成立，每年举办"东海"问题国际研讨会，所长为陈长水（Trần Trường Thủy），

① Institute for National Security Studies.Matan Vilnai[EB/OL]. http://www.inss.org.il/person/matan-vilnai/ [2017-05-15].

② Middle East Institute.Yitzhak Shichor[EB/OL]. https://www.mei.edu/experts/yitzhak-shichor [2017-05-18].

③ The Louis Frieberg Center for East Asian Studies.Ellis Joffe[EB/OL]. http://www.eacenter.huji.ac.il/uploaded/fck/Ellis%20Joffe.pdf[2017-05-18].

④ 黄松兰.越南的中国外交研究综述（1993—2013）[J]. 东南亚研究，2015(2).

网址：http://nghiencuubiendong.vn/。①

2. 越南社会科学翰林院中国研究所（Viện Nghiên cứu Trung Quốc，Học viện Khoa học Xã hội）

越南社会科学翰林院中国研究所于 1993 年成立，初称中国研究中心，2004 年改称所，位于河内，所长为阮春强（Nguyễn Xuân Cường）、副所长为黄世英（Hoàng Thế Anh），下设中国综合研究室、中国对外政策研究室、中越关系研究室、台湾研究中心、"东海"（即我南海）研究中心等。"东海"研究中心主任杜进森（Đỗ Tiến Sâm）、前副所长阮庭廉（Nguyễn Đình Liêm）、中越关系研究室主任阮氏芳花（Nguyễn Thị Phương Hoa）等主要研究中国当代问题、中越关系、"东海"问题等，部分成果涉及中越安全及军事关系；冯氏惠（Phùng Thị Huệ）、武垂杨（Vũ Thuỳ Dương）负责中国台湾问题研究。该研究所出版《中国研究》（Tạp chí Nghiên cứu Trung Quốc）月刊，同时，每年举办一些关于中国问题和中越关系的国内外学术研讨会，出版论文集，② 网址：http://vnics.org.vn。

（六）台湾智库及专家

1. 智库

（1）台湾"国防大学""中共军事事务研究所"

台湾"国防大学""中共军事事务研究所"成立于 2016 年 11 月 15 日，位于台北，由台湾"国防大学"政治作战学院政治学系"中共解放军研究组"升格而来，③ 所长为马振坤。政战学院设有"中共解放军研究硕士班"，每期招收 15 名军官与两名校外学生，美日等国军方人员常以掩护身份到该机构交流、授课，甚至就读"解放军研究国际班"。④ 该研究所主要研究大陆军事、解放军、两岸军事互信、两岸与美日军事关系等问题，相关专家有马振坤、教授黄筱芩、教授陈永全⑤、副教授李亚明等，出版英文月刊"*PLA News Analysis*"（《解放军新闻分析》）⑥、年度《中

---

① Diplomatic Academy of Vietnam.Official Site[EB/OL]. https://www.dav.edu.vn/vi/[2017-05-15].

② 何培忠 . 国际视野中的中国研究——历史和现在 [M]. 北京：中国社会科学出版社，2013:78—85；黄松兰 . 越南的中国外交研究综述（1993—2013）[J]. 东南亚研究，2015(2).

③ 台军成立"中共军事事务研究所"深入研究解放军 [EB/OL]. 观察者网，https://www.guancha.cn/local/2016_11_16_380793.shtml(2016-11-16)[2017-05-22].

④ https://video.udn.com/news/546008 [2017-05-19].

⑤ 陈水全是台军上校、台湾"国防大学"战争学院主任教官。

⑥ http://www.books.com.tw/products/0010459323 [2017-05-22].

国解放军研究学术论文集》①，举办年度"中共军力现代化国际研讨会"、季度"解放军研究论坛"等。

（2）台湾"中华高等政策研究协会"

台湾"中华高等政策研究协会"成立时间不详，位于台北，是台当局防务部门"军事情报局"外围机构，一些"军情局"人员兼任该协会研究员，②秘书长为黄介正，主要研究大陆军事与安全政策、军事战略、解放军动态及亚太安全、台湾应对之策等，曾设有解放军研究计划小组。协会规模较小，但具有一定影响力，每年与兰德公司等联合举办"解放军研究国际学术年会"③，曾多次与美日智库举办安全对话研讨会。④

（3）亚太和平研究基金会（APS）

亚太和平研究基金会的前身是 1994 年成立的台湾"中华欧亚基金会"，2008年大幅改组并改为现名，位于台北，是台当局重要官方智库。现任董事长为前民进党主席许信良，执行长林文程，董事包括台湾地区领导人办公室秘书长办公室主任王思为、陆委会副主委邱垂正、台湾淡江大学"国际研究学院"院长王高成、台湾淡江大学大陆研究所副教授张五岳等；下设大陆经济、社会、外交、安全情势及对台思维等研究群组，其中大陆安全情势群组主要研究南海、解放军动态、非传统安全、反恐、安全对话等议题，出版《亚太评论》双月刊，网址：http://www.faps.org.tw/Pages/Index.aspx。⑤

（4）两岸交流远景基金会（简称远景基金会，Prospect Foundation）

两岸交流远景基金会于 1997 年成立，位于台北，是台湾地区安全情治部门外围机构。董事长为前台湾地区领导人办公室秘书长（陈水扁第二任期）陈唐山、执行长赖怡忠，董事包括台湾"安全局副局长"周美伍、台湾淡江大学"国际事务与战略研究所"教授翁明贤、台湾"安全会议副秘书长"曾厚仁、台湾"中兴大学""国

---

① http://www.mnd.gov.tw/Publish.aspx?cnid=486&p=73508&Title= 軍事刊物 &style= 军事书籍 [2017-05-22].

② http://www.pubu.com.tw/news/ 军情黑手斗垮杨念祖 -506. [2017-05-18]

③ 最初由台湾中山大学杨日旭、胡志强、杨念祖等人于 1988 年发起，至今仍由台美相关智库轮流在中国台湾、美国举办，被称为历史最悠久的专门研究中国军事问题的国际学术年会。参见：黄介正 . 解放军的第二次大蜕变 [EB/OL]. http://www.chinatimes.com/newspapers/20151202000495- 260109 [2017-05-22].

④ 2015 年台美日三边安全对话研讨会 [EB/OL]. http://www.mofa.gov.tw/Upload/RelFile/662/ 151693/30625b6e-c630-48d5-8275-412f62bc0cf2.pdf[2017-05-22].

⑤ Foundation on Asia-Pacific Peace Studies.Official Site[EB/OL]. https://www.faps.org.tw/[2017-05-22].

际政治研究所"教授蔡明彦 ①、亚东关系协会 ② 秘书长蔡明耀等，主要研究大陆、台湾安全与战略、"国际形势"、两岸关系等，下设总体情势、大陆情势、"国际情势"、"内政"、永续安全等研究群组，出版《远景基金会季刊》，网址：http://www.pf.org.tw/Pages/index.aspx。③

（5）台湾政治大学"国际关系研究中心"

台湾政治大学"国际关系研究中心"的前身"国际关系研究会"成立于 1953 年，1975 年改为现名，位于台北，中心主任是丁树范，下设"中国政治研究所"、"中国社会经济研究所"、亚洲太平洋研究所、亚太安全合作理事会台湾委员会、当代日本研究中心、东南亚研究中心等机构。"中国政治研究所"主要研究大陆的外交与安全政策、对外战争与和平崛起、军事战略与解放军现代化、军备控制与防扩散、国防工业及亚太安全、两岸关系等。丁树范、"中国政治研究所"研究员兼所长袁易、副研究员张雅君等人对大陆的安全政策、参与国际安全条约情况、与周边国家陆地边境安全等有一定研究。该中心图书馆关于中国共产党的相关资料非常丰富，出版《问题与研究》季刊、《中国大陆研究》月刊、《战略安全研析》月刊等期刊。④

（6）台湾淡江大学"国际事务与战略研究所"

台湾淡江大学"国际事务与战略研究所"于 1982 年成立，位于新北。台湾已故战略学者钮先钟曾长期在该所任教，李大中是所长兼副教授，设有博士班、硕士班、硕士在职专班，教授并研究中西战略思想史、战史与战略、安全战略、"国际关系"、军事与文化战略、台湾安全政策等领域内容。教授王高成、教授翁明贤、所长李大中、副教授谢奕旭、兼任副教授沈明室、兼任助理教授杨念祖等对大陆军事与安全问题、两岸关系等有一定研究。⑤

---

① 蔡明彦 2017 年 5 月任台当局"安全会议副秘书长"，研究专长包括国际战略、亚太安全、中国大陆军事等。

② 亚东关系协会是台湾地区对日交流窗口机构，2017 年 5 月 17 日民进党当局将其改名为"台湾日本关系协会"。

③ The Prospect Foundation.Official Site[EB/OL]. https://www.pf.org.tw/[2017-05-22].

④ National Chengchi University.Institute of International Relations[EB/OL]. https://iir.nccu.edu.tw/main.php[2017-05-22].

⑤ Tamkang University.Institute of International Affairs and Strategic Studies[EB/OL]. http://www.titx.tku.edu.tw/main.php[2017-05-22].

2. 专家

丁树范（Arthur S. Ding）

丁树范是台湾政治大学"国际关系研究中心"代理主任、研究员，台湾"中华高等政策研究协会"理事，台湾"国防大学"政战学院、台湾"中国文化大学""中国大陆研究所"任教授、《中国大陆研究》季刊主编，曾任"国际关系研究中心中国政治研究所"所长、台湾"中国文化大学"政治学系副教授、台湾"防务报告书咨询委员"等，曾在新加坡、瑞典、德国、美国相关智库机构做访问研究，研究领域包括大陆安全政策、解放军、大陆军政关系、两岸关系、美国外交、东亚国际关系等，曾与施道安、孙飞合著《解放军与中国危机应对计划》（*The People's Liberation Army and Contingency Planning in China*）。①

黄筱芗

黄筱芗是台湾"国防大学"政治作战学院政治系兼任教授、台军退役中校，曾任政治作战学院政治系主任、政治研究所所长、政治作战学院敌情系副教授、政治研究所大陆问题研究组主任等职，主要研究大陆政治与军事、解放军政治工作与联合作战、政治作战理论、两岸政策比较及中美、两岸、美台关系等问题。

黄介正（Alexander Chieh-cheng Huang）

黄介正是台湾淡江大学"国际事务与战略研究所"助理教授、台湾"中华高等政策研究协会"秘书长，曾任台湾陆委会副主委、台湾"驻美代表处""咨议"、台湾淡江大学美国研究所所长、台湾淡江大学"国际事务与战略研究所"所长、台湾"中华欧亚基金会"（亚太和平研究基金会前身）副执行长、美国战略与国际研究中心高级研究员、布鲁金斯学会研究员等职，研究专长在于亚太安全、美国安全与外交政策、大陆安全政策、解放军现代化、两岸关系等。②

李大中

李大中是台湾淡江大学"国际事务与战略研究所"副教授兼所长，曾任美国乔治·华盛顿大学亚洲研究中心访问学者、台湾东海大学政治学系助理教授、台湾政治大学"中国大陆研究中心"博士后等职，研究领域包括中美关系、亚太安全、

---

① Institute for Security and Development Policy.Arthur Ding[EB/OL]. http://isdp.eu/people/arthur-ding/ [2017-05-22].

② 国际事务与战略研究所 . 师资介绍：黄介正 [EB/OL].http://www2.tku.edu.tw/~titx/web/02-5.htm [2017-05-23].

"国际干预与冲突解决"、大陆安全政策与海上安全战略等。[①]

李亚明

李亚明是台湾"国防大学"政治作战学院政治系副教授兼系主任、台湾解放军研究知名女专家,著有《中共解放军概论》(2014 年出版)。

林文程

林文程是亚太和平研究基金会执行长、台湾中山大学"中国与亚太区域研究所"教授、日本研究中心主任,长期在台湾中山大学任职,曾任该大学社会科学院院长、中山学术研究所所长、美国中心主任、大陆研究所所长等,以及台当局"安全会议咨询委员"、海峡交流基金会监事、兰德公司访问学者等,研究领域包括两岸谈判策略、大陆外交与安全政策、大陆军事与解放军等。[②]

马振坤

马振坤是台湾"国防大学""中共军事事务研究所"首任所长、政治作战学院政治学系教授,曾任台湾"国防大学""中共解放军研究组"组长、台湾辅仁大学"中国社会文化研究中心"研究员等,专注于解放军、大陆军事、军事战略、台海安全形势与区域安全、两岸关系、台湾战略应对等问题研究。

沈明室

沈明室是台湾"国防大学"战争学院战略研究所副教授兼所长、台湾淡江大学"国际事务与战略研究所"兼任副教授,曾任台陆军总部情报参谋官、步兵营长等职,研究专长包括军事战略、大陆军事与解放军、区域安全、两岸关系等。[③]

王高成

王高成是台湾淡江大学"国际研究学院"院长、该院"国际事务与战略研究所"教授,曾任"国际事务与战略研究所"所长、"防务报告书"咨询委员、陆委会咨询委员,专注于"国际关系"、亚太安全、两岸关系、中美关系、美台关系等问题研究。[④]

---

① 国际事务与战略研究所. 师资介绍:李大中 [EB/OL]. http://www2.tku.edu.tw/~titx/web/02-Li.htm [2017-05-23].

② 亚太和平研究基金会. 林文程 [EB/OL]. https://www.faps.org.tw/list-ap-2099[2017-05-23].

③ 台湾淡江大学国际事务与战略研究所. 沈明室 [EB/OL]. http://www.titx.tku.edu.tw/info/25 [2017-05-10].

④ 台湾淡江大学. 院长简介 [EB/OL]. http://www.ti.tku.edu.tw/intro/super_pages.php?ID=intro4 [2017-05-10].

翁明贤

翁明贤是台湾淡江大学"国际事务与战略研究所"教授、两岸交流远景基金会董事，曾任台湾淡江大学"国际事务与战略研究所"所长、台当局"安全会议咨询委员"、台湾战略研究学会理事长等职，研究领域包括大陆安全战略与军事、"全球化与国际关系"、两岸关系、台湾安全战略及应对策略等。[①]

杨念祖（Andrew N. D. Yang）

杨念祖是台湾中山大学通识教育中心助理教授、台湾淡江大学"国际事务与战略研究所"兼任教师，曾任台当局"安全会议咨询委员"（2015—2016 年）、防务部门负责人、防务部门副负责人（2009—2013 年）、台湾"中华高等政策研究协会"秘书长、台湾中山大学讲师及防务部门、对外部门、陆委会"咨询委员"等，研究领域包括解放军、大陆军事现代化对东亚安全的影响、大陆对台军事战略及台湾应对策略、台海军事互信，中美、"美台"、两岸关系等。[②]

[①]　台湾淡江大学国际事务与战略研究所 . 翁明贤 [EB/OL]. http://www.titx.tku.edu.tw/info/7 [2017-05-10].

[②]　台湾中山大学 . 杨念祖（Andrew N.D. Yang）[EB/OL]. http://www.general.nsysu.edu.tw/html/profile/02_andrew_nd_yang.html[2017-05-18].

参考文献

一、中文参考文献

1. 中国人民解放军总政治部 . 习近平关于国防和军队建设重要论述选编 [M]. 北京：解放军出版社，2014.

2. 中华人民共和国国务院新闻办公室 . 中国的军事战略 [R]. 北京：人民出版社，2015.

3. 郝智慧 . 世界智库战略观察报告（2016 年版）[M]. 北京：军事科学出版社，2016.

4. ［英］罗伯特·艾什、［美］沈大伟、［日］高木诚一郎 . 中国观察：欧洲、日本与美国的视角 [M]. 黄彦杰，译 . 杭州：浙江人民出版社，2014.

5. 全球智库评价报告课题组 . 全球智库评价报告 [R/OL]. http://www.cssn.cn/xspj/201512/t20151217_2786930_1.shtml.

6. 林颖佑 . 中国人民解放军研究展望与前景 [J]. 全球防卫杂志，2015(1).

7. 李健、马增军 . 美国防务智库现状及主要特征 [J]. 智库理论与实践，2016,1(2).

8. 郭拓荒等，译 . 美军眼里的中国军队——美国陆军战争学院研究报告 [M]. 北京：世界知识出版社，2015.

9. ［美］埃里克森、戈尔茨坦、李楠 . 中国、美国与 21 世纪海权 [M]. 徐胜等，译 . 北京：海洋出版社，2014.

10. 王佩亨、李国强等 . 海外智库——世界主要国家智库考察报告 [M]. 北京：中国财政经济出版社，2013.

11. ［美］安德鲁·里奇 . 智库、公共政策和专家治策的政治学 [M]. 潘羽辉等，

译 . 上海：上海社会科学院出版社，2010.

12. 王辉耀、苗绿 . 大国智库 [M]. 北京：人民出版社，2014.

13. [美] 马丁·利比基 . 美国如何打赢网络战争 [M]. 薄建禄，译 . 北京：东方出版社，2013.

14. 军事科学院战略研究部 . 战略学 [M]. 北京：军事科学出版社，2001.

15. 战略与国际研究中心、彼得森国际经济研究所 . 账簿中国：美国智库透视中国崛起 [M]. 隆国强等，译 . 北京：中国发展出版社，2008.

16. 郝智慧 . 世界智库战略观察报告（2015 年版）[M]. 北京：军事科学出版社，2015.

17. 郝智慧 . 世界智库战略观察报告（2014 年版）[M]. 北京：军事科学出版社，2014.

18. 陈瑜 . 世界著名智库的军事战略研究：观点 做法 启示 [M]. 北京：九州出版社，2016.

19. [美] 理查德·哈斯 . "规制主义"：冷战后的美国全球新战略 [M]. 北京：新华出版社，1999.

20. 鲁曙明 . 中国学 [M]. 北京：中国人民大学出版社，2012.

21. 朱达秋等 . 苏联解体之后的俄罗斯中国学研究 [M]. 哈尔滨：黑龙江大学出版社，2013.

22. 陶文钊 . 美国思想库与冷战后美国对华政策 [M]. 北京：中国社会科学出版社，2014.

23. 智韬、李健 . 美军兵棋推演的发展与应用 [J]. 外国军事学术，2014(4).

24. 王莉丽 . 旋转门：美国思想库研究 [M]. 北京：国家行政学院出版社，2010.

25. 曹升生、高科冕 . 专注于军事研究的美国新智库——战略与预算评估中心 [J]. 战略决策研究，2013 (3).

26. 李健、郭慧志 . 美军智囊启示录②：塑造核心竞争力三部曲 [EB/OL]. http://www.thepaper.cn/newsDetail_forward_ 1323079.

27. 中国现代国际关系研究院俄罗斯研究所 . 俄罗斯外交思想库 [M]. 北京：时事出版社，2005.

28. [美] 吉原恒淑、詹姆斯·霍姆斯 . 红星照耀太平洋：中国崛起与美国海上战略 [M]. 钟飞腾等，译 . 北京：社会科学文献出版社，2014.

29. 薛理泰. 盛世危言：远观中国大战略 [M]. 北京：东方出版社，2014.

30. 张树华. 坚持文化自信 发挥中国智库的比较优势——中国社会科学院赴美智库考察报告 [EB/OL]. http://www.cssn.cn/sf/201610/t20161020_3242686_1.shtml，访问时间：2016-11-28.

31. 冯仲平、孙春玲. 欧洲思想库及其对华研究 [M]. 北京：时事出版社，2004.

32. 季新源、陈希林. 老瓶新酒：美国第三次抵消战略的几点思考 [EB/OL]. http://mt.sohu.com/20161018/n470518944.shtml..

33. 韦磊、刘颖. 美国智库的中国国家安全问题研究 [J]. 国外社会科学，2015(1).

34. 陆伯彬、赵雪丹. 中国海军的崛起：从区域性海军力量到全球性海军力量？[J]. 国际安全研究，2016(1).

35. 日本外务省研究：中国或 20 年后占据亚太支配地位 [N/OL]. http://news.ifeng.com/a/20150428/43648494_0.shtml.

36. 美网络战专家：一旦中美爆发冲突 中国或先发制人 [EB/OL]. http://news.sina.com.cn/w/2015-03-18/002131618719.shtml.

37. 胡波. 美国人眼中的中国"反介入" [EB/OL]. http://www.bwchinese.com/article/1060934_4.html.

38. [美] 罗伯特·卡普兰. 即将到来的地缘战争 [M]. 涵朴，译. 广州：广东人民出版社，2013.

39. [美] 约瑟夫·奈. 美国世纪结束了吗？[EB/OL]. http://www.ciss.pku.edu.cn/research/bulletin/2232.html.

40. 归宿. 中美关系迎来"摊牌时刻"？[EB/OL]. http://cnpolitics.org/2015/08/sino-america-relationship/.

41. Kemal Kirişci、陆克. 永无休止的大国博弈：中国和俄罗斯的哈萨克斯坦之争 [EB/OL]. http://www.1think.com.cn/ViewArticle/html/Article_4FFA4A807C07BCF4B4EF9BFBD2A90C8B_38439.html.

42. [美] 罗伯特·D·卡普兰. 季风：印度洋与美国权力的未来 [M]. 吴兆礼等，译. 北京：社会科学文献出版社，2013.

43. 胡瑞舟. 陷阱与诱饵：中美会因台湾开战吗？[EB/OL]. http://140.119.184.164/view/267.php.

44. 胡声平 . 蔡英文当选"总统"为"美中台"关系带来新挑战 [EB/OL]. http://140.119.184.164/view/269.php.

45. 李贵发 . 解放军空军机群绕行台湾的战略意涵及因应之道 [EB/OL]. http://140.119.184.164/view/331.php.

46. 刘洋 . 专访美中国问题专家：选择跟中国对抗是惰性思维 [N/OL]. http://world.huanqiu.com/exclusive/2015-09/7402617.html.

47. 郑永年 . 南中国海僵局及其未来 [N/OL]. http://www.zaobao.com.sg/forum/views/opinion/story20160419-606978/page/0/2.

48. 黄松兰 . 越南的中国外交研究综述（1993—2013）[J]. 东南亚研究，2015(2).

49. 何培忠 . 国际视野中的中国研究——历史和现在 [M]. 北京：中国社会科学出版社，2013.

50. 日本智库谈海洋问题 称关注中国海上执法力量 [EB/OL]. http://world.huanqiu.com/hot/2012-03/2556189.html.

51. 中欧两大智库携手共进实现双赢 [EB/OL]. http://world.people.com.cn/n/2014/0923/c1002-25718575.html.

52. 美国空军大学《空天力量杂志》与本站建立正式合作关系 [EB/OL]. http://www.knowfar.org.cn/html/news/201305/10/343.htm.

53. 布鲁金斯学会教授李成：中美关系的改进需要两国智库交流合作 [EB/OL]. http://www.china.com.cn/opinion/2016 -06 /19/content _38697418.htm.

54. 毛莉 . 美国中国问题专家怎么看中美关系 [EB/OL]. http://www.cssn.cn/zx/201504/t20150401_1569794.shtml.

55. 陈轩甫 . 香格里拉对话会主办方报告 竟片面指责中国 [EB/OL]. http://www.guancha.cn/Neighbors/2016_06_04_362853.shtml.

56. 赵景芳 . 美国战略文化研究 [M]. 北京：时事出版社，2009.

57. 王德生 . 2012 全球智库发展报告发布 中国有 3 家智库入前 50 名榜单 [EB/OL]. http://www.istis.sh.cn/list/list.asp?id=7829.

58. 美智库被爆沦为政治工具 向外国"出卖影响力"[EB/OL]. http://news.xinhuanet.com/world/2014-09/09/c_126966236.htm.

59. 肖欢、陈晴 . 美国智库的中国军情研究——以美国企业研究所为例 [J]. 亚太安全与海洋研究，2016(3).

60. 方可成、吕正韬 . 揭秘美国智库：最热门研究方向是中国军事领域 [EB/OL]. http://news.ifeng.com/shendu/nfzm/detail _2012 _ 12/14/20178416 _ 0.shtml.

61. 杨光斌 . 沈大伟的言论和美国学界的机会主义 [EB/OL]. http://www.globalview.cn/html/zhongguo/info_1835.html.

62. 蒋国鹏 . 全球顶尖智库如何研究中国 [EB/OL]. http://news.xinhuanet.com/globe/2009-07/06/content_11662132.htm.

63. 郑安光 . 新思想库与奥巴马政府的亚洲政策决策——以新美国安全研究中心为例 [J]. 当代亚太，2012(2).

64. 美媒：共和党大佬多尔策划了"川菜通话"台湾送了 14 万美元 [EB/OL]. http://www.guancha.cn/america/ 2016 __12_07_ 383189 .shtml.

65. 楼春豪 . 国防研究与分析所：印度战略思想领军者 [EB/OL]. http://www.qstheory.cn/gj/gjsdfx/201305/t20130507_228319.htm.

66. 李国强 . 印度智库如何影响政府决策 [J]. 现代人才，2014(1).

67. 戴闻名 . 一流智库如何运作——专访美国布鲁金斯学会约翰·桑顿中国中心主任李成 [EB/OL]. http://www.lwdf.cn/article_2201_1.html.

68. 美媒曝中美战舰在南海相遇细节：带着导弹寒暄天气 [EB/OL]. http://www.cankaoxiaoxi.com/mil/20160401/1116009.shtml.

69. 许峰 . 提升中国智库的国际影响力 [EB/OL]. http://www.wenming.cn/djw/ll/xxck/201511/t20151103_2947647.shtml.

70. 忻华、杨海峰 . 英国智库对英国对华决策的影响机制——以皇家国际事务学会为例 [J]. 外交评论，2014(4).

71. 李国强 . 印度智库钱从哪里来，如何影响政府决策 [EB/OL]. http://news.163.com/14/0121/08/9J3MQP9V00014AED.html.

72. 刘亚伟 . 美国智库拿捏对华大战略 [EB/OL]. http://news.ifeng.com/opinion/bigstory/special/usthinktankandchina2015/.

73. 钱贺进、葛江涛 . 中国民间军事智库调查：成员多是军队退休干部 很缺钱 [EB/OL]. http://news.ifeng.com/shendu/lwdfzk/detail_2013_07/29/28022413_0.shtml.

74. 欧阳向英 . 俄罗斯主要智库及其发展情况 [J]. 对外传播，2010(5).

75. 许宝健 . 加拿大智库的特点及启示 [J]. 西部大开发，2015(1).

76. 中办国办印发《关于加强中国特色新型智库建设的意见》[EB/OL]. http://politics.people.com.cn/n/2015/0120/c1001-26419175.html.

77. 温勇、张瑶.军队智库建设重在搞好顶层设计 [N].解放军报，2015-03-22.

78. 任天佑.打造一流的中国战略智库 [J].国防大学学报（军事思想及军事历史研究），2010(9).

79. 许森、刘建华.突出重点、分类建设 努力构建具有我军特色高端智库 [J].战略研究，2015(4).

80. 刘亚洲.精神 [M].武汉：长江文艺出版社，2015.

81. 童真.走进美国海军分析中心 [EB/OL]. http://www.mod.gov.cn/opinion/2015-11/20/content_4629294.htm.

82. 英出版商撤造假论文 九成半属中国学者 [N/OL]. http://www.zaobao.com/wencui/social/story20150402-464107.

83. 学者论文被大规模撤稿 同行评审造假污染学术圈 [EB/OL]. http://www.cssn.cn/ts/ts_scfj/201504/t20150402_1573234.shtml.

84. 刘世锦.智库应把更多时间投向内容生产 [EB/OL]. http://www.cssn.cn/xspj/zkpj/201701/t20170125_3398184.shtml.

85. 齐欣、杨建林.美国智库对华军事研究的信息源分析——以兰德公司2000—2013 年报告的引文分析为例 [J].图书与情报，2014(3).

86. 郝智慧.世界著名智库战略研究述评 [J].中国军事科学，2014(3).

87. 张振江、陈学惠、方明.第六届香山论坛观点综述 [J].中国军事科学，2015(6).

88. 刘心怡.美国新智库及其对华战略研究 [D].北京：外交学院，2015.

89. 张君瑶.地缘政治视角：印度智库与媒体的互动关系 [D].广州：暨南大学，2015.

90. 朱猛.日本智库的运作机制 [D].北京：外交学院，2015.

91. 费莹莹.欧洲智库参与欧盟政策制定的路径分析 [D].上海：上海外国语大学，2014.

92. [美] 詹姆斯·麦根等.智库的力量：公共政策研究机构如何促进社会发展 [M].王晓毅等，译.北京：社会科学文献出版社，2015.

93. [美] 詹姆斯·麦甘恩、理查德·萨巴蒂尼.全球智库：政策网络与治理 [M].

韩雪等，译．上海：上海交通大学出版社，2015.

94.［美］亚历克斯·阿贝拉．白宫第一智囊：兰德公司与美国的崛起 [M].梁筱芸等，译．北京：新华出版社，2009.

95. 陈瑜、周磊、袁帅．2015 外国智库关于中国军事议题的评述 [J].中国军事科学，2016(1).

二、外文参考文献

1. Peter Navarro. *Crouching Tiger: What China's Militarism Means for the World*[M]. New York: Prometheus Books, 2015.

2. Christopher Coker. *The Improbable War: China, The United States and Logic of Great Power Conflict*[M]. Oxford University Press, 1 edition, 2015.

3. James C. Mulvenon, Richard H. Yang. The People's Liberation Army in the Information Age[C]. RAND Corporation, 1999.

4. Bruce Dickson. Trends in China Watching: Observing the PRC at 50[C]. Washington D. C.: The Sigur Center for Asian Studies, The George Washington University, 1999.

5. James C. Mulvenon, Richard H. Yang. Seeking Truth from Facts: A Retrospective on Chinese Military Studies in the Post-Mao Era [C]. RAND Corporation, 2001.

6. David L. Shambaugh. The New Strategic Triangle: U.S. and European Reactions to China's Rise[J]. *The Washington Quarterly*, Volume 28, Number 3, Summer 2005.

7. C. Fred Bergsten, Bates Gill, Nicholas R. Lardy, Derek Mitchell. China: The Balance Sheet: What the World Needs to Know Now about the Emerging Superpower[R]. Public Affairs, 2007.

8. Institute for National Security Studies. China Program[EB/OL]. http://www.inss.org.il/index.aspx?id=5126.

9. The National Bureau of Asian Research. Ellis Joffe Prize for PLA Studies[EB/OL]. http://www.nbr.org/research/activity.aspx?id=244.

10. Roger Cliff, Mark Burles, el. Entering the Dragon's Lair: Chinese Antiaccess Strategies and Their Implications for the United States[EB/OL]. http://www.rand.org/pubs/monographs/MG524.html.

11. U.S. Naval War College. Erickson Awarded Inaugural Ellis Joffe Prize for PLA Studies[EB/OL]. https://www.usnwc.edu/About/News/October-2012/Erickson-Awarded-Inaugural-Ellis-Joffe-Prize-for-P.aspx?viewmode=web.

12. Chatham House. The South China Sea and the Future of Maritime East Asia[EB/OL]. https://www.chathamhouse.org/event/south-china-sea-and-future-maritime-east-asia.

13. Larry M. Wortzel. China and the Battlefield in Space[EB/OL]. http://www.heritage.org/research/reports/2003/10/china-and-the-battlefield-in-space.

14. The RAND Corporation. Standards for High-Quality Research and Analysis[EB/OL]. http://www.rand.org/standards/standards_high.html.

15. Alastair Iain Johnston. *Cultural Realism: Strategic Culture and Grand Strategy in Chinese History*[M]. Princeton, N.J.: Princeton university, 1996.

16. Aaron L. Friedberg. *Beyond Air-Sea Battle：The Debate Over US Military Strategy In Asia*[M]. Routledge, 2014.

17. Robert Haddick. *Fire on the Water: China, America, and the Future of the Pacific*[M]. Naval Institute Press, 2014.

18. Дмитрий Тренин. Метаморфозы большой Евразии[EB/OL]. http://carnegie.ru/2013/01/23/ru-pub-50810.

19. Shivshankar Menon. How Great Power Competition has Changed[EB/OL]. https://www.brookings.edu/blog/order-from-chaos/2015/05/04/how-great-power-competition-has-changed/.

20. Richard Haass. The Era of Disorder[EB/OL]. https://www.project-syndicate.org/commentary/new-era-of-global-instability-by-richard-n--haass-2014-10?barrier=accessreg.

21. Zbigniew Brzezinski. Toward a Global Realignment[EB/OL]. http://www.the-american-interest.com/2016/04/17/toward-a-global-realignment/.

22. Jan Rood, Frans-Paul van der Putten, Minke Meijnders. A World without Order? Clingendael Monitor 2015[R/OL]. http://www.clingendael.nl/sites/default/files/A_world_without_order.pdf.

23. Manoj Joshi. The European Nightmare Has Begun[EB/OL]. http://www.orfonline.org/research/the-european-nightmare-has-begun/.

24. Thomas E. Donilon. Examining America's Role in the World[EB/OL]. http://

www.cfr.org/united-states/examining-americas-role-world/p37857.

25. Vindu Mai Chotani. India and Japan: Reconnecting in the Bay of Bengal[R/OL]. http://www.orfonline.org/wp-content/uploads/2016/01/OP_83.pdf.

26. Владимир Фёдорович Терехов. О ситуации на Корейском полуострове[EB/OL]. https://riss.ru/analitycs/3125/.

27. Sudha Ramachandran. Chinese Influence Faces Uncertain Future in Myanmar[EB/OL]. https://jamestown.org/program/chinese-influence-faces-uncertain-future-in-myanmar/.

28. 防衛研究所. 東アジア戦略概観2015[R/OL].(2015-04-10)[2017-02-19]. http://www.nids.mod.go.jp/publication/east-asian/j2015.html.

29. Michael Swaine, Clifford Whitcomb, Devin Ellis. Cooperation and Conflict in the Asia-Pacific[R/OL]. http://carnegieendowment.org/2015/04/02/cooperation-and-conflict-in-asia-pacific-event-4785.

30. Injoo Sohn, Richard C. Bush III. New Challenges in the Periphery of China[EB/OL]. https://www.brookings.edu/opinions/new-challenges-in-the-periphery-of-china/.

31. International Institute for Strategic Studies. Asia-Pacific Regional Security Assessment 2016: Key Developments and Trends[R/OL]. https://www.iiss.org/en/publications/strategic%20dossiers/issues/asia-pacific-regional-security-assessment-2016-2288.

32. Bhavna Singh. Toying with China's Demons: The Dos and the Don'ts[EB/OL]. http://www.ipcs.org/article/india/toying-with-chinas-demons-the-dos-and-the-donts-5020.html.

33. Jacob Zenn. China's Counter-Terrorism Calculus[EB/OL]. https://jamestown.org/program/chinas-counter-terrorism-calculus/.

34. Raffaello Pantucci. How China's Power Runs Through a Peaceful Afghanistan[EB/OL]. https://rusi.org/commentary/china-power-runs-through-peaceful-afghanistan.

35. Enrique Oti. Why do the Chinese Hack？Fear[EB/OL]. https://warontherocks.com/2015/04/why-do-the-chinese-hack-fear/.

36. Richard C. Bush III. American and Japanese Scholars View China's Security and Foreign Policies[EB/OL]. https://www.brookings.edu/articles/american-and-japanese-scholars-view-chinas-security-and-foreign-policies/.

37. Elizabeth C. Economy. What Happened to the Asia Pivot in 2013?[EB/OL].

http://www.cfr.org/china/happened-asia-pivot-2013/p32108.

38. 角崎信也. 総体国家安全観の位相 [EB/OL]. http://www2.jiia.or.jp/RESR/column_page.php?id=253.

39. Alexander Sullivan, Andrew Erickson, Ely Ratner, et al. More Willing and Able: Charting China's International Security Activism[R/OL]. https://www.cnas.org/publications/reports/more-willing-and-able-charting-chinas-international-security-activism.

40. David Shambaugh. China's Security and Foreign Policies: Comparing American and Japanese Perspectives[R/OL]. https://www.brookings.edu/wp-content/uploads/2015/02/20150227_china_japan_transcript.pdf.

41. Roy Kamphausen, David Lai. The Chinese People's Liberation Army in 2025[R/OL]. https://fas.org/nuke/guide/china/pla-2025.pdf.

42. Elizabeth C. Economy. China's Secret Plan to Supplant the United States[EB/OL]. http://thediplomat.com/2015/05/chinas-secret-plan-to-supplant-the-united-states/.

43. Nadja Leoni Nolting. Stirring up the South China Sea (III): A Fleeting Opportunity for Calm[R/OL]. https://www.crisisgroup.org/asia/north-east-asia/china/stirring-south-china-sea-iii-fleeting-opportunity-calm.

44. Riccardo Alcaro. The West, Multipolarity, and the Liberal Order[EB/OL]. https://www.brookings.edu/blog/order-from-chaos/2015/04/10/the-west-multipolarity-and-the-liberal-order/.

45. Miles Maochun Yu. South China Sea: Beijing's Strategic Culture is Shaped by History[EB/OL]. http://nationalinterest.org/blog/the-buzz/south-china-sea-beijings-strategic-culture-shaped-by-history-16145.

46. David Arase. Modernizing US Defense Cooperation in East Asia to Peacefully Manage Strategic Competition[R/OL]. http://www.nids.mod.go.jp/english/publication/visiting/pdf/02.pdf.

47. Timothy Heath. China's Turn Toward Regional Restructuring, Counter-Intervention: A Review of Authoritative Sources[EB/OL]. https://jamestown.org/program/chinas-turn-toward-regional-restructuring-counter-intervention-a-review-of-authoritative-sources/.

48. Larry M. Wortzel. Taking the Fight to the Enemy: Chinese Thinking about Long-Distance and Expeditionary Operations[EB/OL]. http://www.strategicstudiesinstitute.

army.mil/pubs/display.cfm?pubID=1322.

49. James Kraska, Michael Monti. The Law of Naval Warfare and China's Maritime Militia[R/OL]. http://stockton.usnwc.edu/ils/vol91/iss1/13/.

50. Christopher H. Sharman. China Moves Out: Stepping Stones Toward a New Maritime Strategy[R/OL]. http://ndupress.ndu.edu/Portals/68/Documents/stratperspective/china/ChinaPerspectives-9.pdf.

51. Sukjoon Yoon. Implications of Xi Jinping's."True Maritime Power"[J]. Naval War College Review, Summer 2015, Vol. 68, No. 3. [EB/OL]. https://usnwc.edu/getattachment/ba167f94-2a54-47e9-9d9c-62829f36b611/Implications-of-Xi-Jinping-s--True-Maritime-Power-.aspx.

52. Elbridge Colby, Ely Ratner. Tailored Coercion-Competition and Risk in Maritime Asia[EB/OL]. https://www.cnas.org/publications/reports/tailored-coercion-competition-and-risk-in-maritime-asia.

53. Michael McDevitt. The South China Sea: Navigating the Most Dangerous Place in the World[EB/OL]. https://warontherocks.com/2014/11/the-south-china-sea-u-s-policy-and-options-for-the-future/.

54. William Choong. US Tests the Waters around Disputed South China Sea Reef[EB/OL]. http://www.iiss.org/en/manama%20voices/blogsections/2015-f60f/us-tests-the-waters-around-disputed-south-china-sea-reef-3f02.

55. Hans M. Kristensen. New Nuclear Notebook: Chinese Nuclear Force Modernization[R/OL]. https://fas.org/blogs/security/2013/11/chinanukes2013/.

56. Arka Biswas. China's WU-14 Nuclear Device: Impact on Deterrence Equation[EB/OL]. http://www.orfonline.org/research/chinas-wu-14-nuclear-device-impact-on-deterrence-equation/.

57. US-China Economic and Security Review Commission. 2015 Annual Report to Congress[R/OL]. http://www.uscc.gov/Annual_Reports/2015-annual-report-congress#sthash.1X8YYJqW.dpuf.

58. Amy Chang. Warring State: China's Cyber Security Strategy[R/OL]. https://www.cnas.org/publications/reports/warring-state-chinas-cybersecurity-strategy.

59. Adam Segal. Stabilizing Cybersecurity in the US-China Relationship[EB/OL]. http://nbr.org/research/activity.aspx?id=605.

60. Jeffrey A. Bader. A Framework for U.S. Policy toward China[R/OL]. https://www.brookings.edu/research/a-framework-for-u-s-policy-toward-china/.

61. Evan A. Feigenbaum. The New Asian Order: And How the United States Fits In[EB/OL]. https://www.foreignaffairs.com/articles/east-asia/2015-02-02/new-asian-order.

62. Dennis Blair. Assertive Engagement: An Updated US-Japan Strategy for China[EB/OL]. http://spfusa.org/research/assertive-engagement-updated-u-s-japan-strategy-china/.

63. Steven Stashwick. The US Army's Answer for an A2/AD Shield in Asia[EB/OL]. http://thediplomat.com/2016/10/the-us-armys-answer-for-an-a2ad-shield-in-asia/.

64. Rahul Roy-Chaudhury, Arushi Kumar. Between China, Terror and the Deep Blue Sea, India's New Naval Doctrine Takes Shape[EB/OL]. https://thewire.in/16665/between-china-terror-and-the-deep-blue-sea-indias-new-naval-doctrine-takes-shape/.

65. Tomotaka Shoji. The South China Sea: A View from Japan[J]. NIDS Journal of Defense and Security, No.15, December 2014. [EB/OL]. http://www.nids.mod.go.jp/english/publication/kiyo/pdf/2014/bulletin_e2014_7.pdf.

66. Tim Huxley. Standing up to China is Essential, Even if Costly[EB/OL]. https://www.iiss.org/en/expert%20commentary/blogsections/2015-23ef/december-f84a/standing-up-to-china-is-essential-b6cf.

67. Christopher D. Yung. An Empirical Analysis of Claimant Tactics in the South China Sea[EB/OL]. http://ndupress.ndu.edu/Media/News/News-Article-View/Article/718101/an-empirical-analysis-of-claimant-tactics-in-the-south-china-sea/.

68. Alexander Neill. China's Reclamation in the South China Sea-Purely Defence?[EB/OL]. https://www.iiss.org/en/iiss%20voices/blogsections/iiss-voices-2015-dda3/april-1413/chinas-reclamation-in-the-south-china-sea-a906.

69. Damien Degeorges. China vs. USA: After South China Sea, the Arctic as a Second Act[EB/OL]. https://www.ifri.org/en/publications/editoriaux/actuelles-de-lifri/china-vs-usa-after-south-china-sea-arctic-second-act.

70. Jose de Arimateia da Cruz. The Dragon in the Tropics: China's Military Expansion into the Western Hemisphere[EB/OL]. http://www.strategicstudiesinstitute.army.mil/index.cfm/articles/The-Dragon-In-The-Tropics/2014/09/30.

71. Andrew Erickson, Conor Kennedy. China's Maritime Militia[EB/OL]. https://www.cna.org/cna_files/pdf/Chinas-Maritime-Militia.pdf.

72. Nilanthi Samaranayake. India's Key to Sri Lanka: Maritime Infrastructure Development[EB/OL]. http://thediplomat.com/2015/03/indias-key-to-sri-lanka-maritime-infrastructure-development/.

73. Frans-Paul van der Putten. China, Europe and the Maritime Silk Road[EB/OL]. https://www.clingendael.nl/publication/china-europe-and-maritime-silk-road.

74. Franz-Stefan Gady. China's Navy to Send More Ships to the Indian Ocean[EB/OL]. http://thediplomat.com/2015/01/chinas-navy-to-send-more-ships-to-the-indian-ocean/.

75. P.K. Ghosh. Chinese N-subs in the Indian Ocean and Indian Naval Concerns[EB/OL]. http://thediplomat.com/2015/04/chinese-nuclear-subs-in-the-indian-ocean/.

76. Andrew Erickson. Learning by Doing: PLAN Operational Innovations in the Gulf of Aden[EB/OL]. https://jamestown.org/program/learning-by-doing-plan-operational-innovations-in-the-gulf-of-aden/.

77. Ramesh Balakrishnan. India Should Rejuvenate Centuries-Old Seafaring Tradition[EB/OL]. http://www.orfonline.org/research/india-should-rejuvenate-centuries-old-seafaring-tradition/.

78. Darshana M. Barauh. India's New Maritime Outlook in Conflict with its Non-Alignment Policy?[EB/OL]. http://www.orfonline.org/research/indias-new-maritime-outlook-in-conflict-with-its-non-alignment-policy/.

79. 防衛研究所. 中国安全保障レポート 2014[R/OL]. http://www.nids.mod.go.jp/publication/chinareport/pdf/china_report_JP_web_2014_A01.pdf.

80. Василий Кашин. Мы не можем исключать участия Китая в локальном конфликте[EB/OL]. http://svop.ru/%D0%BF%D1%80%D0%BE%D0%B5%D0%BA%D1%82%D1%8B/lectorium/21766/.

81. Stockholm International Peace Research Institute. SIPRI Yearbook 2015[R/OL]. https://sipri.org/yearbook/2015.

82. Atlantic Council. Pham on China's First Military Base in Africa[EB/OL]. http://www.atlanticcouncil.org/news/in-the-news/pham-on-china-s-first-military-base-in-africa.

83. Andrea Ghiselli. China's First Overseas Base in Djibouti, An Enabler of its Middle East Policy[EB/OL]. https://jamestown.org/program/chinas-first-overseas-

base-in-djibouti-an-enabler-of-its-middle-east-policy/.

84. H. K. Dua. Pakistan, China's New Frontline State[EB/OL]. http://www.orfonline.org/research/pakistan-chinas-new-frontline-state/.

85. Michael Clarke. China's Emerging "Af-Pak" Dilemma[EB/OL]. https://jamestown.org/program/chinas-emerging-af-pak-dilemma/.

86. Kevin Pollpeter. Motives and Implications Behind China's ASAT Test[EB/OL]. https://jamestown.org/program/motives-and-implications-behind-chinas-asat-test/#sthash.nJc9zRu9.dpufhttps://jamestown.org/program/motives-and-implications-behind-chinas-asat-test/.

87. Arthur Herman. Rethinking America's Place in Space[EB/OL]. https://www.hudson.org/research/11411-rethinking-america-s-place-in-space.

88. Joan Johnson-Freese, Theresa Hitchens. Toward a New National Security Space Strategy: Benefiting from Entanglement with China[EB/OL]. http://www.chinausfocus.com/peace-security/toward-a-new-national-security-space-strategy-benefiting-from-entanglement-with-china/.

89. Ajey Lele. China's "String of Pearls" in Space[EB/OL]. http://idsa.in/idsastrategiccomments/ChinasString%20of%20pearlsinSpace_AjeyLele_210312.

90. Gary Schmitt. How to Meet the Threat from China's Army of Cyber Guerrillas[EB/OL]. http://www.foxnews.com/opinion/2013/06/06/how-to-meet-threat-from-china-army-cyber-guerrillas.html.

91. Zachary Goldman, Jerome Cohen. Differing Outlooks Impede Sino-U.S. Cooperation to Enhance Cyber Security[N/OL]. http://www.scmp.com/comment/insight-opinion/article/1846146/differing-outlooks-impede-sino-us-cooperation-enhance.

92. Peter Mattis. Three Scenarios for Understanding Changing PLA Activity in Cyberspace[EB/OL]. https://jamestown.org/program/three-scenarios-for-understanding-changing-pla-activity-in-cyberspace/.

93. Michael Chase, Jeffrey Engstrom, et al. China's Incomplete Military Transformation：Assessing the Weaknesses of the People's Liberation Army[R/OL]. http://www.rand.org/pubs/research_reports/RR893.html.

94. David M. Finkelstein. Initial Thoughts on the Reorganization and Reform of the PLA[R/OL]. https://www.cna.org/CNA_files/PDF/DOP-2016-U-012560-Final.pdf.

95. Phillip C. Saunders, Joel Wuthnow. China's Goldwater-Nichols? Assessing PLA Organizational Reforms[EB/OL]. http://www.andrewerickson.com/2016/04/chinas-goldwater-nichols-assessing-pla-organizational-reforms/.

96. Andrei A. Kokoshin. 2015 Military Reform in the People's Republic of China[EB/OL]. http://www.belfercenter.org/publication/2015-military-reform-peoples-republic-china.

97. Thomas J. Bickford. *Haiyang Qiangguo*: China as a Maritime Power[R/OL]. https://www.cna.org/cna_files/pdf/Haiyang-Qiangguo.pdf.

98. John Costello. The Strategic Support Force: China's Information Warfare Service[EB/OL]. https://jamestown.org/program/the-strategic-support-force-chinas-information-warfare-service/.

99. Василий Кашин. Шпионы будущего? Что даст реформа армии Китая[EB/OL]. https://ru.sputnik.kg/opinion/20160119/1021666447.html.

100. The International Institute for Strategic Studies. The Military Balance 2015[R/OL]. https://www.iiss.org/en/publications/military%20balance/issues/the-military-balance-2015-5ea6.

101. Sam Perlo-Freeman, et al. Trends in World Military Expenditure, 2014[R/OL]. http://books.sipri.org/files/FS/SIPRIFS1504.pdf.

102. Sam Perlo-Freeman, et al. Trends in World Military Expenditure, 2015[R/OL]. http://books.sipri.org/files/FS/SIPRIFS1604.pdf,[2017-01-06].

103. John Chipman, et al.. The Military Balance 2014[R/OL]. https://www.iiss.org/en/militarybalanceblog/blogsections/2014-3bea/january-1138/milbal-advertorial-dfa6.

104. Harry J. Kazianis. China's Great Military Spending Slowdown: Big Deal or Big Nothing?[EB/OL]. http://nationalinterest.org/blog/the-buzz/chinas-great-military-spending-slowdown-big-deal-or-big-15431,[2017-01-06].

105. Manoj Joshi. Behind the Emerging Idea of "National Security with Chinese Characteristics"[EB/OL]. http://www.orfonline.org/research/behind-the-emerging-idea-of-national-security-with-chinese-characteristics/.

106. Bonnie S. Glaser, Matthew P. Funaiole. 5 Common Myths about China's Power[EB/OL]. http://nationalinterest.org/feature/5-common-myths-about-chinas-power-16623,[2017-01-06].

107. 防衛研究所 . 中国安全保障レポート 2016 [R/OL]. http://www.nids.mod.go.jp/publication/chinareport/pdf/china_report_JP_web_2016_A01.pdf.

108. Hans M. Kristensen. New Nuclear Notebook: Chinese Nuclear Force Modernization[R/OL]. https://fas.org/blogs/security/2013/11/chinanukes2013/.

109. Hans M. Kristensen. Pentagon Report: China Deploys MIRV Missile[EB/OL]. https://fas.org/blogs/security/2015/05/china-mirv/.

110. Dr.Roshan Khanijo. Role and Modernization Trends of China's Second Artillery[EB/OL]. http://www.icsin.org/uploads/2015/10/24/da59abf1e-ba31110357962d1b52201a5.pdf.

111. Kristen Gunness. PLA Expeditionary Capabilities and Implications for United States Asia Policy[EB/OL]. http://www.rand.org/content/dam/rand/pubs/testimonies/CT400/CT452/RAND_CT452.pdf.

112. Nagender S. P. Bisht. PLA Modernization: An Appreciated Force Structure By 2025[EB/OL]. http://www.icsin.org/activity/show/pla-modernization-an-appreciated-force-structure-by-2025.

113. Manoj Joshi. China's K—Military Came out on Parade but the Real Action will be in the Sea[EB/OL]. https://thewire.in/9911/chinas-military-came-out-on-parade-but-the-real-action-will-be-in-the-sea/.

114. Michael Chase, Jeffrey Engstrom, et al. China's Incomplete Military Transformation：Assessing the Weaknesses of the People's Liberation Army[R/OL]. http://www.rand.org/pubs/research_reports/RR893.html.

115. Александр Ермаков. ВВС Китая. От щита к мечу[EB/OL]. http://russiancouncil.ru/inner/?id_4=7104#top-content.

116. Dennis J. Blasko. Ten Reasons Why China will Have Trouble Fighting a Modern War[EB/OL]. http://warontherocks.com/2015/02/ten-reasons-why-china-will-have-trouble-fighting-a-modern-war/.

117. Strategic Studies Institute. U.S. Army War College Key Strategic Issues List, Academic Year 2015-2016[R/OL]. http://www.strategicstudiesinstitute.army.mil/pubs/display.cfm?pubID=1296.

118. 梅本哲也. 米中の対外戦略と「安全保障のジレンマ」[EB/OL]. http://www2.jiia.or.jp/RESR/column_page_pr.php?id=242.

119. Denny Roy. U.S.-China Relations: Stop Striving For "Trust" [EB/OL]. http://thediplomat.com/2013/06/u-s-china-relations-stop-striving-for-trust/.

120. Hugh White. America's China Consensus Slowly Unravels[EB/OL]. http://www.huffingtonpost.com/hugh-white/america-china-consensus_b_7096986.html.

121. Albridge Colby. Promoting Strategic Stability in the Midst of Sino-US Competition[EB/OL]. http://www.nbr.org/research/activity.aspx?id=601.

122. Brian Weeden. An Opportunity to Use the Space Domain to Strengthen the US-China Relationship）[EB/OL]. http://www.nbr.org/research/activity.aspx?id=602.

123. Christopher D. Yung. Assessing the Sino-U.S. Strategic Interaction in the Maritime Security Domain[EB/OL]. http://www.nbr.org/research/activity.aspx?id=606.

124. Andrew F. Krepinevich, Barry Watts. Meeting the Anti-Access and Area-Denial Challenge[EB/OL]. http://www.csbaonline.org/research/publications/a2ad-anti-access-area-denial/.

125. Micah Zenko. The a Word：An Accommodationist Strategy for U.S.-China Relations[EB/OL]. http://www.cfr.org/united-states/word-accomodationist-strategy-us-china-relations/p36068.

126. Michael Auslin. Sino-U.S. Cyber Pact Reveals Failure of U.S.-China Policy[EB/OL]. http://www.aei.org/publication/sino-us-cyber-pact-reveals-failure-of-us-china-policy/.

127. Robert D. Blackwill, Ashley J. Tellis. Revising U.S. Grand Strategy Toward China[EB/OL]. http://www.cfr.org/china/revising-us-grand-strategy-toward-china/p36371.

128. Joseph W. Prueher, J. Stapleton Roy, David M. Lampton, Ezra Vogel. How America Can Lead in Asia[EB/OL]. http://nationalinterest.org/feature/how-america-can-lead-asia-18720.

129. Michael Swaine, et al. Creating a Stable Asia: An Agenda for a U.S.-China Balance of Power[R/OL]. http://carnegieendowment.org/2016/10/26/creating-stable-asia-agenda-for-u.s.-china-balance-of-power-pub-64943.

130. Дмитрий Тренин. США – Китай – Россия: формула сосуществования[EB/OL]. http://carnegie.ru/2016/11/08/ru-pub-65074.

131. Dmitri Trenin. China, Russia Lead Non-West Initiatives[EB/OL]. http://carnegie.ru/2015/05/08/china-russia-lead-non-west-initiatives/i8bi.

132. Alexander Gabuev. Future Approaches to China[EB/OL]. http://

carnegieendowment.org/2016/04/07/future-approaches-to-china-pub-63389.

133. Alexander Gabuev. Should Russia Be Afraid of Chinese Plans in the Far East?[EB/OL]. http://carnegie.ru/commentary/?fa=63740.

134. Rem Korteweg. Russia's Gas Deal with China: Business is Business[EB/OL]. http://www.cer.org.uk/insights/russias-gas-deal-china-business-business.

135. Сергей Лузянин. Россия и Китай: новый контекст отношений[EB/OL]. http://old.mgimo.ru/news/experts/document263701.phtml.

136. Timofey Bordachev. Russia and China in Central Asia: The Great Win-Win Game[EB/OL]. http://valdaiclub.com/a/valdai-papers/russia-and-china-in-central-asia-the-great-win-win-game/.

137. Rem Korteweg. A Presence Farther East: Can Europe Play a Strategic Role in the Asia-Pacific Region?[EB/OL]. http://www.cer.org.uk/publications/archive/policy-brief/2014/presence-farther-east-can-europe-play-strategic-role-asia-pac.

138. Oliver Bräuner, et al.. Western Arms Exports to China[R/OL]. http://books.sipri.org/files/PP/SIPRIPP43.pdf.

139. Ellen Bork. U.S. Allies Join China's AIIB: What Now?[EB/OL]. http://www.worldaffairsjournal.org/blog/ellen-bork/us-allies-join-china%E2%80%99s-aiib-what-now.

140. David Dollar. Brexit Aftermath: the West's Decline and China's Rise[EB/OL]. https://www.brookings.edu/blog/order-from-chaos/2016/06/27/brexit-aftermath-the-wests-decline-and-chinas-rise/.

141. Oliver Bräuner, et al. Non-interference limits China's role in the fight against Islamic State[EB/OL]. https://www.sipri.org/commentary/essay/2015/non-interference-limits-chinas-role-fight-against-islamic-state.

142. Saferworld. Conflict Prevention in the 21st Century: China and the UK[R/OL]. http://www.saferworld.org.uk/downloads/pubdocs/conflict-prevention-in-the-21st-century-rev.pdf.

143. Harry J. Kazianis. A Chinese ADIZ in the South China Sea: The Ultimate Bargaining Chip?[EB/OL]. http://nationalinterest.org/blog/the-buzz/chinese-adiz-the-south-china-sea-the-ultimate-bargaining-16335.

144. Grant Newsham, et al.. Japan Should Steal a Strategy from China's Playbook[EB/

OL]. http://nationalinterest.org/feature/japan-should-steal-strategy-chinas-playbook-16159.

145. Timothy Heath, Michael S. Chase. A Thaw in Asia[EB/OL]. http://www.rand. org/blog/2014/11/a-thaw-in-asia.html.

146. James J. Przystup. Japan-China Relations: Going Nowhere Slowly[EB/ OL]. https://csis-prod.s3.amazonaws.com/s3fs-public/legacy_files/files/ publication/1302qjapan_china.pdf.

147. Tetsuo Kotani. Crisis Management in the East China Sea[R/OL]. http://books. sipri.org/files/misc/SIPRIPB1502b.pdf.

148. Robert A. Manning. China and Japan's East China Sea Dilemma: No Simple Solutions[EB/OL]. http://nationalinterest.org/feature/china-japans-east-china-sea-dilemma-no-simple-solutions-11983.

149. Rajeswari Pillai Rajagopalan. Japan's Expanding Military Role: A Stabilising Factor[EB/OL]. http://www.orfonline.org/research/japans-expanding-military-role-a-stabilising-factor/.

150. Jayadeva Ranade. India & China: Looking Beyond Border Incursions & Li Keqiang's Visit[EB/OL]. http://www.ipcs.org/pdf_file/issue/IB241-Ranade-IndiaChina. pdf.

151. Rahul Roy-Chaudhury. India's Neighbourhood Policy in the First Year of the Modi Government[EB/OL]. http://www.iiss.org/en/iiss%20voices/blogsections/ iiss-voices-2015-dda3/april-1413/india-neighbourhood-policy-438f.

152. Jabin T. Jacob, et al. China's 21 Century Maritime Silk Road and Sino-India Maritime Cooperation[EB/OL]. http://www.icsin.org/uploads/2015/04/21/f764b97cacd-daacc4325c1bc85e36ecb.pdf.

153. Pieter D.Wezeman, et al.. Trends in international arms transfers, 2014[R/OL]. http://books.sipri.org/files/FS/SIPRIFS1503.pdf.

154. Aude Fleurant, Sam Perlo-Freeman, et al. Trends in International Arms Transfers, 2015[R/OL]. http://books.sipri.org/files/FS/SIPRIFS1602.pdf.

155. Aude Fleurant, et al. The SIPRI Top 100 Arms-producing and Military Services Companies for 2014[R/OL]. http://books.sipri.org/files/FS/SIPRIFS1512.pdf.

156. J. Michael Cole. China No Longer Has a Taiwan Strategy[EB/OL]. http://

nationalinterest.org/feature/china-no-longer-has-taiwan-strategy-18219.

157. Ted Galen Carpenter. China Needs to Consider the "Finland Option" for Taiwan[EB/OL]. http://nationalinterest.org/blog/the-skeptics/china-needs-consider-the-finland-option-taiwan-15501.

158. Daniel Blumenthal. Will the "One China" Policy Survive the New Taiwan?[EB/OL]. http://foreignpolicy.com/2016/01/19/will-the-one-china-policy-survive-the-new-taiwan/.

159. Daniel Blumenthal. Unwinding Taiwan's Cold War Legacy[EB/OL]. http://foreignpolicy.com/2016/03/29/unwinding-taiwans-cold-war-legacy/.

160. Harry Krejsa. Seeing Strait: The Future of the U.S.-Taiwan Strategic Relationship[R/OL]. https://www.ethz.ch/content/dam/ethz/special-interest/gess/cis/center-for-securities-studies/resources/docs/CNASReport-Taiwan-FINAL.pdf.

161. Michael J. Lostumbo. Taiwan Forced to Rethink Its Air Defense Strategy[EB/OL]. http://www.rand.org/blog/2016/04/taiwan-forced-to-rethink-its-air-defense-strategy.html.

162. 防衛研究所. 東アジア戦略概観 2016[R/OL]. http://www.nids.mod.go.jp/publication/east-asian/j2016.html.

163. Joseph S. Nye. The Fate of Abe's Japan[EB/OL]. https://www.project-syndicate.org/commentary/shinzo-abe-northeast-asia-summit-by-joseph-s--nye-2015-11.

164. Toshi Yoshihara. Going Anti-Access at Sea: How Japan Can Turn the Tables on China[EB/OL]. https://www.cnas.org/publications/reports/going-anti-access-at-sea-how-japan-can-turn-the-tables-on-china.

165. Kyle Mizokami. Japan's Master Plan to Defeat China in a War[EB/OL]. http://nationalinterest.org/feature/japans-master-plan-defeat-china-war-12338.

166. 高木誠一郎, 等. 主要国の対中認識・政策の分析 [R/OL]. http://www.jiia.or.jp/pdf/research_pj/h25rpj05-kadozaki.pdf.

167. International Crisis Group. North Korea: Beyond the Six-Party Talks[R/OL]. https://www.crisisgroup.org/asia/north-east-asia/korean-peninsula/north-korea-beyond-six-party-talks.

168. Brian Ellison. China and the Future of Korean Unification[R/OL]. http://www.cna.org/news/commentary/2015-2-12-china-future-korean-unification#sthash.SYnPOyzs.

dpuf.

169. Robert Peters. If North Korea Collapses: What Happens to Its Nightmare Weapons of War?[EB/OL]. http://nationalinterest.org/feature/if-north-korea-collapses-what-happens-its-nightmare-weapons-12788?page=3.

170. Patrick M. Cronin. North Korea Ignites a Predictable Chain Reaction[EB/OL]. https://www.cnas.org/publications/commentary/north-korea-ignites-a-predictable-chain-reaction.

171. Evan Moore. Responding to North Korea's Nuclear Test[EB/OL]. http://www.foreignpolicyi.org/files/2016-01-07-Bulletin-Responding%20to%20North%20Korea's%20Nuclear%20Test.pdf.

172. Ted Galen Carpenter. Exploit Beijing's Nuclear Nightmare[EB/OL]. http://nationalinterest.org/commentary/exploit-beijings-nuclear-nightmare-8363.

173. Matthew Cottee. New Sanctions Unlikely to Deter North Korean Nuclear Posturing[EB/OL]. http://www.iiss.org/en/iiss%20voices/blogsections/iiss-voices-2016-9143/january-671d/behind-north-koreas-h-bomb-bluster-8ca0.

174. David Kang. The New Sanctions Regime against North Korea and Its Implications for U.S. Policy[EB/OL]. http://nbr.org/research/activity.aspx?id=658.

175. Doug Bandow. 5 Ways to Respond if North Korea Tests Another Nuke[EB/OL]. http://nationalinterest.org/blog/the-skeptics/5-ways-respond-if-north-korea-tests-another-nuke-15931.

176. Doug Bandow. The China Option--Progress in Pyongyang Must Go Through Beijing[EB/OL]. https://www.foreignaffairs.com/articles/china/2016-11-01/china-option.

177. Timothy R. Heath. How Will China Respond to Future U.S. Freedom of Navigation Operations [EB/OL]. http://www.rand.org/blog/2015/10/how-will-china-respond-to-future-us-freedom-of-navigation.html.

178. Robert Haddick. Five Ways War with China Could Be Started or Avoided[EB/OL]. http://nationalinterest.org/feature/five-ways-war-china-could-be-started%E2%80%A6-or-avoided-14597.

179. David C. Gompert, Astrid Cevallos, et al.. War with China：Thinking Through the Unthinkable[R/OL]. http://www.rand.org/pubs/research_reports/RR1140.html.

180. Michael D. Swaine. Averting a Deepening U.S.-China Rift Over the South

China Sea[EB/OL]. http://nationalinterest.org/feature/averting-deepening-us-china-rift-over-the-south-china-sea-13019?page=show.

181. Michael E. O'Hanlon. Don't be Provoked: China and the United States in the South China Sea[EB/OL]. https://www.brookings.edu/blog/order-from-chaos/2015/09/18/dont-be-provoked-china-and-the-united-states-in-the-south-china-sea/.

182. Jeffrey A. Bader. What the United States and China Should Do in the Wake of the South China Sea Ruling[EB/OL]. https://www.brookings.edu/blog/order-from-chaos/2016/07/13/what-the-united-states-and-china-should-do-in-the-wake-of-the-south-china-sea-ruling/.

183. 世界平和研究所. アジア海洋安全保障協力機構——概念枠組みに関する第一次報告書 [R/OL]. http://www.iips.org/research/2015/04/08132339.html.

184. Eric Heginbotham, et al. U.S.-China Military Scorecard[R/OL]. http://www.rand.org/pubs/research_reports/RR392.html.

185. Michael Horowitz. Ensuring the Future of Naval Power Projection: The Role of Carrier Aviation[EB/OL]. http://www.michaelchorowitz.com/Documents/HorowitzTestimony2-11-16.pdf.

186. James Holmes. Face Off: How America Can Really Stop China's Navy[EB/OL]. http://nationalinterest.org/feature/face-how-america-can-really-stop-chinas-navy-14014.

187. Wilson VornDick. The Real U.S.-Chinese Cyber Problem[EB/OL]. http://nationalinterest.org/commentary/the-real-us-chinese-cyber-problem-8796.

188. Steven Aftergood. Pentagon's Cyber Mission Force Takes Shape[EB/OL]. https://fas.org/blogs/secrecy/2015/09/dod-cmf/.

189. Peter Harrell. The Right Way to Sanction Cyber Threats[EB/OL]. https://www.cnas.org/publications/commentary/the-right-way-to-sanction-cyber-threats.

190. Sinan Ülgen. Governing Cyberspace: A Road Map for Transatlantic Leadership[EB/OL]. http://carnegieeurope.eu/2016/01/18/governing-cyberspace-road-map-for-transatlantic-leadership-pub-62485.

191. Zhao Kejin, Charles Clover, et al.. Establishing Cybernorms: Chinese and Western Perspectives[EB/OL]. http://carnegietsinghua.org/2016/05/31/establishing-cybernorms-chinese-and-western-perspectives-event-5272.

192. Scott Harold, Martin Libicki, et al.. Getting to Yes with China in Cyberspace[R/

OL]. http://www.rand.org/content/dam/rand/pubs/research_reports/RR1300/RR1335/RAND_RR1335.pdf.

193. Joseph S. Nye. The World Needs an Arms-control Treaty for Cybersecurity[EB/OL]. http://www.belfercenter.org/publication/world-needs-arms-control-treaty-cybersecurity.

194. CNA Publication Archive: 2010[EB/OL]. https://www.cna.org/research/2010.

195. CSIS Analysis 2016[EB/OL]. https://www.csis.org/analysis?title=China&&field_categories_field_topics[0]=817&type=publication&field_publication_date=2016.

196. Stockholm International Peace Research Institute. Global Nuclear Weapons: Downsizing But Modernizing[EB/OL]. https://www.sipri.org/media/press-release/2016/global-nuclear-weapons-downsizing-modernizing.

197. Ben FitzGerald, Kelley Sayler, Shawn Brimley. Game Changers: Disruptive Technology and U.S. Defense Strategy[R/OL]. https://www.cnas.org/publications/reports/game-changers-disruptive-technology-and-u-s-defense-strategy.

198. James G. McGann. 2015 Global Go to Think Tank Index Report[R/OL]. http://gotothinktank.com/2015-global-go-to-think-tank-index-report/.

199. China-US Focus[EB/OL]. http://www.cusef.org.hk/china-us-focus/?lang_=zh-hant.

200. Silvia Menegazzi. Chinese Military Think Tanks: "Chinese Characteristics" and the "Revolving Door" [EB/OL]. https://jamestown.org/program/chinese-military-think-tanks-chinese-characteristics-and-the-revolving-door/.

后　记

　　全书虽有诸多不尽人意之处，但其中倾注了本人大量精力，过程中的痛苦、酸楚与甘甜至今仍记忆犹新、饶有余味。书稿得以完成，首先我要感谢我敬爱的郝智慧导师。除了撰书始末对我的悉心指导和无私帮助，恩师主持的课题编译了大量国外智库研究成果，是本书得以顺利完成的基础和关键。恩师求学、工作经历丰富，为人、治学为人称道。韩愈《师说》有云："师者，所以传道授业解惑也"，恩师从第一次见面起就通过幽默的言传、严谨的身教，向我传为人处世之道，授战略研究之业，解智库观察之惑。恩师对我的厚爱和教导，我将永远铭记于心。

　　研究中我受到了很多老师、领导的指点和鼓励，引用了大量智库观察同行的编译成果，在此感谢：于淑杰、王曰东、王洋、王姝、王桂芳、王晓彬、王雪、王楚燕、尹强、邓成、邓红洲、邓琛、石志申、付秋、冯缘、任珊珊、刘帅、刘刚、刘杰明、刘明飞、刘南飞、刘毅、刘璐、闫文虎、杜建军、杜思彤、李冬、李雨樵、李继东、李新龙、吴超、宋文超、张永刚、张贺明、张素敏、张晓军、陈丽芬、陈金涛、陈育、陈晟、陈健、陈瑜、林治远、罗锡兵、周大抄、周治宇、周焱堃、赵波、赵然、赵鹏、赵漠夫、赵德喜、荀彧、胡博群、侯跃伟、姜南、祝旦龙、袁帅、桂晓、顾博莹、晁华、徐伏光、徐铭远、徐瑞雪、高艺洋、高歌、郭超、唐磊、黄川、曹智、章世森、梁海、彭至汉、葛君、董智高、蒋洪亮、韩信、韩喆、路恒达、廖鹏程、熊檬、缪荣、颜慧，等等。

　　我还要感谢九州出版社的王海燕编辑，感谢她为本书的面世提供的帮助、付出的辛劳。

　　听我说起撰写书稿的情况，父亲总是催促我刻苦认真，抓紧时间，而母亲总是叮嘱我注意身体，早点休息。这让我想起一个作家的几句话："父亲总是鼓励我们要背井离乡去追求理想，母亲则总是在我们离开前告诉我们遇到挫折别太忧伤，她永远在故乡等着我们。正是因为父亲，我们才充满希望，正是因为母亲，才使我们从没陷入绝望。"父母的一催一嘱、一放一收永远是激励我不断前行的动力。

由于学识水平有限，本书难免有疏漏之处，恳请读者谅解与指正。

周磊

2017 年 5 月